高等职业教育“十四五”规划教材

河北省教育厅2022年度课题
名称 高职院校健康教育与管理策略研究
编号 SD 2022105
类别 人文社会科学重点研究项目

高职学生健康教育教程

刘俊提 霍恒雷 主编

中国农业大学出版社
·北京·

内 容 简 介

本书立足高等职业学校学生的健康实际，以相关研究成果为依据，以改变高职学生有碍于健康的不良行为，促进其健康发展、适应未来工作和生活需要为目的而编写。全书分为八章，内容涵盖健康与健康教育的内涵、基本理念，高职学生的生理与健康，心理与健康，生活习惯与健康，性与生殖健康，职业与健康，传染病防治，意外伤害与急救等方面。在编纂过程中力求通俗易懂、深入浅出，体现知识与技能的实用性，兼顾前沿性。

本书可作为高等职业学校健康教育的通用教材，也可作为同年龄段人群及相关爱好者的参考读物。

图书在版编目(CIP)数据

高职学生健康教育教程 / 刘俊提，霍恒雷主编. -- 北京：中国农业大学出版社，2022.9 (2025.1 重印)

ISBN 978-7-5655-2860-6

Ⅰ.①高… Ⅱ.①刘…②霍… Ⅲ.①大学生-心理健康-健康教育-高等职业教育-教材 Ⅳ.①G444

中国版本图书馆 CIP 数据核字(2022)第 155416 号

书　名　高职学生健康教育教程

作　者　刘俊提　霍恒雷　主编

策划编辑　张　玉　　责任编辑　张　玉

封面设计　郑　川

出版发行　中国农业大学出版社

社　址　北京市海淀区圆明园西路 2 号　　邮政编码　100193

电　话　发行部 010-62733489，1190　　编辑部 010-62732617，2618

出版部 010-62733440　　读者服务部 010-62732336

网　址　http://www.caupress.cn　　E-mail　cbsszs@cau.edu.cn

经　销　新华书店

印　刷　涿州市星河印刷有限公司

版　次　2022 年 9 月第 1 版　　2025 年 1 月第 3 次印刷

规　格　185 mm×260 mm　　16 开本　　12.25 印张　　305 千字

定　价　42.00 元

图书如有质量问题本社发行部负责调换

编写委员会

主 任 委 员：李鹏丽　邯郸科技职业学院院长
副主任委员：王振鹏　邯郸科技职业学院副院长
于保国　邯郸科技职业学院党委委员
王会民　邯郸科技职业学院党委委员
委　　员：曹志国　邯郸科技职业学院高级讲师
张　杰　邯郸科技职业学院正高级讲师
薛　刚　邯郸科技职业学院高级讲师
王彦勇　邯郸科技职业学院高级讲师
华梅志　邯郸科技职业学院高级经济师
李　裕　邯郸科技职业学院高级讲师
孔海珍　邯郸科技职业学院高级讲师
武向梅　邯郸科技职业学院高级政工师
总　策　划：王振鹏　（兼）

本书编审人员

主　编：刘俊提　霍恒雷

副主编：刘记平　邢美娟　李俊勇　沈　颖　陈　静

参　编：马　良　白亚群　李　岚　宋　涛　桂　前
程晓波　霍春玲　董静静

主　审：王振鹏　王会民

编写说明

健康是人类各种社会生产活动的基石。随着社会的发展，人们对自身健康水平越来越重视，健康教育也越来越受到人们的广泛关注。2016 年全国卫生与健康大会上，习近平总书记从实现民族复兴、增进人民福祉的高度，强调要把人民健康放在优先发展的战略地位，深刻论述推进健康中国建设的重大意义、工作方针、重点任务。《“健康中国 2030”规划纲要》提出，要加大学校健康教育力度，“加强健康教育，将健康教育纳入国民教育体系，把健康教育作为所有阶段素质教育的重要内容”。党的二十大报告提出，推进健康中国建设。人民健康是民族昌盛和国家强盛的重要标志。在此背景下，我们组织团队开展高职院校健康教育研究，并在河北省教育厅立项课题：“高职院校健康教育与管理策略研究”[河北省教育厅 2022 年度课题（编号 SD 2022105）人文社会科学重点研究项目]，同时还组织编写了《高职学生健康教育教程》，以回应国家战略，推动健康教育在高职院校的普及。

《高职学生健康教育教程》以习近平新时代中国特色社会主义思想为指导，定位为高职学校的健康教育教学用书。教材结构完整、内容丰富、特色突出，系统阐述高职学生健康成长应掌握的健康知识和健康技能，是推进高职学校健康教育的有益尝试。全书分为八章，内容涵盖健康与健康教育的内涵、基本理念，高职学生的生理与健康，心理与健康，生活习惯与健康，性与生殖健康，职业与健康，传染病防治，意外伤害与急救等方面。在编纂过程中力求通俗易懂、深入浅出，体现知识与技能的实用性，兼顾前沿性。本书可作为高等职业学校健康教育的通用教材，也可作为同年龄段人群及相关爱好者的参考读物。

本书由刘俊提、霍恒雷担任主编，刘记平、邢美娟、李俊勇、沈颖、陈静任副主编，马良、白亚群、李岚、宋涛、桂前、程晓波、霍春玲、董静静任参编，全书由刘俊提、霍恒雷负责统稿，王振鹏、王会民主审。本书在编写过程中参考了大量文献，在此对所参考引用文献的作者表示衷心感谢。由于编者学识水平及经验所限，书中难免存在疏漏与不足，恳请广大读者批评指正。

编　者

2024 年 7 月 8 日

目 录 Contents

第一章
绪　论

教学目标：通过对健康和健康教育相关概念的阐述，使学生对健康和健康教育有比较清晰的认识，自觉树立正确的健康理念，养成良好的健康素养和行为习惯。

教学重点：健康教育的核心在于帮助受教育者树立健康意识，因而绪论的教学重点在于理解健康和健康教育的概念，认识健康的影响因素，为自觉选择有益于健康的行为方式打下基础。

教学难点：高职学生刚刚成年，心智尚未完全成熟，健康意识薄弱，因此本章的教学难点在于帮助学生树立基本的健康意识，认识和鉴别影响健康的风险因素，从而减少健康风险。

第一节 健康概述

一、健康的概念及其发展

传统意义上，人们通常把身体没有疾病看作健康，然而，随着现代科学技术的进步和医学模式的发展，人们对传统意义上的健康观念提出了质疑。大量的医学实践证明，很多疾病都不是纯生物学因素造成的，而是与紧张的社会压力有关。随着人类物质生活条件的改善，由恶劣的生活条件导致的疾病，如结核、伤寒、疟疾等已经大大减少，而与情绪紧张抑郁有因果关联的疾病，如高血压、冠心病、糖尿病、癌症、消化性溃疡等却大大增加了。传统的健康概念已经不适应现代社会的实际情况，应该赋予健康新的内涵。

1948 年，世界卫生组织（WHO）把健康定义为："健康乃是一种生理、心理和社会适应都日臻完满的状态，而不仅仅是没有疾病和虚弱的状态"。1989 年，世界卫生组织关于健康的概念有了新的发展，把道德修养纳入了健康的范畴。因此，健康的定义被修改为："健康不仅仅是身体没有疾病，而且还要具备心理健康、社会适应良好、道德健康。"（图 1-1）。其中的社会适应良好和道德健康可以归结到心理健康的范畴，因此健康的一般理解仍然是指躯体和心理健康的统一，即身心健康的统一。

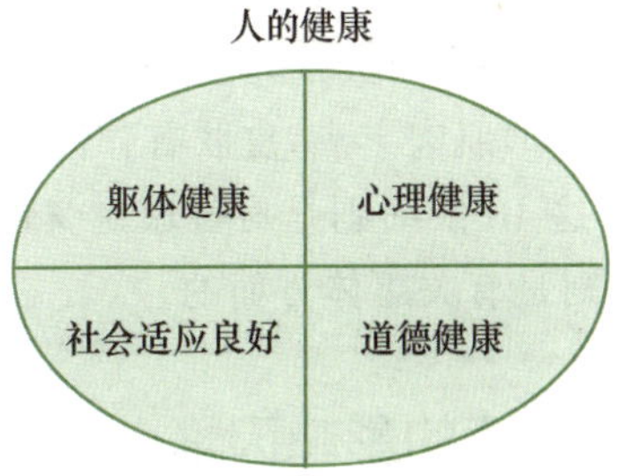

图 1-1 人的健康

世界卫生组织的定义纠正了健康就是人体生理功能正常、没有缺陷的偏颇，把健康放在人类社会生活中，指出健康是身体、精神和社会幸福的总和。这也是现代医学模式由生物医学模式向生物-心理-社会医学模式转变的必然产物。

1. 躯体健康

躯体健康即生理健康，是指人体生理功能上健康状态的总和。具体可表现为各器官组织结构完整，发育正常，功能良好，各项生理生化指标正常，没有疾病和虚弱的状态。躯体健康是人的健康的基础。

2. 心理健康

心理健康是指人的情绪、意识、精神等方面的良好状态，包括内心世界丰富充实，热爱生活，积极进取，能从容应对学习、工作及生活中的压力，待人处事平和，人际关系和谐等。

3. 社会适应良好

社会适应良好是指具有较好的社会环境适应能力和角色胜任能力。能够按照社会运行法则处理好个人和社会条件之间的矛盾，能调适自我，胜任个人在社会生活中的各种角色。

4. 道德健康

道德健康是指能够按照社会行为的文明规范约束自己，支配自己的思想和言行，有辨别真伪、善恶、荣辱、是非、美丑的能力。“不损害他人利益”可以看作是道德健康的基本标准。

二、健康的标准

根据健康的定义，世界卫生组织对健康的标准给出了10条具体细则：

(1)有充沛的精力，能从容不迫地担负日常生活和繁重的工作，而且不感到过分紧张疲劳；

(2)处事乐观，态度积极，乐于承担责任，事无大小，不挑剔；

(3)善于休息，睡眠好；

(4)应变能力强，能适应外界环境各种变化；

(5)能够抵抗一般性感冒和传染病；

(6)体重适当，身体匀称，站立时头、肩、臂位置协调；

(7)眼睛明亮，反应敏捷，眼睑不易发炎；

(8)牙齿清洁，无龋齿，不疼痛，牙龈颜色正常，无出血现象；

(9)头发有光泽，无头屑；

(10)肌肉丰满，皮肤有弹性，走路轻松有力。

这10条细则是对健康定义的具体阐释，其中，前4条是有关心理和社会适应方面的，后6条则是有关躯体方面的。

三、健康的影响因素

影响健康的基本因素有4项(图1-2)：生物学因素；环境因素(包括社会环境和自然环境)；卫生服务因素；行为与生活方式因素。

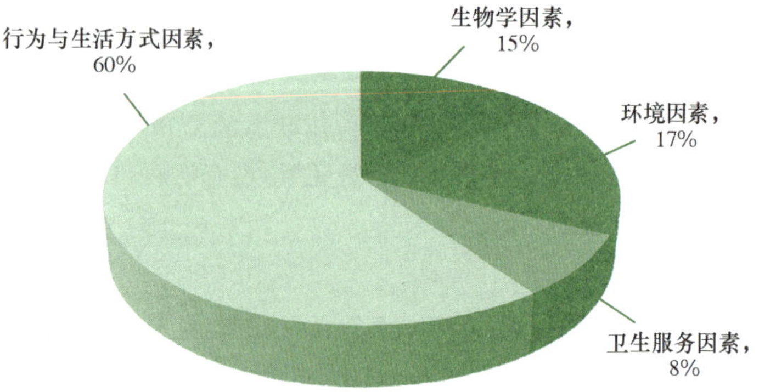

图1-2 影响健康的基本因素

世界卫生组织的调查结果显示(图1-2),在上述4项因素中,生物学因素占15%;环境因素占17%(其中社会环境占10%,自然环境占7%);卫生服务因素占8%;行为与生活方式因素占60%。生物学因素和环境因素属不可控因素,而卫生服务因素及行为与生活方式因素属可控因素,共占68%。在这68%中,真正属于个人可控的是行为与生活方式因素,占可控因素的88%。

(一)生物学因素

生物学因素主要是指遗传和心理因素。在2021年遗传基因与出生缺陷防控论坛会议上,专家指出目前出生缺陷约8 000种,在中国发生率达5.6%。高血压、哮喘、糖尿病、肿瘤等疾病均在一定程度上受遗传基因影响。此外,心理因素对健康的影响也不容忽视。遗传因素是不可控的,但心理因素可以控制,积极乐观的心理状态是保持和增进健康的必要条件。

(二)环境因素

环境因素包括自然环境因素与社会环境因素,几乎所有人类的健康问题都与环境有关。环境污染、人口增长和贫困,是当今世界面临的严重威胁人类健康的三大因素。自然环境包括生态环境、居住环境等,而社会环境则涉及政治制度、经济水平、人口状况和科技发展等方面。良好的环境是生理健康的根本保证。

(三)卫生服务因素

卫生服务因素主要指社会卫生医疗设施与保障制度。国家的卫生服务范围、内容与质量直接关系到人的生、老、病、死以及由此产生的一系列健康问题。具体涉及医疗资源总量与分布情况、医疗覆盖面、医疗费用和政府投入等多方面因素。

(四)行为与生活方式因素

行为与生活方式因素是指人们受文化、民族、经济、社会、风俗和家庭影响的生活习惯和行为,包括危害健康的行为与不良生活方式。它是在一定环境条件下所形成的生活意识和生活行为习惯的统称。据有关部门调查,不良生活方式和有害健康的行为已成为危害人们健康、导致疾病及死亡的主要因素。如糖尿病、高血压、冠心病、结肠癌、乳腺癌、肥胖症、性传播疾病、精神性疾病等均与行为和生活方式有关。在我国占据死亡原因前三位的恶性肿瘤、脑血管病和心血管病均与个人生活习惯和不良行为有着密不可分的关系。

第二节 健康教育概述

一、健康教育的概念

健康教育是一个随着社会发展而不断丰富内容的概念。世界卫生组织(WHO)在1954年的《健康教育专家委员会报告》中指出:健康教育和一般教育一样,关系到人们知识、态度和行为的改变。一般来说,它致力于引导人们养成有益于健康的行为,使其达到最佳的健康状态。在1969年的《健康教育规划及评估专家会议报告》中提到:健康教育工作的着眼点是人民群众和他们的活动,在于引导并鼓励人们养成并保持有益于健康的生活,合理而明智地利用保健措施,并自觉地开展改善个人和集体健康状况或环境的活动。

世界卫生组织第十三届世界健康大会给健康教育的定义是:健康教育是一门研究以传播保健知识和技术,影响个人和群体行为,预防疾病,消除影响健康的危险因素,促进健康的科学。第十四届世界健康大会将健康教育定义为:健康教育是帮助人们通过系统的、有计划的社会行动和学习经验的综合,使人们获得控制健康和健康相关行为的决定因素,控制和影响个人和他人健康的环境条件的能力。第三十五届世界健康大会提到:健康教育是帮助并鼓励人们建立达到健康状态的愿望,知道怎样才能实现健康的目的。

不过,人们较为认可的是1981年世界卫生组织健康教育处前处长慕沃勒菲(A. Moarefi)博士为健康教育所做的界定:健康教育帮助并鼓励人们有达到健康状态的愿望;知道怎样做可以达到这样的目的;每个人尽力做好本身或集体应做的努力,并知道在必要时如何寻求适当的帮助。中国健康教育专家田本淳,在其所著的《健康教育与健康促进实用方法》中给健康教育的定义是:健康教育是以传播、教育、干预为手段,以帮助个体和群体改变不健康行为和建立健康行为为目标,以促进健康为目的所进行的系列活动及其过程。

复旦大学健康传播研究所所长傅华教授认为,健康教育是有计划地应用循证的教学原理与技术,为学习者提供获取科学的健康知识、树立健康观念、掌握健康技能的机会,帮助他们做出有益健康的决定和有效且成功地执行有益健康的生活行为方式的过程。他认为,健康教育包括教学者、健康相关信息、教学活动、学习者和效果5个主要环节。

综合上述观点,可以看到,健康教育就是以促进人们获得健康的知识、态度和技能为内容的教育教学活动。其目的是提高人们的生命质量,核心是促进人们自觉地采取健康行为,前提是拥有健康知识,树立正确的健康态度,手段是有计划、有组织、有评价的社会活动和教育活动。

因此不难看出,健康教育可以从以下几个方面来界定:

健康教育是一种教育教学活动,应当遵循教育教学的一般规律。因此,健康教育应当有系统完整的计划,有明确具体的组织实施步骤,有符合实际要求的教学方法,有是否达到健康教育目的的评价手段。

健康教育的核心问题是教育人们树立正确的健康观，养成良好的行为和生活方式，促使个体和群体改变不健康的行为和生活方式，增强自我保健和群体保健的意识和能力。健康教育的内容离不开与健康相联系的医学、行为学、传播学等相关信息，包括人的生长发育、养生保健、疾病预防、疾病治疗、健康管理、职业保护等，而且这些信息还要符合相应年龄段个人和人群的需求。

健康教育最终是要人们自觉地采纳有益健康的行为和生活方式，实现预防疾病、促进健康和提高生活质量的目的，具有很强的实践性和针对性。

健康教育与人们的先天遗传、家庭背景、学校教育、社会环境密切相关，个人的健康和健康教育不是孤立的，仅靠学校教育不能解决健康教育的所有问题，每个人的生活方式、生活状况、社会关系、文化背景等各种因素都相互作用、相互影响并决定着健康行为的选择。

上述关于健康教育的论述虽然在表述方式上有所不同，但其内在本质是一致的，即健康教育以提高人们生活质量为目的，以传播健康知识、技能和观念为手段，通过改变人们的行为方式，引导人们采取有益健康的生活、行为，从而促进、改善和维持个人和群体的健康。

二、健康教育的原则

健康教育作为一种教育教学过程，无论是从健康知识的传授与习得，健康技能的培养与训练，还是健康理念的传承与建立，都必须遵循以下几个原则：即科学性与思想性相统一的原则、理论与实践相统一的原则、因材施教的原则和循序渐进的原则。

（一）科学性与思想性相统一

健康教育关乎人的成长，这不仅涉及人的躯体健康，还涉及心理健康和行为健康。如果没有一套科学的健康教育体系，健康教育会适得其反。同时，如果不能在健康教育活动中坚持正确的教育方向，注重培养受教育者的世界观和方法论，让受教育者同时受到健康品德教育，健康教育的效果就会大打折扣。

科学性与思想性相统一是健康教育必须遵循的一条基本原则。因为一切健康教育的最终目标都要落实到健康的行为方式上，这关系到一个人生活、工作的方方面面。健康知识水平的提高、健康相关技能的获得，都依赖于相应健康态度的确立。当然，健康态度的转变也会更有利于健康知识和技能的提高。因此，科学性与思想性的紧密结合、相辅相成、相互促进是健康教育的必然选择。

（二）理论与实践相统一

健康教育有着强大的理论体系支撑，涉及哲学、社会学、教育学、医学、心理学、行为科学在内的科学原理，构成了健康教育的学科框架。另外，所有健康教育的理论都源于实践，我们无法想象能有什么样的健康教育内容和方法与健康教育实践无关。

理论与实践相统一就是要做到理论联系实际，坚持问题导向，针对不同人群健康中的实际问题和需求，实施相应的健康教育。坚持理论与实践相结合，就要注重教育过程的实践性，减少空洞的说教，增强理论的指导性和应用性，以科学的健康教育理论统领教育对象的健康实践。

（三）因材施教

健康教育的因材施教就是要针对教育对象的年龄结构、健康状况和知识水平、认知能力，在教学内容、教学方法、教学形式等方面要有相应的特征，既要照顾到教育对象的个体健康差异，也要考虑到教育对象的接受能力。“视其所以，观其所由，察其所安”，孔子育人，各因其材。因材施教实际上就是知材施教，只有在全面掌握教育对象实际健康状况的基础上，有针对性地施以相应的教育，才能实现所有教育对象的全面发展、主动发展。

值得庆幸的是，大数据、人工智能为健康教育的因材施教提供了丰富的发展空间。人们可以通过“互联网＋健康教育”实现健康教育的精准化、个性化，健康教育势必会进入一个崭新的时代。可以预见不久的将来，在云计算、数据挖掘和移动互联网的支撑下，包括健康教育在内的精准化、个性化教学将会发生颠覆性的变化。

（四）循序渐进

人的健康不是一朝一夕的事情，人的成长也不可能速成。教育要按照人的身心发展规律循序而行，健康教育也不例外。

首先，健康教育要按照人成长的“序”组织教育教学，对于不同年龄段的人群应该有着不同的教育内容和方法。其次，健康教育应当按照内容的逻辑体系进行教学，在教育内容和方法的选择上，我们必须分清轻重缓急，做到由简到繁、由易到难、由局部到全部、由个体到整体，如此循序渐进，才能实现预期的效果。最后，健康教育应当是贯穿生命始终的。终身教育是现代人必须拥有的教育理念，从婴幼儿的发育到老年人的临终关怀教育，都是生命历程中不可缺少的教育内容，健康教育一定是开始于生命孕育之初，终止于生命停止之末，将伴随人的整个生命历程。

第三节　健康教育的基本理念

健康教育既关注个体，又关注群体，既涉及方法论又涉及价值观，因此，健康教育离不开哲学、社会学、教育学、医学、心理学等理论基础的支撑。

一、健康教育的哲学理念

马克思认为，人的全面发展只有在高度发展的生产力的推动下才能实现，生产力的高度发展为个人的全面发展提供了可能性。

习近平总书记说：“马克思主义是人类历史上的伟大创造。在人类思想史上，就科学性、真理性、影响力、传播面而言，没有一种思想理论能达到马克思主义的高度，也没有一种学说能像马克思主义那样对世界产生了如此巨大的影响。”国际与国内的历史实践都可证明，马克思主义哲学是目前所有哲学流派中最科学的哲学，是最有生命力的哲学，也是最能使人健康的哲学。

很自然的，马克思主义哲学对于我国健康教育全面实施与发展的重要意义不言而喻。首先，由于马克思主义哲学在中国的广泛传播与认可，由它作为健康教育理论研究的哲学基础，可以较容易引起大家的共鸣以达成思想上的共识。其次，以马克思主义思想为健康教育之哲学基础，也意味着教育过程的双方要首先掌握马克思主义哲学基本原理，逐渐树立正确的世界观与人生观，因此看问题时不再片面，做事情时不再偏激，就会坚持一切从实际出发、实事求是，抓住主要矛盾和矛盾的主要方面，“有的放矢”地解决现实存在的一切问题，从而逐步成长为一个理性的、身心健康的、行为端正的“四有”新人。

马克思主义者对人全面发展理论的发展和丰富，为我们的健康教育事业提供了强大的理论支撑。依照这些论述，要求教育者在制定教育规划时，要把学生的身体健康放在第一位；在心理健康教育过程中，首要的是德育，培养社会主义核心价值观，树立正确的政治立场。学生明白了自己肩负的使命，就不再妄自菲薄，也不会妄自尊大，有了准确定位，就有了主观能动性，身体锻炼就有了自觉性，身体健康就有了保证，行为健康自然水到渠成。

二、健康教育的社会群体理念

健康离不开社会群体、离不开社会环境。美国社会学家塔尔科特·帕森斯认为，社会成员需要接受和遵守所处的社会环境里的共享价值观，是这些共享价值观将这些个人“粘”在一起，社会环境势必深刻地影响一个人的生理健康和心理健康。社会因素很显然在个人、群体和社会的健康方面发挥着重要作用：社会生活的条件和机制、社会群体的结构和功能、社会制度的形成与变迁、社会文化的积累与进步等，都会给人类健康带来这样或那样的影响。

健康教育与社会学理论有着密切的关系，以社会学的视角、理论和方法来看待健康教育的实践研究，也是医学从生物医学模式到心理、社会医学模式发展的必然。社会学是系统研究人类社会行为的学科，研究对象大都集中在社会群体、社会流动、社会制度、社会控制等主要领域。随着人类活动的不断扩展，社会学研究也进一步扩大到了医疗、健康、军事和互联网等领域。运用社会学的理论和方法来研究健康教育，具有十分重要的现实性、必要性和紧迫性，这是因为社会因素会深刻地影响健康教育的实施和发展，社会学的基本原理和基本理论对健康教育有十分重要的指导意义和引领性作用。

社会群体是人们通过直接的社会关系结合起来，进行共同活动的集体。家庭是人们接受社会化最基本的环境和基层单位，是唯一从事两种社会生产的基本群体，是人类社会重要的社会群体和社会关系之一，具有多种社会功能。家庭教育是在一个家庭里父母或长辈的人格、学识、言行对子女产生潜移默化的作用。父母或长辈通过对未成年子女言行的引导、熏陶、影响和矫正，使他们逐步了解社会行为规范，获得独立生活的能力，从而成为身心健康、适应社会需要的人。通过适宜的家庭环境和物质条件使家庭成员得以休养生息，以良好的、健康的精神状态投入社会生产和再生产活动中去。因此，家庭教育对健康教育有重要的影响和作用，家庭健康教育是健康教育的重要组成部分。当然，其他社会群体对健康教育也有着相应的影响，不再赘述。

三、健康教育的教育学理念

在2018年的全国教育大会上，习近平总书记强调：在党的坚强领导下，全面贯彻党的教育方针，坚持马克思主义指导地位，坚持中国特色社会主义教育发展道路，坚持社会主义办学方向，立足基本国情，遵循教育规律，坚持改革创新，以凝聚人心、完善人格、开发人力、培育人才、造福人民为工作目标，培养德智体美劳全面发展的社会主义建设者和接班人，加快推进教育现代化，建设教育强国，办好人民满意的教育。2019年7月8日，中共中央、国务院印发《关于深化教育教学改革全面提高义务教育质量的意见》进一步明确，要坚持"五育"并举，全面发展素质教育，围绕"发展素质教育"的新要求，强化德育、智育、体育、美育和劳动教育应有地位，突出德育实效，提升智育水平，强化体育锻炼，增强美育熏陶，加强劳动教育，促进学生全面发展。《"健康中国2030"规划纲要》提出，要"加强健康教育，将健康教育纳入国民教育体系，把健康教育作为所有教育阶段素质教育的重要内容"。所以，健康教育离不开教育学的理论支撑，也必须要遵循教育学的基本原理。

教育是有意识地以影响人的身心发展为目标的社会活动，健康教育从本质上说就是培养健康的人的社会活动。教育有4个要素：教育主体、教育客体、教育内容、教育手段，从这4个要素来看，健康教育的主体是健康教育的实施者，健康教育的客体是接受健康教育的人，健康教育的内容是能够促进人的健康的知识技能和行为习惯，健康教育的手段则可以是能够将教育内容完整传递给教育客体的各种方式方法。

新时代坚持和发展中国特色社会主义的总任务就是实现社会主义现代化和中华民族伟大复兴，建成社会主义现代化强国。对教育提出了落实"五育"并举，培育德智体美劳全面发展的新时代社会主义建设者和接班人的总要求。相应地，职业教育的培养目标也是要培养全面发展的技术技能型人才，在德育、智育、体育、美育和劳动教育等方面全面提高。

德育是培养学生正确的人生观、世界观、价值观，具有优良的道德品质和正确的思想观念的教育。没有正确的思想观念和道德品质，其他四育就无从谈起，正所谓"立德树人"。也就是说，德育是其他四育的现实基础，是推动智育、体育、美育和劳动教育的动力和源泉。职业教育的根本任务是为社会生产提供一线最需要的、大量的技术技能型人才，在使学生掌握必要的知识和熟练的技能的同时，还应当使学生具备科学的世界观、人生观和价值观以及良好的职业道德和行为规范。对职业学校学生有针对性地开展思想观念、职业道德、行为规范教育是提高教育质量、培养有用人才的必要保证。

智育直接关系到职业学校学生对文化基础知识、专业技能的学习，关系到与学生学习相关的非智力因素的教育，为其他四育奠定科学基础和认识依据，在"五育"之中占据核心地位。

体育是教授学生健康知识、技能，发展学生体质，培养体育品德，促进学生身心全面发展的教育活动，为其他四育奠定物质基础。职业教育的培养目标里也明确学生要具有健康的身体和心理，所以，学生健康教育离不开体育。而且，体育不仅指体力活动，还应当包括各种运动技能技巧，发展身体各方面素质，培养学生的体育品德，使身心得到全面发展。毛泽东在《体育之研究》中指出：体育一道，配德育与智育，而德智皆寄于体，无体是无德智也。体育于吾人实占第一之位置，体强壮而后学问道德之进修勇而收效远。可见，体育是学生学习文化科学基础知识、掌握一定专业技能的重要保证，也是对学生施予道德品质教育的重要手段。

美育是要培养学生的个性和才能，树立正确的审美观点，具有感受美、鉴赏美和创造美的能力，在学习生活中实现心灵美与行为美、内在美与外在美的统一。美育的特殊教育功能不可替代，它与德智体劳互为条件、相辅相成，对整个身心发展都起着催化作用。审美教育对于学生来说有着很强的迫切性，因为在基础教育阶段审美教育的缺失、社会环境中各种文化思想和生活方式的渗透，他们对于美好与丑陋、善良与邪恶、文明与腐朽的辨别能力比较欠缺，对生活态度、生活方式、行为作风的理解也有失偏颇。所以，把学生培养成为美的社会主义建设者具有战略意义。

劳动教育旨在培养学生的劳动观念和劳动习惯。实际上，劳动教育就是要在学生中弘扬劳动精神，引导学生懂得劳动、崇尚劳动、热爱劳动、尊重劳动，理解劳动创造一切的深刻含义，进而摒弃厌恶劳动的不良态度，形成辛勤劳动、诚实劳动、创造性劳动的良好习惯。职业技术教育区别于其他教育的重要特点就是它的实践性和技术性，在本质上与劳动教育的内在含义完全一致，因此对职业学校学生加强劳动教育就有了更直接、更深层次的意义。

四、健康教育的医学理念

(一)中医学健康教育理念

中医学治未病包含 3 种意义：一是防病于未然，强调摄生，预防疾病的发生；二是既病之后防其转变，强调早期诊断和早期治疗，及时控制疾病的发展演变；三是愈后防止疾病的复发及治愈后遗症。这样的理念显然与健康教育一脉相承，健康教育也无非是让人们根据已有的知识技能来防患于未然，即以健康的行为预防疾病的发生。

“未病”一词最早见于《黄帝内经·素问》，“是故圣人不治已病，治未病，不治已乱，治未乱，此之谓也。夫病已成而后药之，乱已成而后治之，譬犹渴而穿井，斗而铸锥，不亦晚乎”。这段话从正反两方面强调治未病的重要性，已成为预防医学的座右铭。而在《黄帝内经》中提出来的防病养生谋略，是至今为止中医卫生界所遵守的“预防为主”战略的最早思想，它包括未病先防、已病防变、已变防渐等多个方面，要求人们不但要治病，而且要防病，不但要防病，而且要注意阻挡病变发生的趋势，并在病变未产生之前就想好能够采用的救急方法，从而掌握疾病控制的主动权，达到中医学的健康标准即形神统一、七情相关、人与自然社会统一三方面的要求。

(二)西医学健康教育理念

西医学医学模式自 1977 年美国医生恩格尔在《科学》杂志上发表文章《需要新的医学模式——对生物医学模式的挑战》以来，已经逐步从生物医学模式转变为生物-心理-社会医学模式。西医学根据时代发展、社会需求以及人类疾病谱的变化，在健康教育方面提倡自我健康管理，关注各类影响健康的危险因素，围绕日常行为习惯的改变从而达到生理、心理、社会、环境、道德等方面的完全健康。

西医学的生物医学模式更加强调科学、准确，以系统科学的解剖、生理、病理、诊断、治疗以及预防等医学基本原理来研究人体结构与功能，以各种先进的仪器设备准确测量人体器官的客观状况，从而实现人体疾病精准化、个性化的快速治疗。这样的医学模式奠定了医学试验研究的基础，能够有效推动特异性诊断和治疗的发展，可以有效控制传染病和寄生虫病。但很明显，生物医学模式只重视局部而忽视整体系统、重视躯体因素而忽视心理因素和社会因素，将人当作生物人，而忽视了人的社会性，对于人的心理因素和社会因素给健康带来的影响关注不够。为此，生物－心理－社会医学模式应运而生。

随着社会经济的发展，社会心理因素已成为各种疾病的直接或间接诱因，心理压力、生活方式等都对人的健康产生着深刻的影响，以人及人的群体生态系统综合研究健康与疾病成为必然。生物-心理-社会医学模式是用系统综合的思维方式处理健康与疾病问题，解决问题的思路更加广泛。这种模式强调人的健康是生物因素、心理因素和社会因素共同作用的结果，不能把生理和心理分开或对立起来，在对疾病做出诊断时，要考虑到生物的、心理的、社会的因素对人的影响，要以多学科协同分析来做出诊断。同时，还要考虑生物、心理、社会三方面的作用来制订治疗方案，特别是心理卫生和医务工作者与病人之间的关系对治疗的影响。

五、健康教育的行为理念

在影响健康的 4 项基本因素中，行为与生活方式因素的影响占到了 60%，而且是各项因素中唯一属于个人可控的因素。健康教育的主要目标也是促进人们改变自己的不良行为，养成良好的行为习惯，倡导良好的生活方式，减少或消除影响健康的风险因素从而促进健康。因此，健康教育与行为学有着密不可分的关系，行为改变的理论模式对健康教育有着很强的指导意义。

（一）健康信念模式

健康信念模式是使用最广泛的个体行为改变理论，是运用社会心理学方法解释健康相关行为的重要理论模式，是以心理学为基础，由需要动机理论、认知理论和价值期望理论综合而成的，并在预防医学领域中得到应用和发展。健康信念模式遵循认知理论原则，强调个体的主观心理过程，即期望、思维、推理、信念等对行为的主导作用。因此，健康信念形成是人们接受劝导、改变不良行为、采纳健康行为的关键。

（二）行为分阶段转变理论

行为分阶段转变理论模型是行为改变的一种策略和方法，它整合了若干个行为干预模型的基本原则和方法，故又称为“行为分阶段转变交叉理论模型”。该模型的理论依据是社会心理学，其着眼于行为变化的过程及对象的需求：人的行为改变不是一次性的事件，而是一个复杂的、渐进的、连续的过程。此过程可分为 5 个阶段：①无意向阶段；②意向阶段；③准备行动阶段；④行动阶段；⑤巩固阶段。

（三）“知信行”模式

“知信行”模式是最常见的、应用比较广泛的一种改变人类健康相关行为的模式，它将人类行为改变分为获取知识、产生信念及形成行为 3 个连续过程，即认知—信念—行为。知（知识和学习）是基础，信（信念和态度）是动力，行（促进健康行为）是目标。“知信行”模式的实施要遵循循序渐进的原则，根据教育对象的不同素质和存在问题设置基本目标、中层目标、发展目标，由简到繁，从易到难，促使受众一步步坚持，进而达到满意效果。

第四节　高职学生健康教育的内容

一、生理健康教育

生理健康是人的健康的基石。高职学生在法律意义上刚刚成年，往往心智尚不成熟，健康意识薄弱，或多或少存在一些影响健康的行为习惯。因此，根据高职学生年龄阶段特点，重点介绍青春期生长发育规律及生理特征，生理健康的内涵、标准，影响生长发育的因素，男女生青春期生理特点与常见疾病，认识和鉴别不良行为习惯，在此基础上使学生掌握此阶段卫生保健基本知识，树立防病意识，减少健康风险。

二、心理健康教育

高职学生的心理问题较为普遍，个别时候个别人的心理问题还十分严重。因此有必要普及心理健康基本知识，帮助学生树立心理健康意识，了解简单的心理调适方法，认识心理异常现象，正确认识和把握自我，以及掌握一定的心理保健常识。教师应根据学生特点和他们在成长、学习、生活和求职就业等方面的实际需要进行教学、咨询、辅导和援助。以积极的心理品质培养，使学生不断正确认识自我，增强调控自我、承受挫折、适应环境的能力；培养学生健全的人格、良好的个性和心理品质；对少数有心理困扰或心理障碍的学生，给予科学有效的心理咨询和辅导，使他们尽快摆脱障碍，调节自我，提高心理健康水平，增强自我教育能力。

三、生活习惯与健康教育

生活习惯对健康的影响不言而喻，高职学生大多已形成了自己的生活习惯，包括饮食、作息、体育运动等，其中难免有一些习惯是不利于健康的。通过对高职学生生活习惯的分析，建立高职学生健康生活的范式，发挥学生的主观能动性，引导学生积极参与主动学习，识别并改进生活中的不良行为，构建良好习惯，做到忌烟忌酒、合理膳食、均衡营养、正确进行体育运动、合理使用电子产品等，从而达到健康教育的目的。

四、性与生殖健康教育

青春期的高职学生身体发育已基本成熟，但性意识与性观念相对滞后。当代社会的多元化、网络化，使学生获取性知识也变得多途径化，学生的性心理特点具备隐晦性、多样性、突变性。因此，应把握高职学生的性意识、性心理发展变化规律，使学生了解自身性发育及特点，通过正确的引导与教育，帮助其判断相关性认知的对错，规范与指导其在生活中的行为，推动形成性道德观念，使其能够正确面对与解决性困扰。

五、职业健康教育

高职学校培养的学生就是未来在各个专业岗位从事一线工作的技术技能型人才，对其实施健康教育就要求从职业学校的专业入手，分析未来职业岗位可能出现的职业病，帮助引导学生树立正确的职业健康与安全观念，把握常见职业病的基本常识，掌握一些预防典型职业病的方法，并能够根据环境的特点采取有效的措施预防职业性危险因素所致的身体损伤，提高职业健康水平，保证健康的生活。

六、传染病知识

人类历史上，与传染病的抗争从未停止过，鼠疫、霍乱、天花……2020年以来，新型冠状病毒引起的肺炎疫情全球肆虐，引发了世界范围内新一轮的瘟疫大流行，此次疫情距离2003年的SARS仅仅过去了17年。传染病对人的直接影响是生命和健康的损失，除此之外，经济和社会也会付出惨痛代价，许许多多的人因为疫情的影响导致失业甚至流离失所。传染性疾病有何特征，如何流行，个人层面怎样防护，政府层面怎样处置，这应该是健康教育中不可或缺的内容。

七、急救知识与技能

日常工作生活中，地质灾害、气象灾难、交通事故等各种意外伤害以及一些突发疾病随时可能威胁人的生命健康安全。灾害事故或急症发生后如果能够快速而正确地对伤病员采取紧急救护措施，往往能够有效减轻伤害或急病产生的不良后果，从而挽救生命，减轻伤残。要实现这一目标，需要在民众中广泛普及紧急救护知识，使民众掌握急救技能。目前我国民众相关知识技能的普及率还比较低，对高职学生进行急救知识与技能的普及也是健康教育的应有之义。

思考题

1. 你认为自己健康吗？为什么？
2. 影响健康的因素有哪些？其中哪些是我们个人可以控制的？
3. 你对“健康教育”这个概念有什么认识？

第二章

生理与健康

教学目标：本章主要教学目标是学生通过学习，理解生理健康的定义及其意义，了解人体生长发育的基本规律及高职学生生长发育的特点，熟悉青春期的生理特点和影响生理健康的主要风险因素，掌握青春期卫生保健的基本知识，提高疾病预防能力，养成健康的生活方式和行为习惯。

教学重点：根据高职学生的年龄特点，重点介绍青春期的生长发育规律及生理特征，在此基础上使学生掌握基本的预防保健知识，引导学生树立现代健康意识，掌握健康管理方法，养成文明健康的生活方式，提高自觉规避和应对健康风险的能力。

教学难点：高职学生正处于身心成长成熟、健康素养形成的重要时期，同时也是传播健康理念、引领健康生活方式的重要人群，且普遍或多或少存在一些影响健康的行为习惯，因此本章的教学难点在于帮助学生树立基本的健康意识，认识和鉴别不良行为习惯，减少健康风险。

第一节 生理健康概述

一、生理健康

生理健康即传统意义上的身体健康，是指人体生理功能上健康状态的总和。生理健康的具体指征为身体各器官组织结构完整，发育正常，功能良好，各项生理生化指标正常，没有疾病和虚弱的状态。在生物医学模式背景下，生理健康的意义表现在以下几个方面：一是生理健康的基本指征是人身体的正常状态，主要包括体温、脉搏、呼吸、血压、身高、体重等几个方面；二是生理健康有可量化的标准，虽然这只是统计学意义上的，但由于人体的复杂性使得我们即使应用再多的指标也很难完全表达生命健康的确切状态，而且不同生长发育阶段，各项指标也会有差异，甚至不排除个体指标的极端差异；三是每个人的生理健康状态会显现自己的特征，人与人之间的个体差异是客观存在的。

二、生理健康的医学标准

(一)中医标准

我国传统医学提倡“天人合一”的理念，认为人的生命、身体、健康和疾病都和周围的自然环境有着密切的关系。人体的健康离不开天，更不能逆天而行，只有符合“天人合一”的规律，才算是真正的健康。

中医典籍《黄帝内经》中指出：“一阴一阳谓之道，偏阴偏阳谓之疾”。中国传统医学将人的生命状态分为“未病态”和“已病态”两种。已病态具有明显的痛苦感觉，即“偏阴偏阳”的疾病状态；未病态没有明显的痛苦感觉，即人体阴阳相对平衡的健康状态(图 2-1)。另外，即使体内潜伏着某些致病因素，在它未对人体阴阳造成破坏之前，仍然属于未病态。基于此，中医认为，人体健康应符合以下 10 个标准：

(1)双目有神；

(2)面色红润；

(3)声音洪亮；

(4)呼吸匀畅；

(5)牙齿坚固；

(6)头发润泽；

(7)腰腿灵活；

(8)体形适宜；

图 2-1 阴阳平衡

(9)记忆力好;

(10)情绪稳定。

(二)现代医学主要生理指标

世界卫生组织关于生理健康的标准和中医学的健康标准,都从人体体格康强程度的几个具体方面提出了可供参考的依据,但总体来说都略显笼统。随着医学科学的发展,人体生理健康标准有了更加明确的量化指标,比如4项基本生命体征:体温(T)、脉搏(P)、呼吸(R)、血压(BP)都有统计学意义上的正常范围。高职学生正处于青春发育期后期,逐渐向青年时期过渡,其4项基本生命体征的标准与成人标准几乎无异,参照成人的指标来看,4项基本生命体征的标准如下:

体温(T):36~37.4 ℃(腋温)

脉搏(P):60~100次/分钟

呼吸(R):12~18次/分钟

血压(BP):90~140毫米汞柱/60~90毫米汞柱[收缩压/舒张压]

在此基础上,身高、体重、肺活量等一些易于量化且易测算的指标也是生理健康状况的重要参考。国家教育部印发的《国家学生体质健康标准》中在身体形态、心血管系统机能、呼吸系统机能和肌肉力量等方面给出了大学生生理健康的个体评价标准(见附录一　高职学生身体健康测评)。

此外,医学上还有血象、电解质、血糖、血脂、转氨酶、肝功能、肾功能、激素水平等反映人体生理健康状况的指标,体系非常复杂,不再一一列举。

需要强调的是,这些量化的标准是统计学意义上的标准,具体到每一个人,均会存在一定的个体差异,而且个别指标的轻微异常并不一定代表不健康,需结合相关指标和临床表现予以综合评价。

三、生理健康的意义

尽管广义的健康是一种生理、心理、道德和社会适应状态的总和,但不难理解,生理健康是整体健康状态完好的基石,没有生理健康,其他几个层次的健康也无从谈起。

(一)生理健康对整体健康的积极影响

个体在生理健康状态下,机体各系统功能正常,反馈给神经系统的是良性刺激,能使个体产生适应感;同时,内分泌系统处在一种适宜状态,各种激素分泌正常,从而使个体的情绪等心理活动维持稳定,这是保证心理健康的重要条件。此外,在生理健康的条件下,机体对外界的负性刺激产生的不良影响会相应减弱,而对外界的中性、良性刺激更会产生良好的反应,使个体产生愉悦的情绪;另外,生理健康的个体具备良好的体力,可扩大活动范围,增强其对外部环境的“探索反应”,从而激发活动兴趣。广泛的活动兴趣既是个体心理健康的标志之一,也对增强个体的社会适应能力具有重要意义。

(二)生理健康对整体健康的消极影响

生理健康作为整体健康的基石,对其他层次的健康的影响是双向的,在个体的生理健康状况出现问题时,其他几个层次的健康也必然会受到消极影响。例如,神经系统的病变,尤其是大脑的病变或外伤会引起神志不清、智力减退、定向力障碍、记忆力减退甚至是行为失控;内分泌系统的病变会导致内分泌紊乱,引起个体的紧张、焦虑、注意力分散、反应迟滞、悲观、抑郁等;其他疾病或身体的不适也会引起个体的情绪不稳定、对外界事物的兴趣减弱、敏感多疑等,这些消极影响势必会导致个体的心理健康状况恶化,社会适应能力降低。

第二节 高职学生生长发育特点及规律

一、生长发育

生长发育是指从受精卵形成到成人的成熟过程。生长和发育是未成年人不同于成人的重要特点。严格来说,生长和发育有着不同的概念和内涵:生长是指随着年龄增长,机体内细胞增殖、增大,细胞间质增加,整体表现为组织、器官及身体形态和重量变化的过程,是量的变化,可有相应的测量值来表示;发育是指随着年龄增长,机体内细胞、组织、器官形态结构分化与功能逐渐完善的过程,是质的变化,还同时包括了智力、心理及运动技能获得和提高的过程。

生长和发育两者紧密相关,在人体成长过程中,两者相互依存,无法割裂,因此常合称生长发育。

二、生长发育的一般规律

(一)连续性与阶段性

人体的生长发育是一个从量变到质变且具有一定规律的长期连续的过程。这个过程又可划分为若干顺序衔接的阶段(图 2-2)。

(1)胎儿期:自受精卵形成至胎儿娩出的时期。

(2)婴儿期:自出生至 1 岁为婴儿期。此期是出生后生长发育最为迅速的一个时期。新生儿期是婴儿期的一个特殊阶段,指从胎儿娩出、脐带结扎至满 28 天这一时期,此期是胎儿出生后生理功能进行调节从而适应宫外环境的时期。

(3)幼儿期:1～3 岁。该期生长发育速度逐步减慢。

(4)学龄前期:3～6 岁。学龄前期儿童的体格发育速度减慢,智能发育加快。

(5)学龄期:6 岁至青春期前。学龄期儿童除生殖系统以外大部分器官逐渐发育成熟,功能日臻完善。

(6)青春期:又称青春发育期,是从第二性征出现到生殖功能基本发育成熟、身高停止增长的时期。此期是儿童步入成人的过渡阶段,性别差异及个体差异较大,一般女孩为 11～18 岁;男孩为 13～20 岁。

图 2-2　人体生长发育分期

(图片来源:https://new.qq.com/rain/a/20210523a04y7u00)

生长发育的各阶段之间不可跨越,前一阶段的生长发育是后一阶段的必要基础,无论任一阶段的生长发育出现异常,必将对后一阶段产生不良影响。

(二)生长发育速度的不均衡性

人体的生长发育并非匀速进行,而是快慢交替,因此,生长发育的速度曲线呈现波浪形。婴儿期为出生后的第一个生长高峰期,其后生长速度逐渐减慢,至青春期生长速度再次加快,出现出生后第二个生长高峰期(图 2-3)。青春期身高快速增长的同时,体重也迅速增加,是人体生长发育的黄金时期(图 2-4)。

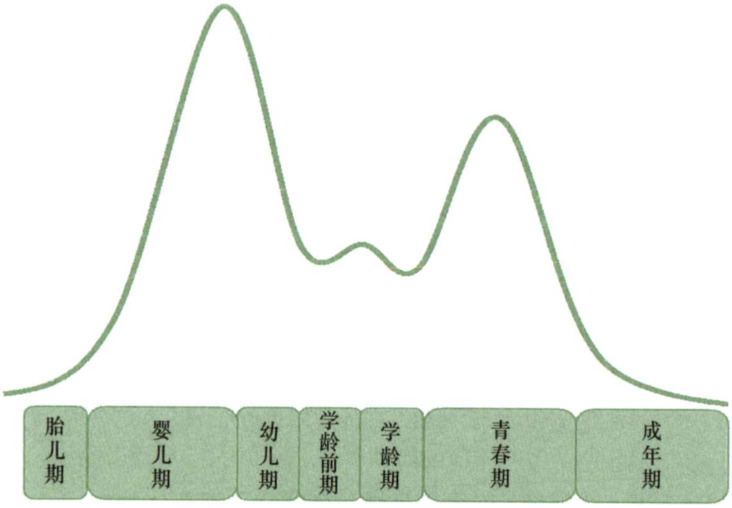

图 2-3　人体生长发育的“两次高峰”

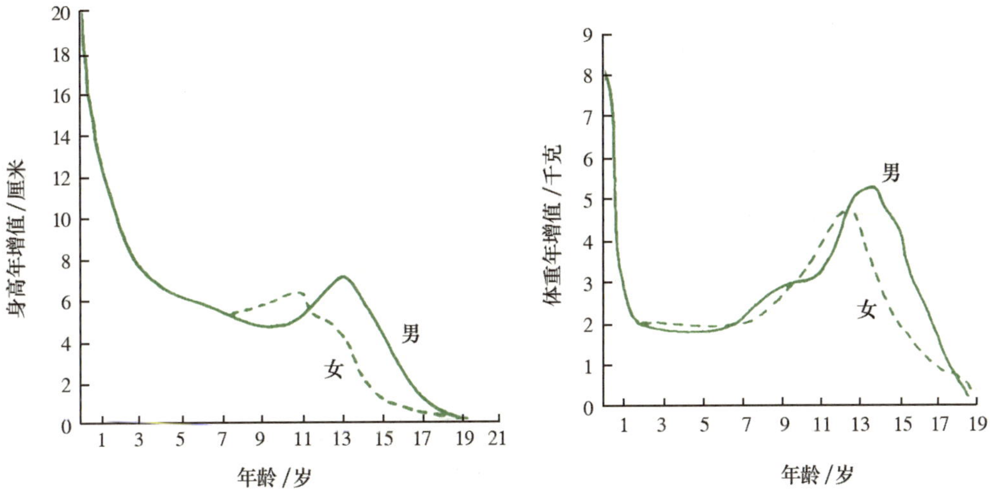

图 2-4 身高、体重增值曲线图

(三)生长发育的程序性

在生长发育过程中，人体各部长度、宽度、围度的发育体现一定的先后顺序，主要包括头尾律、向心律、长度的发育领先于宽度和围度、身高的发育领先于体重等。

1. 头尾律

在胎儿期和婴儿期，人体的生长发育首先从头部开始，然后逐渐延伸到尾部（下肢）的这一规律。

（1）由上而下：先会抬头，再会抬胸，后会坐、立、行；

（2）由近及远：从臂到手，从腿到脚的活动；

（3）由粗到细：从用全掌抓握到用手指拾取。

2. 向心律

在儿童期和青春期，人体的形态发育呈现自下而上、自肢体远端向中心躯干发育的规律，即下肢发育先于上肢，四肢发育早于躯干。

自出生后的整个生长发育过程中，身体各部分的生长速度不同，增长幅度也不一样，通常成熟后相比出生时，头颅增长 1 倍，躯干增长 2 倍，上肢增长 3 倍，下肢增长 4 倍（图 2-5）。

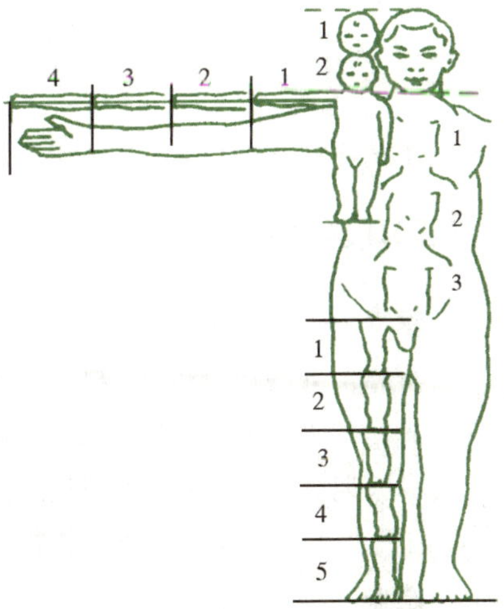

图 2-5 身体各部生长发育比例

(四)各系统器官发育的不平衡性

为适应环境变化，人体各系统器官发育顺序遵循一定规律，有各自的生长特点。神经系统发育较早；淋巴系统在儿童期迅速增长，至青春期前达高峰，后逐渐下降到成人水平；生殖系统发育较晚；其他系统的增长基本与体格生长平行（图 2-6）。

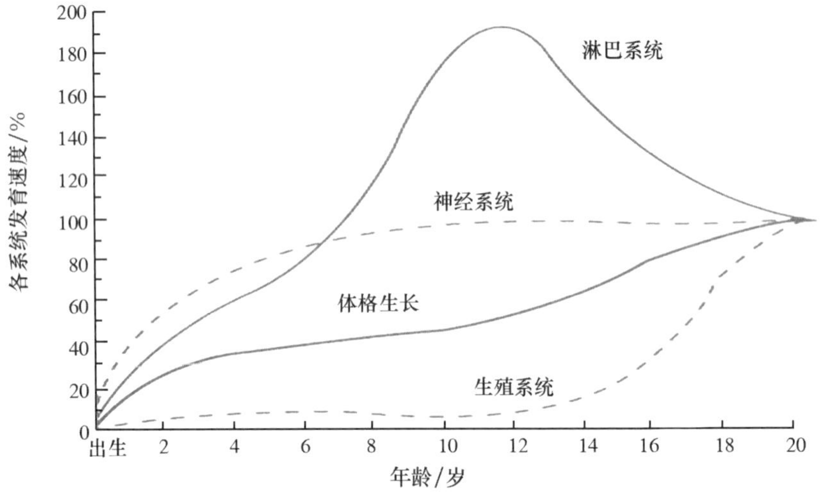

图 2-6 不同系统发育与年龄的关系

(五)个体差异性

人体的生长发育按照一定的总规律进行，但在一定范围内，受遗传、环境的影响，存在非常大的个体差异，每个人的生长发育“轨道”都不可能完全相同。因此，在评价个体的生长发育水平时，虽有一定参考范围，但所谓“正常值”“标准值”都不是绝对的，必须充分考虑个体受影响的所有因素，方能做出正确判断。

三、影响生长发育的因素

(一)遗传因素

细胞染色体所载基因是决定遗传的物质基础。在生长发育过程中遗传因素决定着各种遗传性状，表现在不同种族、家族中个体发育存在明显差异，如身材高矮、对营养素需求量、性发育迟早、疾病易感性等均与遗传有关。遗传因素通过酶的活性及内分泌功能调节生长发育，决定了个体发育的基本特征、潜力和趋向。

(二)环境因素

1. 营养

当营养素供给比例恰当，配以适宜的生活环境，生长潜力能得到最好的发挥。营养包括宫内营养和生后营养两方面。宫内营养不良的胎儿，不仅体格生长落后，严重时可影响脑的发育。其成人期高血压、糖尿病、肥胖症的发生率高于宫内营养正常者。生后营养不良，特别是2岁以内的严重营养不良，影响体格发育，免疫力、内分泌、神经调节等功能低下。

2. 睡眠

生长激素在夜间睡眠状态下的分泌量远比白天清醒状态下多，充足的睡眠有利于身高的发育。睡眠时间的长短因年龄而不同，且存在较大个体差异。

3. 运动

运动也可刺激生长激素分泌，生长发育时期经常进行体育运动，能促进骨骼生长，使骨的长度变长，横径变粗，骨密度增加，尽可能发挥遗传潜力。

4. 疾病

任何引起生理功能紊乱的急、慢性疾病对生长发育都会产生直接影响。影响程度取决于病变部位、病程长短、病变严重程度及患病年龄的不同。年龄越小、病程越长影响越大。

5. 母亲情况

胎儿在宫内的发育受孕母生活环境、营养、情绪、疾病等因素的影响。例如孕早期的病毒性感染、电离辐射、某些药物、环境毒物和精神创伤的影响可使胎儿发育受阻，增加先天畸形的风险；妊娠期的严重营养不良可引起胎儿体格生长和神经系统发育的迟缓，甚至导致流产、早产等。

6. 家庭和社会环境

充足的阳光、新鲜的空气、清洁的水源、安静舒适的居住条件，配以健康的生活习惯、良好的教养、适当的体育锻炼、完善的医疗保健服务等，都是促进生长发育达到最佳状态的重要因素。反之，则会对生长发育带来不良影响。

总的来看，生长发育水平受遗传因素与环境因素共同作用的影响。

四、高职学生生长发育特点

高职学生正处于人体发育的青春后期，身体发育接近成人或达到成人水平，骨骼已全部骨化，肌力增强，大脑皮层基本发育成熟，内分泌系统和生殖器官也已完全成熟，具有显著的青年时期特征。

(一)形态特征

据我国原国家体委、教育部和卫生部对18～25岁的37 906名大学生进行的多项指标测试调查结果的材料显示，我国大学生身体形态发展的总特征如下：首先，虽有缓慢生长，但基本趋向稳定；其次，身体各部分的长度、宽度、围度的生长发育基本完成，各部分的受力及运动负荷接近或达到最佳水平，为身体形态均衡发展提供了物质前提；最后，男生较壮实，女生较丰满，男女差别显著。

(二)身体机能特点

1. 心血管系统

大学生的脉搏自青少年时期随年龄增长逐年下降而日益稳定，但女生高于男生。在18～25岁的大学生中，男生脉搏频率平均为75.2次/分钟，女生平均为77.5次/分钟；血压男生平均值为118.3毫米汞柱/74.1毫米汞柱，女生为107.8毫米汞柱/69.2毫米汞柱。在大学阶段的学生心脏发育日趋完善，心脏收缩力增强，收缩压升高，这些都是血液供应适应机体负荷增加的需要。

2. 呼吸系统

大学阶段学生胸廓的横径和纵径都继续增加，胸围也在不断地加大，男性的增加量大于女性的增加量。18～25 岁大学生的肺活量，男生平均值为 4 124 毫升；女生为 2 871 毫升，男女生肺活量增大的高峰期均在 21 岁。

3. 运动系统

个体身体素质发展最快的年龄在 12～17 岁的儿童少年时期，19 岁以后，无论是男生还是女生，各项身体素质增长开始放慢，并有逐年下降的趋势。同时，男生肌肉迅速发展且较为壮实，女生脂肪堆积较丰满。

（三）神经系统的完善

到了大学阶段，个体神经系统已基本发育成熟，大脑的结构与功能不断完善，大脑皮层的兴奋与抑制达到较好的平衡状态，尤其第二信号系统迅速发展，其主导作用进一步增强，第一信号系统和第二信号系统之间的相互沟通更为完善。因此，这个阶段思维敏捷，记忆力增强，易接受新鲜事物，正是接受各种教育的黄金时期。

（四）性功能的成熟

性的成熟过程是大学生生理最重要的变化之一，生殖器官的形态和功能基本发育成熟，同时在激素的作用之下，第二性征的发育也日趋完善、稳定。

第三节　青春期生理特点及卫生保健

高职院校的学生年龄一般在 17～23 岁，正处于青春发育期的后期，身体发育较快，心理活动比较复杂，无论生理方面还是心理方面都逐渐走向成熟、日趋完善。这个阶段，既是决定人的体格、体质和心理健康的关键时期，也是人生观、价值观、道德观和恋爱观形成的重要时期。由于身心发生巨大变化，以及青春期初期的遗留问题，会使部分学生感到无所适从，出现一些生理和心理问题，因此，了解青春期生理特点及基本的卫生保健知识是十分必要的。

一、青春期的概念

青春期是指青少年生理发育和心理发展急剧变化的时期，是童年向成年过渡的时期，是性器官生长和分化的第二个高峰，是人从儿童期向成年期过渡的生物性转变阶段，在我国，一般把 12～18 岁这一年龄段看作是青春期。

二、男生青春期生理特点及卫生保健

(一)男生青春期的生理特点

青春期是人体生长发育的第二个高峰，生理上变化巨大，身高、体重迅猛增长，各脏器如心、肺、肝脏生理功能日趋成熟，各项指标达到或接近成人标准。在这一阶段，男生有如下特点。

1. 体型的变化

在青春期，在各种激素、先天因素和后天环境因素的相互作用下，骨骼迅速增长，身体长高。青春期下肢骨骼增长更为突出，直接决定身体高矮，但其生长时间较短；脊椎骨的增长速度较下肢骨明显减慢，但它的生长时间较长。因此，人体身高增长在17～18岁以前靠下半身；17～18岁以后则主要靠上半身。此外，在青春期，人的体重迅速增加，内脏体积和重量增加，肌肉发达。

2. 性发育和性成熟

青春期前，男孩的睾丸容积是1～8毫升，睾丸从青春期开始发育增大，并且睾丸内逐渐有精子生成(15岁以后可出现遗精)。同时，睾丸间质细胞开始分泌雄激素(睾酮)，睾酮在血浆中的浓度不断增加，会刺激男性生殖器官进一步发育成熟，男童9～12岁以后，阴囊逐渐增大，并且会发生阴囊变红和皮肤质地的改变，12～15岁后，阴茎变长，但周径小幅度增大，到15～18岁以后，阴茎和阴囊进一步增大，颜色变深，阴茎头更充分地发育，直到外生殖器官的形状和大小达到成年状态，在成年后睾丸容积增大至12～25毫升。

3. 第二性征的出现

在雄性激素的刺激下，男性出现第二性征，主要表现在胡须生长，体毛逐渐变浓变重，音调低沉，喉结突出，肌肉骨骼发育坚实，形成男性的魁伟体格(图2-7)。

图2-7 青春期男孩生理特点
(图片来源：https://www.sohu.com/a/300379182_100281801)

(二)男生青春期的卫生保健

1. 外生殖器的保护

男生的外生殖器由阴茎和阴囊组成，是身体重要的组成部位。睾丸分布着大量的神经末梢，尤其对压力十分敏感，即便遭受很小力量的冲击，也会疼痛难忍。阴茎主要由海绵体组成，海绵体内分布有丰富的血管，并且龟头表面分布大量感觉神经末梢。由于阴茎和阴囊对机械刺激非常敏感，应注意避免碰撞、挤压。因此，由于男生外生殖器构造特殊，所以要注意对其格外保护。常见的可能导致生殖器损伤的原因有以下几点，要尽量避免：

(1)日常生活中的打闹、摔跤时撞击生殖器；

(2)骑车或者坐车时颠簸或碰撞，使外生殖器受到来自下方的撞击；

(3)因足球等对抗性运动时的拼抢、冲撞损伤生殖器。通常在上述情况发生时，睾丸会随阴囊受到打击而反射性地向上收缩，从而使冲击力量得以缓冲，进而减轻损伤。此时，应协助伤者立即站起来并且使劲蹦跳，争取使睾丸归位，然后再及时送医院诊疗。

2. 外生殖器的清洁

坚持每晚用干净的温水清洗外生殖器，经常换洗内裤，确保会阴部清洁。清洗时要将包皮翻过来用水冲洗干净。如不注意保持清洁，会引起外生殖器感染，严重可能影响排尿。

3. 遗精的处理

进入青春期后，精子开始在睾丸中发育、成熟。前列腺和精囊等分泌精浆，两者形成精液。精液达到一定量后会从阴茎流出，这就是遗精。第一次遗精后，标志着男孩在生理上的成熟。遗精有时发生在睡梦中，称为“梦遗”，量不是很多，但通常会醒来。一般每月遗精 1～2 次，是正常的生理现象，应及时消除不必要的紧张和焦虑心理。如夜里发生遗精不要惊慌失措，平时可常备一条小毛巾，遗精时用来清洁会阴。裤子尤其是内裤不宜太紧，最好采用软质布料，同时要避免刺激。睡觉时被窝温度不宜过高，被子不要过重，最好侧睡。

三、女生青春期生理特点及卫生保健

（一）女生青春期的生理特点

青春期少女的发育是循序渐进的过程。大体上说，少女青春期发育的正常时间范围是 12～18 岁。突出表现在 3 个方面。

1. 体格发育

身高和体重迅速增长是体格发育的显著特点；心脏心肌逐渐增厚，重量迅速增加；肺活量明显增大；神经系统逐步发育完善，其调节能力大大增强，身体在接受外界刺激后，可以将信息很快传到大脑，并及时准确地做出反应，进行分析、判断，理解问题的能力也大大提高。

2. 性发育和性成熟

青春期开始后，由于垂体分泌的促性腺激素的刺激，性器官迅速发育。卵巢发育加快，重量增加，能够产生卵子，分泌雌性激素，在雌孕激素周期性作用下，开始出现月经。月经是女孩性发育的主要特征，是指女子进入青春期以后，每月一次的周期性子宫出血现象。第一次月经，称为月经初潮，正常情况下，月经周期 20～30 天，经期持续 3～5 天。月经是一种正常现象，通常等到青春期后期，才会出现有规律的月经，这也标志着女性青春期的结束和成熟期的开始。

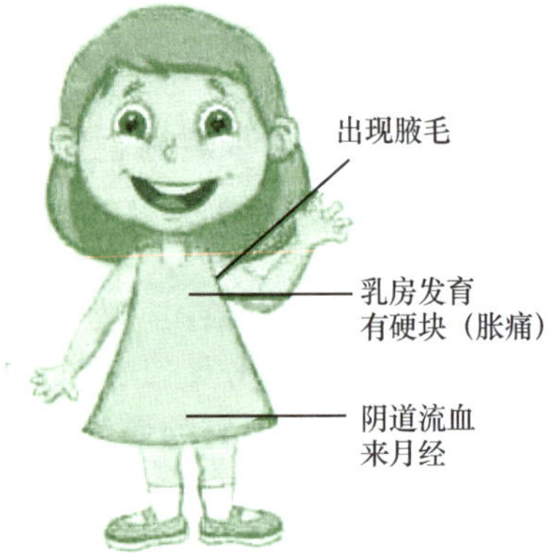

图 2-8 青春期女孩生理特点

（图片来源：https://www.sohu.com/a/300379182_100281801）

3. 第二性征的出现

在雌性激素刺激下，女性第二性征开始发育，主要表现为骨盆变宽大，乳房增大，阴毛出现，声调变高等。一般情况下，女孩青春期要比男孩早一年左右，11～12 岁时，乳房开始发育；13～14 岁时，月经初潮，乳房明显增大；继而腋毛、阴毛出现，骨盆变宽、变大，15～16岁时，月经形成规律，全身皮下脂肪增多(主要表现在胸部、肩部、臀部等)，逐渐形成女性丰满的体态；皮肤也变得柔软而富有弹性、细腻光滑，这些都是女性的第二性征的表现。17～18岁时，骨骼逐渐闭合，身体停止生长(图2-8)。

(二)女生青春期的卫生保健

1. 月经卫生

月经标志着女性生殖器官开始成熟。月经期抵抗力低下，应注意以下几点：

(1)保持外阴部位清洁，用温水洗浴，禁止坐浴、游泳以防病菌侵入。

(2)注意保暖，避免着凉，不能淋雨、涉水，不能用冷水洗头、洗澡。月经期子宫充血，寒冷刺激会使子宫收缩，造成经血量少，经期缩短，并且容易发生痛经和闭经。

(3)避免参加剧烈运动，防止月经失调，减轻腰酸、下腹坠胀等症状。

(4)保持心情愉悦，情绪稳定，避免焦躁不安，进而引起月经紊乱。

(5)注意饮食卫生，合理营养，多喝开水，不要吃辛辣、生冷食物，防止经血过多，要适当吃些营养丰富的蛋类、肉类，防止贫血。

(6)使用质量合格的卫生巾，避免交叉感染，要勤洗澡，保持会阴部清洁。

(7)劳逸结合，保证睡眠充足，避免过度疲劳、消耗体力。

(8)在青春期开始时，可能出现月经不规律，有时伴有头痛、背痛、腰酸等不适，无须有太多顾虑，以后慢慢会自然调整，一般一年后会建立规律的月经周期。但是对于一些严重的痛经、月经不调应及时就医。

2. 乳房保健

青春期是乳房发育的关键时期，要注意以下几点：

(1)保持乳房清洁，经常清洗乳房。

(2)正确选用舒适、合体的乳罩，以对乳房起到良好的支撑作用，不要束胸，不要穿过紧的内衣。

(3)注意保护乳房，避免外力碰撞、挤压、损伤乳房的周围组织，不能俯卧睡眠。

(4)合理饮食，要增强蛋白质、脂肪等营养的摄入，不要节食、偏食。

3. 生活常识

青春期少女日常生活中还应注意以下方面：

(1)不宜过分追求苗条，盲目减肥。

(2)为了避免影响足部发育，不宜穿高跟鞋。

(3)不宜穿紧身衣。

(4)不宜吸烟、饮酒。

四、青春期常见问题与疾病

1. 青春期贫血

进入青春期后，女生伴随月经来潮，或营养补充不足，如铁和蛋白质的缺乏，会导致红细胞合成减少，引发贫血。加之女生体内较男生缺少促进红细胞合成的激素，更易出现贫血。据调查，12～20岁少女有半数出现轻度贫血。针对青春期贫血，要注意合理饮食，摄入全面而充足的营养，此外要加以适当的体育锻炼，增强身体素质。

2. 青春期高血压

引起青春期高血压的原因包括青春期各器官系统发育的不均衡性，内分泌系统各种激素分泌的不稳定性，植物神经系统调节功能的不平衡性等，同时，青少年在复习备考等特定环境下，由于精神高度紧张，大脑皮层功能紊乱，调节血管舒缩的神经中枢功能失常，引起小动脉紧张性增强，外周循环阻力增加，也使血压增高。由于青春期高血压的发生通常是暂时性的，过了青春期，心血管系统发育趋于平衡，血压会逐步恢复正常，因此一般不主张过早应用降压药物，但须通过建立良好健康的生活方式来达到控制血压的目的，例如养成良好的饮食习惯，少吃咸食、甜食及含脂肪高的食物，多吃新鲜蔬菜和水果，不吸烟、不饮酒，保持情绪愉悦，减少心理紧张和心理压力，定期测量血压及检查其他症状等。

3. 青春期甲状腺肿大

进入青春期后，机体生长发育加快，对甲状腺素的需求增多，造成合成甲状腺素的原料——碘的相对缺乏，垂体促甲状腺激素代偿性分泌增多，导致甲状腺增生，因此，青春期的少男少女，可有不同程度的甲状腺肿大。防止青春期甲状腺肿大的措施主要是补碘，多吃含碘丰富的食物，如紫菜、海带、海蜇皮以及各种海鱼等。

4. 遗精

影响遗精的因素主要有以下几点：①精满自溢。男孩进入青春期后，睾丸不断产生精子，精囊腺和前列腺也不断产生精浆。随着精子和精浆的不断产生，体内精液贮存到一定量时，会自动从尿道排出。②局部刺激：内裤过紧，被子太重、被窝温度太高或俯卧睡觉，使生殖器官受到刺激，会诱发遗精。此外，生殖器官疾病如包皮过长、尿道感染，龟头炎等均可导致遗精。③性的刺激：由于和异性的密切接触，或者浏览了描写性的小说或影像，使思想过度集中在性问题上而导致睡眠时遗精。此外，有手淫习惯也易导致遗精。健康的未婚男子，每月有1～2次遗精是正常现象，不会影响身体健康。如果遗精过频，则应及早就医诊治。

5. 白带异常

伴随着女生第二性征发育，阴道和外阴出现的湿润分泌物就是“白带”。白带的出现，是女性正常的生理现象。正常白带，量较少，色乳白，是似蛋清的黏性液，无臭味。如果白带量过多，或者白带有异味，白带带血，外阴瘙痒，就可能是由某些疾病引起的，要及时就医诊治。

6. 痛经

主要表现为经期或经期前后出现较严重腹痛、下坠或其他不适甚至影响生活和学习的现象。引起痛经的因素有很多，如子宫发育不良、贪吃生冷食物、遗传因素、某些妇科疾病、精神紧张压力大、作息不规律等。要寻找痛经的病因，有针对性地加以处理，必要时就医诊治。

7. 乳房发育不良

影响乳房发育主要有以下因素，如种族、遗传、营养、内分泌、体形与疾病等。常见的乳房发育不良有：小乳房、乳房先天性畸形、两侧乳房不对称等。针对此类问题要根据具体情况具体处理，必要时就医诊治。

8. 痤疮

俗称粉刺、青春痘，是发生在毛囊皮脂腺的慢性炎症性皮肤病，多数由于受青春期性激素水平骤然增多的影响而发病。由于皮脂代谢旺盛，生成的过多脂肪酸及皮屑或污物阻塞毛囊口，导致封闭环境中痤疮丙酸杆菌过度增殖，使皮肤产生了炎症反应，表现从轻到重是白头黑头粉刺、炎性丘疹和脓疱、囊肿和结节，一般男孩比女孩更严重。针对痤疮，我们在平常的生活中应注意做到以下几点：

（1）饮食清淡，少食辛辣刺激、油腻、过甜的食物，火腿、香肠等腌制食品和巧克力、咖啡、酒类也应少吃少饮。多吃清淡的瓜果蔬菜，保持消化道通畅。

（2）保持皮肤清洁，每天应洗脸 2～3 次，宜用温水，避免使用碱性较大的香皂和油性大的洗面奶，应选择一些偏中性或酸性的洗面乳，这样有助于去除多余皮脂，又不伤害皮肤。

（3）痤疮如果已经产生，要进行科学处理，严禁挤压，以免引起感染扩散。特别是面部危险三角区的痤疮，挤压后有可能导致严重的颅内感染。

（4）保持心情愉悦，培养广泛兴趣爱好，避免产生焦虑情绪，进而加重病情。注意这些，脸上的青春痘会少些。

9. 神经性厌食症

神经性厌食症是一种由心理因素引起的饮食障碍，主要表现为厌食和体重减轻，多见于女生。有的女生为了盲目追求体型美而不科学节食，甚至采取饭后咽部刺激引发呕吐而进行节食。食物种类和数量摄入严重不足，食欲日趋降低，进而对食物产生厌恶，最后发展到拒食。患有神经性厌食症的女生由于进食显著减少，会出现体重减轻、身体虚弱、血压下降、心率变缓、皮肤粗糙和闭经等症状，甚至出现一些精神症状和行为失常，如不及时治疗将会导致严重后果。

10. 甲型肝炎

甲型肝炎是由甲肝病毒引起的一种消化道传播的传染病，主要由不洁饮食通过粪-口途径传播。预防甲型肝炎主要在于注意卫生：饭前便后，或在摸过不清洁的物品后，要及时用肥皂和流动水清洁双手；不使用他人的水杯和餐具；不喝生水；不吃不洁食品；自己的水杯和餐具要经常消毒；生吃瓜果要洗净去皮，尤其不要随意在卫生条件不佳的流动摊点就餐。此外，注射甲肝疫苗是预防甲型肝炎的有效方式。

11. 脚臭

由于脚心分布大量汗腺，再加上活动、精神紧张、天气闷热、吃辛辣刺激食物等因素，脚会分泌大量汗液。汗液成分主要有水分、无机盐、乳酸、尿素等，在多汗条件下，脚上细菌大量增殖，并分解角质蛋白和汗液中尿素、乳酸等，进而产生脚臭。因此，要选用透气性好的鞋袜，保持足部通风透气，勤洗脚、勤换袜子，尽量保持足部干燥，少吃辛辣刺激食物等，以缓解脚臭现象。

第四节　高职学生卫生保健常识

高职学生正处于人生中生理和心理发育成熟时期，也是精力充沛、学习知识和掌握知识的黄金时期。因此，掌握科学用脑卫生、用眼卫生、口腔牙齿卫生、睡眠卫生等要求和方法，养成良好的个人卫生习惯，对本阶段的健康成长和学习具有重要意义。

一、用脑卫生

脑是人类生命及聪明才智的物质基础和中枢，其结构和功能极为复杂，只有掌握一些脑组织的基本知识，且注意科学用脑，才能保证脑健康，提高学习、记忆和思维效率。

(一)大脑的结构和功能

人脑的重量平均为 1 360 克，从解剖学上可分为大脑(分左、右半球和胼胝体 3 部分)、小脑、间脑(分丘脑、下丘脑等部分)、中脑、桥脑及延髓 6 个部分，其中中脑、桥脑及延髓合称为脑干(图 2-9)。人脑 6 部分的结构各不相同，极为复杂。各部分都有其不同的功能，各司其职，但又相互联系。脑的主要功能表现为：

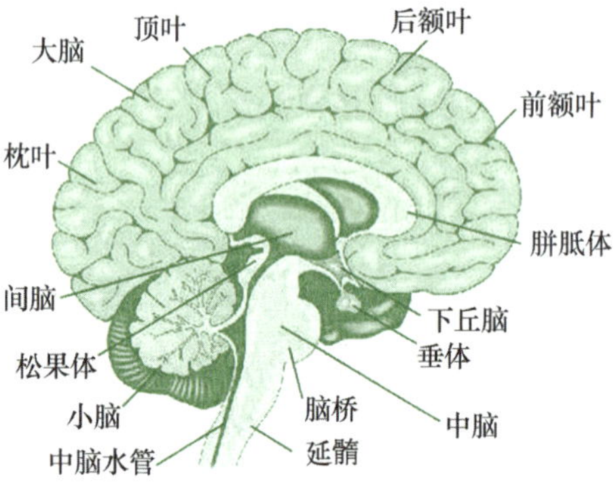

图 2-9　脑的结构

(图片来源：https://m.sohu.com/a/201832654_626422)

(1)维持和调节人体功能，如体温、血压、呼吸、消化等。

(2)接受外界信息并发出指令对环境刺激做出反应。

(3)选择性地利用积累的经验或创造新的方式对环境做出适应性反应。

(二)合理用脑

学生因学习需要长时间静坐、低头，长期处于这种姿势，常会引起头昏脑胀、腰酸背痛的感觉，严重者会造成神经衰弱。其原因主要是用脑过度，产生疲劳，且由于颈部长时间弯曲，脑部血流不畅，供血不足而缺氧，从而引起头昏脑胀等症状。此外，大脑长期处于兴奋状态，也易引起类似神经衰弱等症状。因此，应科学合理用脑，讲究用脑卫生。

1. 多种思维活动交叉进行

不同的脑力活动受控于人脑的不同部分，因此，将不同形式的学习活动交叉进行，如听、读、写、背诵和讨论等多种学习方式不断变换，可使脑组织各部分相应缩短工作时间而得到休息，从而减少疲劳，提高脑的工作效率。

2. 适当进行室外运动和充分休息

如果大脑长期处于紧张状态，思维就会迟钝，效率就会降低。因此，一般学习 1 个小时左右就应该休息 10 分钟。室外空气清新，进行适当的文体活动，可以改善脑部血液循环和供氧能力，同时也可使负责学习思考的脑组织得到休息。此外，还应保证充足的睡眠，使脑组织活动有张有弛，保持头脑清醒、精神饱满，进而提高学习效率。

3. 勤于思考，挖掘智力潜能

在人一生中，脑内可贮存 1 000 万亿个信息单位，而通常我们只利用了人脑能力的 1/3。因此，在学习过程中多动脑思考，积极使用和训练，会使脑组织活动越发灵活，信息贮存更多，记忆力更强，智力潜能就能充分发挥。

二、用眼卫生

近年来，由于学习压力增大，不注意用眼卫生，我国青少年学生中近视的比例逐年递增，严重危害了青少年的学习、生活和健康成长，所以了解和掌握用眼卫生势在必行。

(一)眼睛的结构和功能

眼睛是视觉器官，结构上包括折光系统（角膜、房水、晶状体和玻璃体）和感光系统（视网膜）两部分（图 2-10）。外界光线通过折光系统聚焦在视网膜上，兴奋视神经进而将信息传至视觉中枢，引起视觉。在正常情况下，人眼视远物时无须任何调节，光线会聚焦在视网膜上；而视近物时通过折光系统调节，也会使光线聚焦在视网膜上。若眼的折光系统异常，焦点不能落在视网膜上，称为非正视眼，即屈光不正，包括近视、远视和散光。

(二)合理用眼

经常长时间看书，不注意合理用眼，使眼睛过度疲劳，或用眼姿势不正确，以及学习时光线不充足等原因，都容易导致近视的发生。近视是由于眼球前后径过长，光线的焦点落在视网膜之前，只有将物体移近才能在视网膜上成像，看清物体。临床上根据屈光度数将近视分为 3 种情况：300 度以下为轻度近视；300～600 度为中度近视；600 度以上为高度近视。

高职学生要养成良好的用眼习惯，如看书姿势要正确，眼距离书本 35～40 厘米；看书 1 小时左右，休息 10 分钟，或向远处眺望、做眼保健操；不在光线昏暗处看书；不要躺在床上或乘车、行走时看书；看手机、电脑、电视时间不宜过长，距离不宜过近；平时注意观察视力变化，可定期检查，如发现异常，应及时治疗。

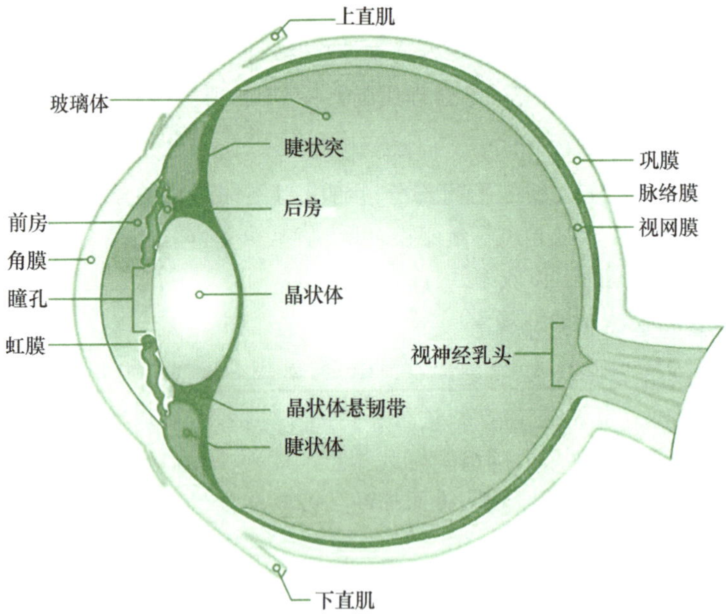

图 2-10　眼的结构

三、口腔牙齿卫生

保持口腔牙齿卫生，是预防口腔疾病和防止“病从口入”最基本、最有效的方法，同时也可反映人的精神面貌和文明程度。因此，讲究口腔卫生尤为重要。

(一)口腔牙齿结构和功能

口腔由牙齿、舌、唇、颊、腭、口腔底和唾液腺等组织器官组成。口腔以牙齿为界分为口腔前庭和固有口腔两部分。当上、下牙列咬合时，口腔前庭仅可经第三磨牙后方的间隙与固有口腔相通。

牙齿嵌于上、下颌骨的牙槽内。牙齿的主体部分由牙本质构成，表面覆盖釉质的部分叫牙冠，覆盖牙骨质的部分叫牙颈和牙根，牙腔内有牙髓。牙髓发炎时常可引起剧烈疼痛。牙周组织包括牙周膜、牙槽骨和牙龈，对牙起保护、固定和支持作用。如果牙周组织发炎，易使牙松动(图 2-11)。

口腔牙齿是消化道的起端，其主要功能是咀嚼、吞咽、消化、味觉、感觉及语言的表达，有时还可以代替鼻腔呼吸。

(二)口腔牙齿卫生要求

(1)勤漱口。餐后漱口是利用液体的冲击力清除食物残屑和部分软垢。如在漱液中加入抗生素、洗必泰或盐，对于预防龋齿、口腔炎症和牙结石、牙垢有一定作用。

(2)刷牙。刷牙是口腔卫生措施中最有效的方法。通过刷牙能清除口腔牙齿中的牙菌斑、软垢、牙结石、食物残渣、牙面色素等，减少口腔细菌繁殖，同时还能发挥其对牙龈的按摩作用。

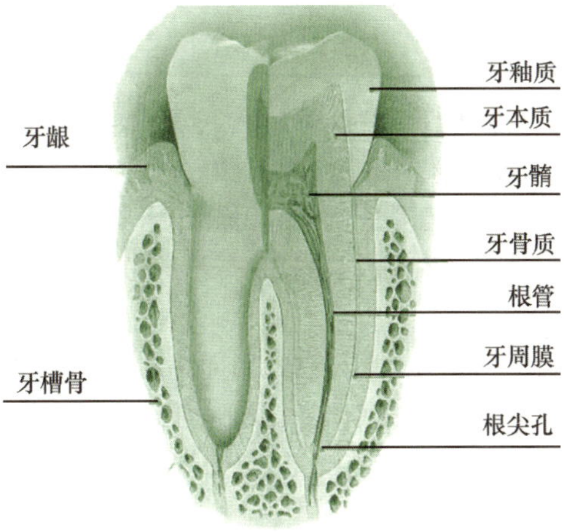

图 2-11 牙齿的结构

刷牙应每日早晚各一次，选择柔韧易弯曲的软毛牙刷，清洁效果好，对牙龈损伤小，同时也应掌握正确的刷牙方法，应顺着齿缝方向上下刷而不是横刷。

(3)充分咀嚼。就餐时充分咀嚼，不仅能刺激唾液分泌，利于食物消化吸收，冲刷污物，还能锻炼咀嚼肌，强健牙周组织。要注意双侧咀嚼，以免废侧发生牙结石堆积，食物残屑滞留而导致口腔牙齿疾病。

(4)养成良好饮食习惯。严重营养缺乏或饮食营养不当均会影响口腔牙齿健康。因此，应合理饮食，既保证营养充分，也应适当限制食用糖、零食和过酸的食物。

四、睡眠卫生

睡眠是维持机体正常生命活动的自然休息，人的一生约有 1/3 的时间是在睡眠中度过的。睡眠能保护人体大脑皮层细胞免于衰竭和破坏，有利于人体精力与体力的恢复。如果长期睡眠不足，就会出现头晕脑胀、眼花耳鸣、浑身乏力、精神不集中、记忆力下降等症状，学习和工作效率降低，甚至会引起神经衰弱。因此，高职学生应养成良好的睡眠习惯，保证睡眠质量和身体健康。

(一)睡眠规律要固定

按时休息，按时起床，保证 8 小时睡眠时间，形成固定的睡眠规律，这对恢复体力和清醒头脑都具有重要意义。一旦形成了觉醒和睡眠的规律，就不要轻易打乱，如果搅乱了生物钟，则会造成疲劳和失眠，人就会感到头脑昏沉、身体困乏，甚至导致神经衰弱，影响正常学习和生活。

(二)睡眠姿势要正确

良好的睡眠姿势是右侧卧位，将身体弯曲，自然放松，这样既有利于心脏排血及减轻其负担，又有利于食物在胃肠道消化吸收。而左侧卧位会使心脏受到压迫，增加其负担，易致噩梦；俯卧位会压迫心肺，妨碍呼吸，影响心肺功能。

(三)睡眠环境要适宜

要注意卧室的空气流通和适宜的温度。室内空气清新、温度适宜有利于睡眠时肺部气体交换,使人入睡快,睡眠深沉。不要蒙头睡觉,因为随着呼吸作用被窝中的二氧化碳浓度会不断升高,易造成通气不畅,不仅会引起多梦,也容易惊醒,影响睡眠质量。

(四)睡前习惯要健康

睡眠时消化系统血流量减少,消化功能减弱,因此睡前不宜多食;睡前不宜喝浓茶、咖啡等刺激性饮料,以免使中枢神经系统兴奋而引起失眠;睡前还应避免剧烈运动和精神高度集中的脑力活动。

(五)选择枕头要合适

睡眠时枕头的高低直接影响头颈位置,对血液循环产生一定影响。枕头过低,头部易充血,醒后感到头昏脑胀,面部浮肿;枕头太高,易产生鼾声或“落枕”。一般来说,合适的枕头,其高度应与肩部持平。

思考题

1. 什么是生理健康?生理健康的标准是什么?
2. 生理健康与广义的“健康”之间有何关联?
3. 人体生长发育可分为哪几个阶段?有何规律?
4. 高职学生的生长发育特点是什么?
5. 男生、女生青春期各有什么生理特点?此阶段容易出现哪些健康问题?如何处理?
6. 影响生理健康的因素有哪些?

第三章

心理与健康

教学目标： 通过对心理与健康相关概念的阐述，使学生对心理健康和心理健康教育有比较清晰的认识，自觉树立正确的心理健康理念，培养良好心理健康素质和心理健康行为能力。

教学重点： 心理健康教育的核心在于帮助受教育者树立心理健康意识，心理与健康的教学重点在于理解心理健康及心理健康教育的概念，认识心理健康的影响因素，培养高职学生心理健康行为。

教学难点： 高职学生作为青年人，心理活动处于活跃期，同时面临着学习、恋爱、交友、升学、就业等系列问题，在多元化社会背景下，如何做好自我心理调适，保持心理健康，是心理健康教育的难点。

第一节 心理健康与调适

心理是什么？心理学是什么？怎样才算是心理健康？什么是心理调适？这些都是进行高职学生心理健康教育首先要了解的基本理论和知识。

一、什么是心理

心理是人脑的机能，是人脑对客观事物的反应。人的一切活动都离不开心理活动。心理活动主要包括认识过程、情感过程和意志过程。

当我们走进教室，看到教室里的桌子、椅子、黑板，这是我们在用视觉来感知周围的事物，当我们听到教室里教师和同学们讲话的声音，我们是在用听觉来感知客观的世界。视觉、听觉、嗅觉、味觉、触觉、动觉、平衡觉等都属于感觉，感觉是对某个客观事物个别属性的反应。而通过在高等职业院校一段时间的学习，我们知道了高等数学有一定的难度，不下功夫很难过关；懂得了外语的学习要多听、多看、多讲、多练；明白了高等职业院校的学习和中学的学习有很多不同的地方。其中，知道了、懂得了、明白了什么，就属于知觉，知觉是对某个事物整体属性的反应。我们为了更好地感知事物，就必须集中注意力，同时还要回忆以往的经验，进行想象和思维等，这些都属于心理活动中认识活动的过程。

人的心理除了认识活动之外，还有情感活动和意志活动，人们在认识了一定的客观事物之后，就会产生一定的态度，喜欢或者是讨厌，这就是情感过程，情感过程是伴随认识过程而来的。人们对客观事物不仅要认识，还要进行相应的处理和改造，为此，就要提出目标、制订计划，同时还要克服困难，进行坚持不懈的努力，这就是意志过程。

人的心理除了一般的共性之外，还有个性，这就是人的心理的差异性。不同的需要、理想、信念、世界观，不同的兴趣、气质、能力、性格，构成了人的个性不同的心理特征，构成了人的心理的千姿百态，构成了千人千面。

二、心理学及其分支学科

心理学就是研究人的心理活动及其规律的学科。心理学研究的范围非常广泛，主要可以分为：基础心理学、应用心理学等，以及许多分支学科，人们比较熟悉的有下列几种。

(一)普通心理学

普通心理学主要研究心理活动的一般规律。它以正常人的心理状态、心理过程和个性特征为主要研究对象。

(二)社会心理学

社会心理学诞生于 20 世纪初期,它主要研究在不同的社会环境中人的心理活动和行为规律。社会心理学十分重视社会环境对人的心理和行为的影响。

(三)发展心理学

发展心理学是研究个体生理发展过程中心理发展规律的心理学科。

(四)教育心理学

教育心理学是研究教育教学情境中学与教的基本心理规律的学科,它主要研究教育教学情境中师生教与学相互作用的心理过程、教与学过程中的心理现象。

这些学科都是研究高职学生心理健康与调适的理论基础。研究高职学生的心理健康与调适,主要借助高职学生心理学、咨询心理学、健康心理学和医学心理学等多学科的基本理论,需要心理学多种学科的交叉研究和综合运用。

研修高职学生心理健康与调适课程,可以帮助高职学生增长心理学方面的知识,增强心理自我调适的能力,提高心理健康水平,也可以帮助高职学生更好地开发自身的潜能,促进自身人格的健康、发展、和谐与完善。

三、什么是心理健康

(一)健康新概念的提出

联合国卫生组织(WHO)提出了人的身心健康的八大标准。即“五快”“三良”。

“五快”指:

食得快——说明胃口好,不挑食,证明内脏功能正常。

便得快——说明排泄轻松自如,胃肠功能良好。

睡得快——证明中枢神经系统功能协调,内脏无病理信息干扰。

说得快——表明头脑清楚,思维敏捷,心脏功能正常。

走得快——证明精力充沛、旺盛,无衰老症状。

“三良”指:

良好的个性——即性格温和、意志坚强、情绪乐观。

良好的处世能力——即待人接物合情入理。

良好的人际关系——即遇事达观,不斤斤计较,助人为乐。

按照这样的健康概念,不仅伤风、感冒等身体上的不适要去看医生,心情抑郁、人际关系紧张、情绪不稳定、喜怒无常等心理上的不佳,也应该去看医生,当然,不是去看传统意义上的医生,而是要去看心理医生。现在,三甲医院要求设立心理专科门诊,高校以及很多中小学,也都设立了心理咨询服务中心,并开展了心理健康教育活动,把心理健康教育纳入了政府的工作范畴,这些都会对推动高职学生身心全面、健康、和谐的发展起到积极的促进作用。

(二)心理健康的标准

1. 心理健康的基本标准

关于心理健康的标准，国内外有关专家进行过种种的阐述，美国心理学家马斯洛(Maslow)和密特尔曼(Mittelman)提出过10条被认为是最为经典的标准：

(1)有充分的自我安全感；

(2)能充分了解自己，并能恰当地估计自己的能力；

(3)生活理想切合实际；

(4)不脱离周围现实环境；

(5)能保持人格的完整与和谐；

(6)善于从经验中学习；

(7)能保持良好的人际关系；

(8)能适度地宣泄情绪和控制情绪；

(9)在符合团体要求的前提下，能有限度地发挥个性；

(10)在不违背社会规范的前提下，能适当地满足个人的基本需要。

若按照这一经典的标准来看今日的高校校园，我们就会发现生活中确有一些学习成绩优异而心理不健康的人。如“伤熊事件”高材生刘海洋就属于此列。他生在单亲家庭，受到过度的关心和照顾。自幼以个人成长为中心，缺乏生活实践，以至于造成了一定的人格缺陷；进入大学校园后，竞争激烈，他只知道埋头读书，无生活阅历、无社会经验，远离了周围的现实生活，造成了他思想意识的狭窄和做事不考虑后果，终于酿成了悲剧。伤熊事件就是他心理错位、扭曲心灵的一次现实表现。可见，身体健康而心理不健康的人是畸形的、不完善的，也是很可悲的，心理健康对于一个人生活和生命的意义也是至关重要的。

2. 高职学生心理健康的标准

综合国内外专家学者的观点，黄希庭、马建青教授等根据我国学生这一特殊群体的年龄、心理和社会角色特征，提出了8条学生心理健康的标准，这8条标准对于高职学生同样适用。

(1)智力正常。智力正常是高职学生学习、生活最基本的心理条件，是高职学生胜任学习任务、适应周围环境变化所需要的心理保证，因此也是衡量高职学生心理健康的首要标准。高职学生智力正常且充分发挥的标准是：有强烈的求知欲和浓厚的探索兴趣；智力结构中各要素在其认识活动和实践活动中都能积极协调地参与，并能正常地发挥作用；乐于学习。

(2)情绪健康。情绪健康的主要标志是情绪稳定和心情愉快。这是高职学生心理健康的一个重要指标。

高职学生情绪健康包括的内容有：①愉快情绪多于不愉快情绪。一般表现为乐观开朗、充满热情、富有朝气、满怀自信、善于自得自乐，对生活充满希望。②情绪稳定性好。善于控制和调节自己的情绪，既能克制约束，又能适度宣泄，不过分压抑，使情绪的表达既符合社会的要求，也符合自身的需要。在不同的时间和场合恰如其分地表达情绪。③情绪反应适度。情绪反应是由适当的情景引起的，反应的强度与引起这种情绪的情景相符合。

(3)意志健全。意志是人在完成一种有目标的活动时所进行的选择、决定与执行的心理过程。意志健全者在行动的自觉性、果断性、坚韧性和自制力等方面都表现出较高的水平。意志健全的高职学生在各种活动中都有自觉的目的性，能适时地做出决定并运用切实有效的方法解决所遇到的各种问题。在困难和挫折面前，能采取合理的反应方式，能在行动中控制情绪和言行。既不顽固执拗、轻率鲁莽、言行冲动，也不意志薄弱、优柔寡断、害怕困难。

(4)人格完整。人格，在心理学上指个体比较稳定的心理特征的总和。高职学生人格完整的主要标准是：人格结构的各要素完整统一；具有正确的自我意识，不产生自我同一性混乱；以积极进取的人生观作为人格的核心，并以此为中心把自己的需要、愿望、目标和行为统一起来。

(5)自我评价正确。正确的自我评价是高职学生心理健康的重要条件。每个心理健康的人对自己的认识应该是接近现实的，应该有"自知之明"。对自己的优点感到欣慰但不狂妄自大，对自己的缺点不回避，也不自暴自弃，而是善于正确地"自我接纳"。

(6)人际关系和谐。和谐的人际关系，既是高职学生心理健康的途径和条件，也是高职学生心理健康的标准。其表现为：①乐于与人交往，既有稳定而广泛的人际关系，又有知心朋友；②在交往中保持独立而完整的人格，有自知之明，不卑不亢；③能客观评价别人和自己，善于取长补短；④宽以待人，乐于助人；⑤积极的交往态度多于消极的交往态度；⑥交往动机端正。

(7)适应能力强。较强的适应能力是心理健康的重要特征之一。不能有效处理与周围现实环境的关系是导致心理障碍的重要原因。这里所讲的适应，不是被动、一味地迎合，甚至与不良风气、落后习俗同流合污，而是在认清社会发展趋势的基础上，主动适应社会发展的要求，不逃避现实，更不妄自尊大、一意孤行，不与社会需要背道而驰。

(8)心理行为符合高职学生的年龄特征。高职学生是处于特定年龄阶段的特殊群体，高职学生应具有与自己的年龄和角色相应的心理行为特征。一个高职学生若经常严重地偏离自己所处的年龄阶段和自己的角色应该具有的相应的心理行为特征，则有可能是心理异常的表现。

3. 心理健康标准的相对性

人的躯体健康是有客观标准的，只要医生用仪器进行内外各科的检查，就可以得出基本正确的结论。那么，心理健康有没有一个数量化的确定的标准呢？对此，有关专家指出：无论心理健康的标准是怎样的，都只是一个相对的衡量尺度，应该辩证、全面地理解和应用。因此，也可以说，心理健康有标准，但没有确定的一成不变的标准。这是因为：①身体健康的标准是标准化的、确定的、定量的分析，而心理健康的标准只是相对的、变化的、定性的考查；②心理健康是一个人较长一段时间内持续的心理状态，一个人偶尔出现一些不健康的心理和行为，并不意味着此人就一定是心理不健康，要视具体情况而定；③心理健康状态并非是静态的、固定不变的，而是动态的、不断变化的，既可以从不健康转变为健康，也可以从健康转变为不健康，心理健康与否只反映某一段时间内的特定状态。因此，心理健康的标准具有相对性。对此，获哈佛大学咨询心理学博士学位的岳晓东博士提出了一个为众多国内学者认同的"灰色区"理论。

岳晓东博士认为：人的心理健康不健康，精神正常不正常，没有一个明确的界限，它是一个连续不断的变化过程。

如果将人的心理健康、精神正常比作白色，精神不正常、心理不健康比作黑色，那么，在白色与黑色之间存在着一个巨大的缓冲区域——灰色区，世界上的大多数人都散落在这一灰色区域之中。

灰色区又可分为深灰色区和浅灰色区两个区域。浅灰色区的人只有心理冲突，如：失恋、丧亲、工作不顺心、学习紧张、人际关系不和等造成的心理不平衡和精神压抑。深灰色区的人则患有种种精神异常之症，如：偏执性人格、反社会性人格等和各种类型的神经症。如：强迫症、恐怖症、性倒错等。浅灰色区和深灰色区也无明显的界限。

由此说来，心理健康的标准不同于身体健康，健康与不健康的界限不是泾渭分明的。生理健康的指标是确定的、相对不变的；心理健康的标准却是相对的、变化的、不确定的，有时还是大起大落的，这从某种意义上说是正常的。如果一个人，面对变化的形势和客观刺激，如面对亲人的亡故、面临考试的压力，不发生一点主观心理的动荡，那反而倒不正常了。

要了解自己的心理健康情况，可以通过一些测试量表来进行。当前使用最为广泛的精神障碍和心理疾病门诊检查量表是症状自评量表（SCL-90），该量表由美国心理学家德若伽提斯（L. R. Derogatis）于 1975 年编制，是世界上最著名的心理健康测试量表之一，可以协助评测者从 10 个方面来了解自己的心理健康程度。症状自评量表（SCL-90）（详见附录二）包括 90 个项目，涵盖感觉、思维、情感、行为、人际关系、生活习惯等内容。

四、什么是心理调适

（一）心理调适的概念

心理调适是指心理调适的主体运用心理保健的知识，对自己身边发生的引起自身心理冲突和矛盾的人和事，进行正确的分析和认识，排除心理上的困扰和不适，寻求新的心理平衡，保持身心健康的过程。

也就是说，当我们心理上出现问题的时候，就需要进行心理上的调适，以保持心理上的平衡。那么，调适的对象是谁呢？是自己。调适的主体又是谁呢？也是自己。进一步说，高职学生进行心理健康的自我调适，也就是要自己运用心理保健的知识给自己治病，自己当自己的心理医生。

（二）心理调适的范围

从广义上讲，心理疾病可以分为 4 个层次，分别是心理失常、心理障碍、心理变态和精神病。心理失常和心理障碍都属于浅灰色区的范围，表现为不同程度的心理冲突，如失恋、丧亲、学习焦虑、人际关系紧张等。心理变态和精神病则属于深灰色区，如不同类型的人格障碍和精神疾病等。一般常人（大中小学生）的心理疾病，大多属于前 2 个层次，高职学生心理调适的范围也是在前 2 个层次。后 2 个层次则必须求助于心理医生或精神科医生。

第二节 高职学生的心理特点

一、高职学生心理发展所达到的水平

我国大多数的高职学生处于青年中期。所谓青年期也就是指从儿童、少年发展至成人的过渡期。青年期的划分,各个国家是不一样的,一般说来,起点是12～15岁,终点是23～30岁。如日本是12～25岁,罗马尼亚是14～30岁,我国是14～28岁。14～17岁为青年前期,18～22岁为青年中期,23～28岁为青年晚期。处于青年中期的高职学生心理发展的水平,最一般的特点是:正在迅速走向成熟而又未真正完全成熟。

一般而言,个体的成熟需要三个方面的基本条件。一是身体的长成,也就是生理上的成熟,特别是以性成熟为主要标志;二是心理发展的完善,也就是心理上的成熟,以自我意识的完善主要是个性稳定性的形成为主要标志;三是社会化程度的提高,即人的社会成熟,以个体对自己在社会中所处的角色及所担负的社会责任的正确认识为主要标志。

由于营养条件的改善,目前青少年生理上的早熟是世界性的。然而又因为生活条件的改善,学习期的延长,青少年的社会生活经验欠缺,社会阅历简单,延缓了他们心理成熟的时间,表现在他们自我意识的发展还很不成熟,也很不完善。因此,处于青年中期的高职学生,心理上正在迅速走向成熟而又未真正完全成熟。或者说是生理上早熟,而心理上还未完全成熟。

二、高职学生主要心理特点的两面性

高职学生由于生理上早熟,心理上又未完全成熟,因而心理的发展具有明显的两面性特征,即积极心理和消极心理并存。

我国著名的发展和教育心理学家张增杰(1913—1986)在生前曾经对青年心理学领域进行了开创性的研究工作,取得了一系列极有价值的研究成果。借鉴张增杰教授的《青年自我意识发展规律》的论文成果,我们将高职学生主要心理特点的两面性归纳如下。

(一)积极面的特征

(1)精力充沛,朝气蓬勃,能坚持持续拼搏,具有勇往直前的气魄。由于高职学生身体的成长与生理的机能都处于成熟的高峰期,精力充沛、体力旺盛,为心理活动提供了有利的条件,总觉得浑身有使不完的劲儿。在从事自己感兴趣的活动中,深信自己有巨大的能量,感到没有任何力量能够阻挡自己前进的步伐。在正确的理想和信念的支撑下,即使遇到十分艰难和不利的情景,也能全力以赴、持续拼搏,矢志不渝地奔向预定的目标。

(2)升学压力减轻,出现了很多类似于成人的新的需要,对生活充满了美好的向往。由于高职学生身心的迅速发展和生活及交往领域的不断扩大，特别是升学压力减轻之后，站在人生新的起跑线上，他们接触到更为广阔的科学领域和更为丰富的知识空间，使得他们对生活充满了美好的向往，出现了很多类似于成人的新的需要。如自立意识增强，渴望完全独立自主地从事一切活动，要求他人对自己绝对的信任和尊重；渴求知识，信奉科学，尤其希望在自己擅长的方面，在自己的专业领域取得成就；社会责任感增强，政治参与意识增强，关心祖国的命运和前途；爱好更为广泛，要求有丰富多彩的校园文化生活；社交欲望增强，渴望与同龄人有更为广泛的交往，渴望友谊和爱情，等等。这些需要，与儿童、少年时代相比，已经有了很大的差异。

(3)情绪强烈，但自控力加强；情感丰富，体验内容深刻；高尚情操发展迅速。青年人特别是高职学生进入高等职业院校后，有了很多新的需要，因而也必然会产生更为丰富的情绪和情感体验。如希望获得他人、老师的尊重、理解和信任的需要都比中学时代更为强烈和丰富，因而当这样的需要得到或没有得到满足的时候，他们会产生更为强烈的情绪和情感体验。但由于高职学生自我意识有所增强，他们的情绪和情感体验虽然比中学时代强烈，但也比中学时代更为深沉和隐蔽，可以进行适当有效的自我控制。同时，由于高职学校生活的丰富多彩和广泛，且能够接受更高层次的文化素质教育，使得高职学生的情感和情操得到了更为迅速的发展。如理智感随着高等职业院校学习生活中对事物的不断思考而更加深刻和完善；道德感随着高职学生伦理关系的复杂化、多样化而有了更为长足的进步；美感的体验也比中学时代更为多样和深刻。近年来，随着互联网技术和智能设备的发展，高职学生开始热衷于网上文学作品的交流，并对音乐、美术、舞蹈、戏剧等高雅艺术表现出较高的赏析愿望。由于高职学生有着较高的文化修养，使得他们对美的追求有了更高的品位，他们大多已经懂得了追求外在服饰美、仪表美和内在情感和心灵美的和谐与统一。而且，由于受教育水平的提高，自身的社会责任感也比中学时代更为增强。

(4)思维方式发生了很大的变化，思维水平有了很大的提高。中小学时代，学生文化课程的学习更多地还要借助于具体形象思维；高等职业院校时代的文化课程学习，涉及面越来越广，内容越来越复杂，使得高职学生思维能力受到了更加全面的锻炼和提高。表现在：抽象思维能力增强，辩证思维能力得到发展，发散思维能力提高，思维活跃好争辩，收敛性思维和发散性思维能够得到很好的结合。

(5)自我意识有了新的发展，自我认识得到进一步深化。高职学生在社会上是一个特殊的群体，社会和家庭都对这一群体给予了较高的期望和评价。因此，高职学生也必然会经常依据社会和家庭的期望而不断地进行自我反思，这样便促进了高职学生自我意识的发展，使高职学生对自我有了更为全面、深刻且正确的认识。

(二)消极面的特征

处于发展过渡期的高职学生，虽然由于迅速走向成熟而具有许多积极面，但当这些积极因素超过一定限度或条件发生了相应变化的时候，也会出现某些消极的表现，呈现出某些消极方面的特征。

(1)精力充沛但有时滥用。精力充沛，能坚持持续拼搏，这是处于青年时代的高职学生特有的身体和心理方面的优势，但如果不善于自我控制或不顾客观环境和条件的限制，就可能导致精力的浪费。如有的高职学生，几天几夜不休息，沉迷电子游戏或迷恋网上聊天，以至于影响了正常的学习生活，甚至造成几门主课不及格，不得不降级或退学的严重后果。

(2)不顾客观条件是否具备,急于谋求满足需要,容易导致失败,以至于陷入沮丧或误入迷途。高职学生有了很多类似于成人的新的需要,但高职学生毕竟还是“准成人”,而且又正处于学习时期,这些需要不可能立即都能得到满足,如要求教师、他人对自己绝对的尊重、信任的需要,对友谊、爱情的需要等。当这些需要得不到满足时若急于求成,就容易失败,以至于悲观失望甚至干出鲁莽荒唐的事情来,会使自己陷入被动的境地。

(3)情绪情感不稳定,容易失控。高职学生的情绪情感强烈,真诚、坦白,不像成人那么复杂,这本来是青年人的优点,但处于青年时期的高职学生,情绪情感的发展尚不稳定,容易失控。

(4)思维水平提高,但不全面,容易偏激。高职学生的思维能力和水平与中学时代相比,有了很大的提高,但容易偏激、不全面,也不善于将集中思维和发散思维很好地结合起来,还容易形成非理性思维。

(5)自我意识的发展容易受不良因素的影响。自我意识强、情绪体验深,容易陶醉于低级情绪,有时明知不对也难以自拔。

第三节　高职学生常见的心理问题与障碍

大量的统计数据和高职学生心理咨询的事实表明,高职学生中有相当一部分人,存在着程度不同的心理问题,主要表现在如下几个方面。

一、环境适应不良

环境适应不良,主要发生在高等职业院校新生群体之中。

从中学到高等职业院校是人生的一个重要转折。在这样一个转变的过程中,学生的生活方式、学习方式、交往方式、心理方式等都会发生相应的变化,使得很多学生感觉不适应。

首先是生活方式的变化带来的不适。现在,很多学生都是独生子女,在家有父母无微不至的关怀和照顾,上高等职业院校是第一次离开父母,生活自理的能力很差。如有的同学不会洗衣服,有的同学不会叠被子……再加上生疏的校园、生疏的老师、生疏的集体、生疏的人群,使得某些高职新生感觉到一种难以消解的苦闷和忧愁。

其次是学习方式的变化带来的烦恼。由于高等职业院校教学的内容、形式和方法等,都与中学有很大的不同,致使很多学生不适应,感觉到了学习上的压力,表现在学习无兴趣、无信心,学习方法不当,学习紧张、考试焦虑、失眠,心理上感觉失落、压抑、自卑、自责、失望等。

最后是交往方式的变化带来的忧愁。高等职业院校新生初到一个新的环境,迫切需要寻找良师益友,但由于青年期特有的闭锁心理,同学之间不愿轻易吐露真情,很难很快找到知心朋友。而且,同学们来自全国各地,由于地区政治、经济、语言和文化方面的差异,也由于家庭背景方面的差异,在交往方式上也需要一个互相了解适应的过程。因此,很多同学会自然地想家、想念中学时代的老师和同学，怀念过去的生活和朋友。同时，也会自然地产生一种孤独、寂寞的感觉，产生难以排解的心理冲突。

高等职业院校新生在入学之初对环境的适应不良是一种相当普遍和正常的现象，因为任何人到了一个新的环境，都需要有一个适应的过程。问题在于，有的学生这一过渡的时期太长，如到了二年级，仍然适应不了；也有的学生甚至一蹶不振，产生各种生理和心理上的不良反应，如食欲不振、失眠、精神不集中、情绪低落、焦虑不安，甚至想退学，等等。这就需要我们认真地给予研究和重视。

二、人际交往障碍

社会心理学的调查研究表明：良好的人际关系状况是一个人心理正常发展、个性保持稳定健康、生活具有幸福感的重要因素之一，处于青年期的高职学生大多都渴望友谊，迫切希望能有良好的人际关系。但由于高职学生缺乏社会生活的经验和社会交往的阅历，在人际交往方面也存在很多烦恼和忧愁。我们曾经对邯郸科技职业学院200名计算机专业一年级学生进行有关的调查，发现有80%以上的人，在人际交往方面存在烦恼，具体表现如下。

（一）认知和观念上存在偏差

有的学生认为："只要学习搞好了，人际关系自然会好。""人心隔肚皮，人与人之间都是尔虞我诈，交往没意思。"也有的同学谈到，我对别人真诚，别人也应该对我真诚，可我付出了真诚后，却得不到回报。因为存在这些认知和观念上的偏差，他们对如何交往感到困惑和沮丧。

（二）缺乏交往技巧

有的学生想与同学交流，但感到和同学们在一起时无话可说；有的学生想与异性交往，但一见到异性同学就脸红；还有的学生想与老师加强友好往来，但一见到老师就紧张；也有的学生，在交往中遇到了麻烦，遇到了挫折，与同学产生了误会，发生了口角，不知如何解决，等等。

（三）个性发展不完善

有的学生以自我为中心，既骄傲又娇气。如在宿舍和班集体生活中，不能很好地处理个人与集体、个人与他人的关系，造成与同学关系紧张，以致情绪低落、压抑、焦虑。

三、学习焦虑和考试压力

学习是高职学生生活的主旋律。因而，学习进度的快慢，学习内容的繁简，学习难度的大小，学习成绩的高低，都会引起学生心理状态的变化，从而也会在一定程度上引发学生的心理问题。表现为过度的紧张、焦虑，时时感到竞争的压力。有的学生学习能力本来没有问题，也时时感到一种难以排解的不安。有的学生还会有身体上的不适感，如：头痛、失眠、精神疲倦、食欲不振、思维钝化，以至于形成恶性循环。有的学生过于担心考试成绩，造成考试焦虑，考前担心自己的成绩不理想，总觉得时间不够用；考试中紧张得心率过速、思维困难，出冷汗，甚至打开试卷后，脑中一片空白；考后，仍然放松不下来，担心自己过不了关，毕不了业。也有的同学由于对所学专业不感兴趣，对未来职业发展迷茫，失去了学习的动力和目标，产生了一种无意义的空虚感和无聊感。也有的学生由于感觉学习的难度和压力太大，对学习丧失了信心，而走向了学习焦虑的反面——破罐破摔，放任自流。

四、性和恋爱方面的心理困扰

高职学生的性生理发育已经成熟，性的心理也有了发展，有了性的欲望和冲动，然而由于受到社会道德、法律、理智和纪律的约束，这种欲望和冲动被限制和压抑着。一般情况下，高职学生通过学习、工作和文体活动及社交等途径，可以使自身的生理能量得到正常的释放，来减弱和抑制性的生理冲动，使之得到某种程度的宣泄、代偿和升华。但也有的学生，由于对性缺乏健康、科学的认识和态度，对自己的性心理缺乏正确的认知和评价，因而对自己的性心理感到困惑、不适，对性欲和性的冲动感到不安、羞愧和压抑。

高职学生性心理方面的问题还包括在恋爱方面的困扰。如：因单相思而自困，因热恋影响学习而烦恼，因失恋而精神萎靡，因多角恋难以自拔而内心焦灼，因虚恋而尴尬，因看到周围的同伴成双成对而自惭形秽，甚至还有个别同学因恋爱发生越轨行为而懊恼、悔恨，因担心怀孕或已经怀孕而不知所措、内心焦灼不安等。

五、其他方面的问题

高职学生常见的心理问题还有家庭关系、经济拮据、职业选择、个性发展等，几乎涉及高职学生生活的方方面面。

第四节　高职学生心理健康与调适的意义

当前国家要求各高等学校要把对学生进行心理健康教育工作作为全面贯彻党的教育方针、实施素质教育的重要举措。2021 年 11 月，在全国高校学生心理健康教育工作推进会上，教育部长怀进鹏强调要全面加强和改进学生心理健康教育工作，让广大学生更加健康阳光。各高校也都将心理健康教育作为促进学生全面发展的重要途径和手段，作为高等学校德育工作的重要组成部分而更加重视。

高职学生学习心理健康与调适的理论和知识，了解心理自我调适的方法，提高心理健康的水平，对于高职学生德智体美劳全面健康发展和综合素质的培养和提高，具有重要的意义和作用。

一、有助于高职学生品格的培养和完善

早在16世纪，德国的宗教改革家马丁·路德就曾经说过："一个国家的前途，不取决于它的国库之殷实，不取决于它的城堡之坚固，也不取决于它的公共设施之华丽，而在于它的公民的文明素养，即在于人们所受的教育、人们的远见卓识和品格的高下。这才是真正的厉害所在、真正的力量所在。"

青年学生的素质维系着国家的未来和民族的命运，高职学生的品格是青年学生综合素质的核心部分。但高职学生良好的品格不是与生俱来的，而是在先天的遗传素质的基础之上，在环境和良好教育的影响下逐步发展起来的。其中心理活动过程的认知、情感、意志3部分的特性，以及个性心理特征——气质、性格、能力，兴趣、志向等是一个人品格结构的内核部分，也是一个人综合素质的基础。通过学习心理健康与调适方面的知识，掌握心理调适的方法，可以为高职学生形成良好的品格奠定坚实的基础。

首先，学习心理健康与调适的知识，掌握心理调适的方法，可以帮助高职学生更好地了解自我，形成正确的自我意识，有效地克服自卑或自傲的偏执心理，提高自我评价的能力，正确地对待自己的过失，悦纳自己，善待自己，形成健康的自尊、自信的心理品质和自律、自强、自立的良好个性。

其次，学习心理健康与调适的知识，掌握心理调适的方法，可以帮助高职学生更好地认识他人，养成开阔的胸襟，容忍别人的缺点，对人无偏见；不苛求，不求全责备。通过了解人际交往的知识，接受人际交往技能的训练，还可以帮助高职学生学会创造良好的人际环境，与人交往讲原则，不固执，识时务。善于欣赏他人，也愿意帮助他人，并乐于与他人合作，善于与他人分担失败的烦恼，也善于与他人分享成功的喜悦。

最后，学习心理健康与调适的知识，掌握心理调适的方法，有利于高职学生培养科学的世界观和方法论以及积极乐观和健康的人生态度。可以帮助高职学生学会正确地看待周围的环境和事物，学会按照生活的本来面目来看待生活。学会遇事能进行正确的逻辑推理和科学辩证的分析与思考，避免为主观情绪冲动所左右。学会遇事达观冷静，宠辱不惊，拿得起，放得下，经得起各种挫折和考验，乐观地看待困难和人生。

总之，通过学习心理健康与调适的知识和方法，可以帮助高职学生养成健康完善的个性品质，学会正确地认识自我，全面地看待他人，辩证地分析环境，乐观地面对人生，为培养高尚的道德品质提供坚实的心理基础。

二、有助于高职学生智力活动的开展

高职学生的学习属于一种高智力的活动，良好的心理状态是保证高职学生智力活动正常进行的基础和条件。因此，高职学生提高自我心理调适的能力，有助于智力活动的正常开展。

一般说来，智力是指一般的认识活动的能力的总和。包括注意力、观察力、记忆力、思维力、想象力、联想力等，其核心是思维活动的能力。

注意力是心理活动对一定对象的指向和集中的能力，注意是智力活动的开端和警卫。观察力是指善于全面、深入、正确地发现事物各种典型特点的能力，观察是智力活动的窗口。记

忆力是人脑对经历过的事物进行识记、保持和再认的能力，记忆是智力活动的基础和仓库。思维力是人脑对客观事物进行间接的和概括的反映能力，思维是智力活动的核心。联想力是人脑由一事物想到另一事物的能力，联想是智力活动的伙伴。想象力是人脑对原有表象进行改造和加工建立新形象的能力，想象是智力活动的翅膀。

良好的心理状态是高职学生发展智力的基础。如果一个人情绪不佳、心情沮丧、想入非非、心事重重，就会造成注意力分散，精神不集中，记忆力下降，观察力、思维力、想象力都会受到相应的影响。如果高职学生有了较高的心理自我调适的能力，就能够随时调节自己在学习生活中出现的各种心理矛盾和冲突，使自己能够经常保持一种积极、乐观、平静、稳定的心理状态，就可以提高智力活动的效率，为高职阶段复杂的高智力活动的正常进行，提供有效的保证。

高职学生在学习生活中能否学有所成，除了智力因素之外，还受到非智力因素的影响。如远大的志向、广泛的兴趣、热烈的情感、稳定的情绪、坚强的意志、独立的性格、良好的学习品质和习惯等。高职学生学习了心理健康与调适相关的知识后，可以更好地了解自己非智力因素的特点，培养健康的心理品质，提高心理健康的水平，自觉地开发自己的智力潜能，更好地完成大学阶段的学习任务。

三、有助于高职学生身心的全面健康发展

按照联合国卫生组织的健康标准，一个人的健康应该包括 4 个方面的内容，即生理上的健康（躯体的健康）；心理上的健康；社会行为方面的健康；道德的健康。高职学生的心理健康状况理应受到关注。

值得注意的是那些一贯受到老师喜爱、家长放心的优等生、学生干部，往往是心理素质不良者。而总在学校中挨骂、受批评的所谓“差生”，反而具有较强的心理承受能力。一项调查表明：优等生普遍喜欢被表扬、被奖励，同时好表现自己、好为人头领，而怕批评、怕失去老师的宠信和在同学中的威信，怕失去已有的优越地位和已有的权利。为了维护这一切，优等生则容易形成一些不良的心理及个性缺陷，如：嫉妒心强，生怕别人超过自己；虚荣心强，怕暴露自己的短处，好掩盖自己的缺点；敏感多疑，对别人的议论或评价过分关注以及以自我为中心、自命不凡；等等。

高等职业学校中不乏优秀学生，这些优秀生身上容易出现的心理弱点不同程度地存在于高职学生群体之中，影响着高职学生群体的身心健康。因此，加强高职学生的心理健康教育，提高高职学生心理健康自我调适的能力，对于高职学生身心的全面健康发展具有特别重要的意义。

四、有助于高职学生对美的追求和创造

美育是全面发展教育的重要组成部分。《中共中央国务院关于深化教育改革全面推进素质教育的决定》中指出：“美育不仅能陶冶情操、提高素养，而且有助于开发智力，对促进学生全面发展具有不可替代的作用。要尽快改变学校美育工作薄弱的状况，将美育融入学校教育的全过程。”

美育又被称为艺术教育，美育对于培养人才综合素质的作用，已经被越来越多的人们所认

识。人们已经感觉到：没有艺术的教育是不完整的教育，没有美的生活是不完整的生活，没有美的校园文化将是不可想象的文化荒漠。而一个人的心灵深处如果没有对美的意境的追求，那他的情感将是贫瘠、荒凉而可怕的。

在我们的生活中，美或艺术无处不在，它给我们以力量，给我们以向往，深化我们的生活，丰富我们的情感，美化我们的环境，抚慰我们的心灵。如同空气和水一样，没有空气我们就不能呼吸，没有水我们就不能生长，没有美、没有艺术就没有人类的灵魂、智慧和情感。而高职学生的心理健康是高职学生追求美、享受美、创造美的心理基础和条件。

高职学生的学习生活不可能是一帆风顺的，可能会遇到各种各样的矛盾和问题。如学习中可能会遇到阻力，生活中可能会遇到困难，交往中可能会遇到误会，求职中可能会遇到障碍。这些矛盾和障碍如果处理不好，就会成为心理上的“垃圾”，给正在成长中的高职学生造成心理上的伤害。当高职学生心理上的垃圾清除不掉时，也必然会妨碍他们对美好生活意境的体会和追求。试想，如果一个高职学生神情沮丧、心灰意冷，他还有心情去欣赏音乐、诵诗抒情吗？因此，高职学生学习心理健康与调适的理论和知识，掌握心理调适的方法，有助于高职学生清除心理垃圾，陶冶情操，美化心灵，可为高职学生自觉地接受美的教育，主动地追求美、欣赏美、创造美，提高鉴赏美的能力，提供和谐、健康的心理环境。

思考题

1. 心理是什么？心理学是什么？怎样才算是心理健康？
2. 什么是心理调适？
3. 高职学生心理健康的标准是什么？

第四章

生活习惯与健康

教学目标： 高职学生正处于心理发育不稳定的成年早期，是影响人生走向的关键阶段，而目前我国高职学生生活习惯与健康状况不容乐观。通过普及健康生活方式与膳食营养的常识，可以促进高职学生建立关注健康、预防为主的文明健康生活理念，改变影响健康的不良生活习惯和因素，真正践行文明健康的生活方式。

教学重点： 从了解不良生活习惯的危害、合理的体育运动和人体所需营养素及主要来源入手，构建文明健康的生活习惯，掌握平衡膳食基本概念和要求，并能充分运用这些知识以保障身心健康发展。

教学难点： 高职学生大多在 18～21 岁，自我意识迅速发展并已形成了自己的生活习惯。本章的关键是发挥学生的主观能动性，让学生积极参与和主动学习，达到情感认同，从而引导学生构建合理的知识及观念框架，切实改进学生的不良生活习惯，达到健康教育的目的。

第一节　生活习惯概述

一、生活习惯的内涵

生活习惯是对某个人的生活特点进行总结、概括，是长期在某种环境中逐渐养成的特性。从广义上是指人们除了物质生产活动以外的一切行为习惯，从狭义上是指人们衣、食、住、用、行、玩等日常生活的习惯。概括起来包括饮食习惯、卫生习惯、作息习惯、行为习惯、运动习惯、心理习惯，等等。

生活习惯是个人多数日常活动的体现。良好的生活习惯能促进个人身心健康发展，还会间接影响其未来的发展。生活习惯不是一朝一夕就形成的，而是从幼年到青年、青年到成年、成年到老年的漫长生活、学习、工作经历和环境中逐渐养成的，它是一个复杂而渐变的过程，而且生活习惯不论好坏，一旦形成，就有相对的稳定性。

高职学生年龄一般在18～21岁，正处于成年早期，精力充沛、活动量大，也是一生中各种营养素需求较大的时期，并且其心理发育正处于不稳定的发展阶段，易受外界因素影响。为达到身心健康的目的，高职学生应该有意识地培养自己良好的生活习惯，并防止不良生活习惯的形成，如果发现自己已有不良的生活习惯，就应“痛改前非”，这样才能更好地适应这个飞速发展的社会。结合高职院校的特点，学生除进行理论学习外，还有生产实习任务，所以良好的生活习惯是保证其顺利、成功度过这一时期的重要基础之一。

二、高职学生的不良生活习惯及其危害

使用问卷星和微信群对某高职院校一、二年级6个班共600人发放调查问卷，经过SPSS统计分析收回的586份有效问卷，发现部分高职学生目前的生活习惯不利于身心健康发展，主要表现在以下几方面。

(一)不良的饮食习惯

1. 不吃早餐或饮食不规律

部分学生因为想睡懒觉而不去吃早餐；还有部分学生因习惯吃夜宵或晚餐吃得较晚、较多而早晨不饿，会等到第二节课后(上午9:50)才去吃早餐或者不吃。不吃早餐就上课的学生，容易在上午10点左右处于饥饿或半饥饿状态，会出现注意力不集中、反应迟钝，影响学习效

果；甚至还会有头晕、乏力、面色苍白、出冷汗、昏厥等低血糖症状，经常如此，会直接影响生长发育。还有的学生有胃疼的症状，这是因为经常饥一顿、饱一顿打乱了胃肠消化的生物钟。较长时间的空腹，分泌的胃酸等消化液不能与食物中和，就会侵蚀胃黏膜，胆囊等消化器官不能正常工作，这样就容易诱发胃炎、胃溃疡、胆结石、十二指肠溃疡等胃肠消化系统疾病。很多不吃早餐或饮食不规律的学生因身体得不到足够的能量和营养，还有不同程度的缺铁性贫血症状。同时，据专家对比研究，不吃早餐或早餐质量差不仅会影响人的健康状况，还会影响人的思维能力和创造能力①。

2. 饮食成分不健康

有的学生爱吃肉类，不喜欢吃蔬菜类，又因为高职学校大多属于封闭式管理，学生能购买到的水果种类也有限，维生素摄入较少。较多学生出现维生素缺乏症，出现比如口角生疮、便秘、皮肤干燥等症状。高职学生还存在着爱吃零食的习惯，尤其女生情况更为严重。但零食的营养不均衡，成分单一，营养素流失较多，不能为人体提供足够的能量；而且零食中糖、脂肪、各种添加剂的含量比较高，吃零食会使学生到该吃饭的时间感觉不饿，从而影响了正常饮食规律及减少了日常摄食量；零食中的多种添加剂还会使长期食用者口味加重，继而导致挑食。如此恶性循环下去，学生最终会出现肥胖、营养不良、缺铁性贫血等症状。

3. 不重视饮食卫生

随着外卖行业的兴起，很多学生喜欢购买口味丰富的外卖。然而有些外卖实体店基础卫生设施不够完善，再加上食品加工操作不规范、管理不到位等，食品的质量很难保证。而且外卖的一次性餐盒在高温下会产生并释放出各种化学物质，这些化学物质进入人体内无法被分解，积累下去会严重影响健康，甚至导致食物中毒事件。

（二）不良的作息习惯

随着现代社会的发展，娱乐活动的丰富，夜生活几乎已成了人们的一种生活方式。高职学生刚脱离紧张的高中学习阶段，身心相对放松，学习任务与压力较小，更是抵制不住五花八门的娱乐活动的诱惑，使得越来越多的年轻人习惯晚睡。即使是在学校宿舍内，上网、玩电子产品、卧谈等活动也让晚睡常态化。虽然也有些管理较严的学校有按时熄灯的要求，但一到周末，许多学生会用更深的熬夜去“弥补平时逝去的时光”。熬夜晚睡这一习惯是有百害而无一利的，它直接导致学生精神疲惫，第二天上课的时候精力不足、注意力无法集中。长期如此，不仅会影响平时的学习效果，还会由于睡眠不足造成眼球周围血液循环障碍，引起黑眼圈和眼球血丝，进而影响视力。长期晚睡还会损害机体免疫力，还可能刺激胃酸分泌，成为胃溃疡等消化道疾病的诱因；还容易引起失眠，甚至引发神经衰弱症。另外，有专家指出长期晚睡使交感神经不能在夜间充分休息，就难以在白天兴奋，进而会影响白天的工作精力，甚至会导致记忆力减退和反应迟钝。

---

① 张远桃. 哪些因素影响孩子智力[J]. 开卷有益(求医问药)，1999(1)：33-33.

(三)不良的运动习惯

在我国经常运动的青少年比例非常低,尤其女生运动的次数和时长更少于男生。首先这是因为应试教育使学校和家长都只重视考试分数,而忽视了体育运动,从而学生没有养成热爱运动的好习惯及运动的氛围;其次,一些现代的娱乐方式严重挤占了学生们的运动时间,许多学生宁愿选择看电视、上网、打游戏、聊微信等,也不愿意出去动一动;还有一部分学生娇生惯养怕吃苦,缺乏坚持的毅力。不运动会使胃肠蠕动减慢,消化液减少,容易出现食欲不振、消化不良、便秘、腹胀等症状。长期缺乏运动,人的心、肺功能及免疫力会降低;还很容易造成脂肪堆积,引起肥胖;而且身体内部的代谢减慢,垃圾毒素无法及时排出体外,很容易增加血管的黏稠度,这也是当今高血压、高血脂等老年病低龄化的原因之一。

(四)不良的学习习惯

高职院校是我国职业教育的重要组成部分,担负着培养面向生产、管理、服务第一线需要的应用型、高技能型人才的使命。因此高职教育相较于基础理论知识的学习,更侧重于较为专业的技能学习。本次调查发现,高职院校由于入学门槛低,部分学生在中学阶段没有养成良好的学习习惯,主要表现如下:①上课不带书包和笔记本,只带教材和笔,没有学习氛围。②不制订学期学习计划,没有预习和复习的习惯,53%以上的学生学习是为了获得平时成绩,理论知识不能做到学以致用,缺少学习动力。③课堂学习过程中表现消极,学习没有兴趣,不认真听讲,上课玩手机的现象屡见不鲜。④做作业像完成任务,35%以上的学生存在抄作业的现象,学习态度不端正。⑤不积极参与课堂实践,无知识需求,出现应付完成任务的现象。这些不良的学习习惯不仅不利于学生掌握相应的专业知识与专业技能,而且对以后的职业生涯发展与继续深造形成阻碍。

(五)不良的嗜好

高职学生往往涉世不深,社会经验不足,自我控制力较差,还没有形成正确的世界观、人生观和价值观,法制观念较为淡薄,同时好奇心和模仿性强,又刚刚脱离家长的管控,面对纷繁复杂的世界,极易受到同伴和不良社会风气的影响,沾染上不良嗜好,严重危害高职学生的身心健康,个别学生因交友不慎甚至走向吸毒、偷窃等违法犯罪之路。

1. 吸烟

据卫生部组织医学部门的抽样调查结果显示,在我国大学、高中和初中男生中,吸烟者的比例分别为46%、45%和34%;未成年的吸烟者约有500万人;成年烟民人群中,有75%的人是从15～24岁这一年龄段开始吸烟的①。在我们对高职学生组织的调查中显示,有吸烟经历的男生高达75%,女生也达到了12%。吸烟对青少年的身体存在着巨大的危害。

(1)燃烧烟草中的一氧化碳进入血液,立即和血红蛋白相结合,降低了其携氧能力。吸烟使血质变坏、血液变稠、血管硬化和血管内径变小,又普遍降低了人体的免疫力,是造成高血

① 宋超英,夏芸. 吸烟成瘾行为的经济学分析[J]. 青海社会科学,2008 (2):24-27.

压、高血脂、冠心病三大病症的主要成因之一。

(2)吸烟加大了多种癌症的发病率,国内外资料表明,长期吸烟者比不吸烟者肺癌发病率高 15～30 倍,口腔癌、鼻咽癌、胃癌、膀胱癌、乳腺癌的发病率都比不吸烟者高几倍。

(3)高职学生正处在性发育的成熟早期,吸烟使睾丸酮分泌下降 20%～30%,使精子减少和畸形,使女性经期紊乱。

(4)烟草气体中的一氧化碳会造成大脑缺氧,而且烟草中含有的大量尼古丁,对脑神经也有毒害。因此吸烟多了会使学生精神不振、记忆力减退、学习成绩下降。调查发现,吸烟学生的学习成绩比不吸烟的学生低。

(5)被动吸烟即我们常说的“吸二手烟”,其所吸入的有害物质浓度并不比吸烟者为低。吸烟者吐出的烟雾中,烟焦油含量比吸烟者吸入的多 1 倍、苯并芘多 2 倍、一氧化碳多 4 倍。另外,在室内环境中,无论是加装排风扇、空调还是其他装置,都无法避免非吸烟者遭受“二手烟”危害,唯一能够有效地避免非吸烟者暴露于“二手烟”的方法,就是在室内环境中完全禁烟。

2. 饮酒

中国五千年的悠久历史渗透着酒的文化,虽说酒是中国传统文化中不可缺少的一部分,但对于高职学生来说,饮酒是不值得提倡和鼓励的行为。在美国更是有法律规定 21 岁以下青少年不准喝酒,因为饮酒会对青少年的身体和心理发育产生很大的危害。

(1)饮酒首先是伤肝,因为酒精会在肝脏里面代谢。除了肝脏以外,身体各类组织器官都会受酒精的伤害。经常饮酒容易患脂肪肝、胰腺炎、胃炎、肝硬化、心力衰竭、高血压、胃黏膜萎缩、毛细血管溢血、内分泌或代谢损伤导致糖尿病、肌无力等,总之酒精会使身体对疾病的整体抵抗力降低,缩短寿命。

(2)无节制的饮酒,会使食欲降低,摄入的食物量减少,以致发生多种营养素缺乏现象。

(3)酒精对脑部和神经系统影响较大。年轻人本来就血气方刚,受酒精刺激更易发生擅自驾车、与人争斗等行为;更严重的还会产生心理疾病,甚至诱发精神病,各种媒体报道的青年因饮酒导致的死亡、车祸、自杀和犯罪现象也是屡见不鲜。

3. 网络成瘾

当今世界,互联网蓬勃发展,已经广泛深入人们的生活、学习、工作、交友、创业创新等方方面面,成为人类精神家园之一。据 2021 年第 49 次中国互联网络信息中心发布的《中国互联网络发展状况统计报告》显示,截至 2021 年 12 月,中国网民有 10.32 亿人,学生群体最多。但同时,互联网中由于存在着安全漏洞和隐患,网民素养良莠不齐,致使网上充斥着许多不文明行为和现象,很可能会对包括高职学生在内的广大青少年引发如下问题。

(1)心理方面。如“手机上瘾”“手机依赖症”等,表现为有事没事要看一眼手机,一天要是没有手机就会六神无主;还有网络上良莠不齐的内容,误导学生的心智,造成早熟、早恋等现象。

(2)身体方面。由于长时间使用电子产品,最明显的副作用就是视力快速下降、患干眼症等眼部疾病;另外使用电子产品时,长期低头或一个姿式,椎间盘及颈椎也不可避免地产生病变;其他还有如肘、腕、手指等部位的腱鞘炎;经常佩戴耳机还会导致听力下降;甚至经常睡前使用电子产品,导致生物钟紊乱,也是当下“睡眠困难户”“垃圾睡眠”出现的主要原因之一;进而,头痛、注意力不能集中、反应速度降低、记忆能力下降等一系列问题也会找上门来。

第二节　体育运动与健康

一、体育运动的基本原则

（一）针对性原则

针对性原则是指锻炼身体应从体育锻炼参与者的实际情况出发，根据参与者不同的体质、体能、性格和兴趣等具体情况而选择不同的锻炼计划、锻炼目标及锻炼方法。

根据自身身体条件，制订适宜个体的锻炼计划。只有这样的计划才能真正得到实施并收到预期效果，任何好高骛远的其他方案最终都会流于形式。执行计划时应注意阶段性地调整。高职学生的体育锻炼是一个持续的系统项目，在整个过程中，要时刻关注运动锻炼的个体反馈，关注个体运动后的舒适度、疲劳度。要根据反馈不断修正个体下一步的运动负荷和计划。

（二）全面性原则

全面性原则是指体育锻炼的参与者要关注身体各个部位、身体素质与技能的全面健康发展以达到身心和谐的理想局面。高职学生体育锻炼不仅包括不同的身体部位运动，更重要的是不同性质运动的全面锻炼。

首先通过选择适宜的体育锻炼内容促进全面发展。比如足球、篮球等各种球类运动能锻炼身体的灵活性与协调性；举重、投掷等运动能锻炼身体的力量素质；长跑、短跑等运动能锻炼身体的速度素质。其次制订适宜全面发展的体育锻炼计划。在计划中，既保证一定量的身体素质锻炼，也重视心理心智方面的锻炼与强化。高职学生仍处于身心发展的关键阶段，因此在体育锻炼中贯彻全面性原则显得尤为重要。

（三）自觉性原则

自觉性原则是指体育锻炼参与者能够自觉积极地参加体育锻炼，有着明确的锻炼目的并能充分认识到体育的价值。个人的体育锻炼没有较强的监督性与制约性，很多同学会出现懒惰等负面心理，因此体育锻炼的过程是一个不断面对困难、不断战胜困难的过程，需要激发人的主观能动性，战胜自我，克服困难，塑造完善健康的人格。

为了让同学们积极主动参加体育锻炼，首先应该树立科学的健康观。只有明白了个体健康对于生命、家庭、社会、国家的意义与价值，把健康观与世界观、人生观构建为统一整体，才能积极主动参与体育锻炼，并把它作为个人学习与生活的自觉行动。其次是培养运动兴趣。体育运动是终身健康的基础，运动兴趣和习惯是促进自主学习和终身坚持锻炼的前提。在选择运动内容和运动方法时，要关注个体的运动兴趣，只有激发和保持运动兴趣，才能自觉、积极地进行体育锻炼，因此运动兴趣是坚持体育运动和健康目标实现的有效保证。

（四）经常性原则

经常性原则是指参与体育锻炼必须要持之以恒，经常进行并逐步成为参与者的日常习惯。体育锻炼贵在坚持，人体系统机能的改变，运动技巧的形成绝非一日之功，只有长久地锻炼积累，才能收到良好的效果。

体育锻炼应首先根据自己身体的客观实际，制定一个力所能及、切实可行的短期目标。短期目标的实现有助于帮助我们树立坚持锻炼的信心和培养运动锻炼的兴趣。在此基础之上，逐步确立长期锻炼目标，实现华丽蜕变。

（五）循序渐进原则

循序渐进原则是指锻炼的内容、方法等要遵循认知规律，要按照一定的步骤逐渐深入、逐步提高，不可停滞不进，更不可揠苗助长。高职学生正处于青春生长发育期，人体的成长发展及身体适应能力都有其基本自然规律。参与体育锻炼必须遵循客观规律，安排适宜的锻炼项目并运用科学合理的锻炼方法，否则，就会事倍功半，甚至会适得其反，给身体健康带来危害。

准确掌控运动负荷量，以锻炼者运动后疲劳适度为标准。随着体育锻炼的不断坚持，身体的不断强健，逐步有序增加运动负荷，提高运动能力和机体健康水平。而且每次运动锻炼时，不可马上加入高强度、高竞争运动项目。因为此时的身体肌肉、关节、韧带的机能尚未完全放松或打开，剧烈运动容易造成不必要的运动损伤。必须要重视运动前的准备活动，充分热身后，再投入运动锻炼之中，当然，运动后的放松与恢复也十分重要。

二、科学的体育运动方法

（一）体育锻炼的一般方法

1. 持续锻炼法

持续锻炼法是指在相对较长的时间里，用相对稳定的负荷量，持续进行锻炼的方法。其主要特点是锻炼的时间持续较长，但是锻炼的强度相对较小，是一种温和的锻炼方法。因此用这种方法进行锻炼，对机体刺激所产生的影响比较缓和，有利于心血管和呼吸系统机能的稳步提高和调节大脑皮层兴奋和抑制过程的均衡性①。锻炼时要注意控制好负荷量与负荷强度，通常认为心率在 150 次/分钟左右，持续锻炼 20～30 分钟，可以使机体获得充足的血氧饱和度。它主要适用于锻炼者比较熟悉的项目，如跑步、游泳、骑自行车等。

2. 重复锻炼法

重复锻炼法是指按照一定的运动要求，对某一动作多次重复地进行锻炼的方法。通过提高机体各器官的机能，增强体质。此锻炼方法要根据自身具体体质现状合理掌握重复次数和强度，重视运动间歇的机能恢复，避免训练受伤。通常在训练时，锻炼者的心率保持在 160 次/

① 王祺.体育锻炼的主要方法[J].黑龙江科技信息，2010(23)：176.

分钟以内比较适宜。

3. 复合锻炼法

复合锻炼法是在体育锻炼过程中，为了促进身体各个部位的全面发展，将对身体各个部位有不同影响的几个运动项目组合起来，形成一个可以影响身体几个部位甚至全身各个部位的方法。如跳绳、健身操、游泳等方法。

(二)日常锻炼方法

1. 慢跑

慢跑也称为缓步跑，是一项非常好的有氧运动，简单易行、活动量容易控制又可使全身得到锻炼。慢跑的时间可由运动者自行掌握，初练者最好不要超过 15 分钟，中间可以有一个慢走的过程，随后可以逐步增加时长。对于高职学生，慢跑不仅可以锻炼身体，提高免疫力，同时也可以放松身心。

2. 跳绳

跳绳是一项群众性体育活动，是一人或多人在一根或多根环摆的绳中做各种跳跃动作的运动游戏。跳绳不需要特定的运动场地，也不分时间、季节，更不受身体条件的限制，所以参加锻炼者的范围广泛，也是特别适合(高职学生)个人和团体参与的体育运动项目。

3. 健身操

健身操是有氧运动的一种，强度适中、能有效控制体重，深受广大女性的喜爱。健身操是融体操、音乐、舞蹈于一体的追求人体健康与美的运动项目。因此，健身操不仅能有效提高练习者各项身体素质，而且具有体育、音乐、舞蹈、美育等多种社会文化功能。

4. 自行车运动

自行车运动是指以自行车作为健身工具的运动项目。自行车具有很强的实用性，既可以作为交通工具，节省能源，又可以当作运动器材锻炼身体。经常参加自行车运动，能够增强心脏、血管系统、呼吸系统的功能，对身体的新陈代谢有一定的促进作用；相对于跑步、跳绳等运动方式，骑自行车可以更好地保护膝盖；户外自行车运动轻松、便捷，骑车的人还可以欣赏沿途美景，陶冶情操。

5. 游泳

游泳是一直深受广大青少年喜爱的运动项目之一，在我国有着广泛的群众基础。游泳可以让体态均匀，提高能量的代谢，增强抵抗力，还能够增加肺活量，使呼吸系统能力提高。但同时每年都有青少年学生溺水伤亡事件的发生。因此，为了安全，一定要注意防范溺水，做好安全保障。第一，不要在单人或同伴不是成年人的情况下游泳；第二，不要在陌生水域游泳；第三，不要在身体生病时游泳；第四，不要在恶劣天气里游泳；第五，牢记游泳前要充分热身，避免水中抽筋；第六，女学生切忌在生理期去游泳。

6. 球类运动

球类运动种类繁多，包括篮球、足球、羽毛球、乒乓球、网球等，球类运动是高职学生最热爱的运动项目。球类运动能显著提高身体素质，在进行球类运动时，可以活动关节，提高骨密度，增强身体免疫力。球类运动具有竞技性和趣味性，能够提高与人合作的能力，使同学们在配合中建立很好的人际关系，提升社交能力。

三、常见运动损伤的防护

（一）运动损伤发生的原因

在体育锻炼中出现运动损伤的原因是多方面的。首先是客观原因，同学们体育方面的知识、技能和方法严重不足会导致运动过程中出现技术动作的错误，以及人体某部位长时间的超负荷运转。其次是主观原因，运动前准备不充分、思想麻痹大意、缺乏自我保护能力等都会造成运动损伤。

（二）常见运动损伤与处理

1. 擦伤

擦伤是指在体育活动中，皮肤表面与粗糙物体相互摩擦引起的表皮破损，受伤部位有点状出血症状。面积小的擦伤，用生理盐水冲洗后用碘伏涂抹，无须包扎；伤口面积较大时，用生理盐水清洗后，用医用酒精消毒，然后局部用无菌敷料处理。

2. 刺伤

刺伤是指尖锐的物体如钉子、针、带刺的棍棒等刺入皮肤组织内所引起的损伤。伤口小而深，尖刺表面的污物会深入伤口深处，引起感染。一般不要自行拔出，最好先将锐器固定住，及时就医，必要时注射破伤风抗毒血清，防止伤口感染。

3. 挫伤

挫伤指人体某部位受钝性暴力作用引起的皮肤和软组织挫伤，有时还有其他组织器官的损伤。单纯的肌肉挫伤，无须特殊处理，24 小时内应采取局部冷敷的方法。局部包扎可以有效防止渗出和水肿，抬高受伤部位有利于消肿，也可配合云南白药气雾剂等辅助治疗，24 小时后可进行热敷、按摩等化解伤痛。

4. 肌肉拉伤

肌肉拉伤指在肌肉猛烈收缩或过度牵伸时引起的肌肉组织损伤。早期出现疼痛感应立即停止活动，对患处进行冷敷和包扎；24 小时后可进行热敷、按摩等化解伤痛。损伤严重者应立即送医院手术治疗。

5. 韧带扭伤

韧带扭伤是指韧带被过度牵拉并超出其耐受能力而造成的损伤，好发于膝关节、踝关节等。韧带扭伤需马上冷敷并加压包扎，24 小时后理疗、针灸和按摩治疗；韧带断裂则需要送医院手术缝合并做固定处理。

6. 抽筋

即肌肉痉挛，肌肉不自主地强直性收缩，常见的部位是小腿和足底部。运动过程中出现抽筋时，应立即停止运动，及时补充水分，可自行或凭借外力慢慢伸展痉挛的肌肉，使用喷剂或冷热敷交替，可以缓解肌肉疼痛，缓解症状。

7. 骨折

运动导致骨结构的连续性完全或部分断裂，常见的有锁骨骨折、前臂骨折、肱骨骨折、小腿骨折、踝足部骨折等。骨折如出现休克时，应立即点按人中穴并进行人工呼吸或心脏胸外按压；有出血伤口应同时实施止血并包扎。骨折部位暂勿移动，固定后及时送医院治疗。

8. 脱臼

运动过程中两个骨端失去了正常位置，即关节脱位，经常出现的如肩关节、肘关节、踝关节的脱位。出现脱臼时，建议找专业人士治疗复位以避免造成更大的伤害。

9. 运动性腹痛

在激烈运动时引起的腹部疼痛，常表现为钝痛或胀痛。中长跑、篮球运动中多见。出现运动腹痛时，应采取鼻腔呼吸并尝试做背伸运动拉直腹部肌肉，也可进行热敷缓解疼痛。

10. 运动性中暑

炎热的夏季，在运动训练时体内热量积蓄导致身体高热中暑。出现中暑现象应立即把患者抬至阴凉通风处，保持呼吸道畅通，辅助以物理降温手段，口服凉淡盐水，严重者应到附近医院治疗。

11. 运动性昏迷

在体育运动过程中，由于血压暂时性降低，血流供应不足，造成大脑缺氧，出现短暂的意识丧失，若脑供血恢复即恢复清醒。发生昏迷后，应立即将患者置于空气流通处，平卧保持大脑血液供应，用大拇指掐患者人中穴以刺激其苏醒，苏醒后应及时就医。

12. 脑震荡

一种轻微性脑损伤，一般是头部遭受外力打击而导致短暂的脑功能障碍。出现脑震荡，应让患者保持安静、平卧，并及时送医院治疗。

（三）运动损伤的预防策略

1. 增强学生体育运动的安全意识

学校要加强对体育锻炼安全知识的宣传，让学生了解和掌握体育运动安全的基础知识、技能和方法，增强对运动损害的防范意识和处置能力。学生在思想上要增强运动损伤意识，结合自身条件，在运动过程中选择合适的运动项目，避免出现运动损伤。

2. 安排合理的运动负荷

体育运动过程中，身体局部负荷过大是造成运动损伤的主要原因。因此，在日常锻炼过程中要合理安排运动负荷，使机体处于良好的状态。

3. 充足的准备工作

运动损伤的发生大多是由于没有做好充足的准备。没有根据专项运动的特点、实际的运动规律制定规范的预案，使得机体在运动时不能很好地进入运动状态而出现运动损伤。

4. 适宜的运动环境

根据环境变化选择适宜的运动项目。防止因为场地、器械、天气等因素引起运动损伤。

四、身体健康评测

健康评测是指与学校健康教育密切相连的学生身体健康评价与检测。

为不断建立和完善学校学生体质健康评测机制，更好地激励同学们积极参加体育锻炼，教育部 2018 年印发《国家学生体质健康标准》，各个学校每学年每学期应按要求进行在校所有年级学生的评测工作。《国家学生体质健康标准》适用于全日制普通小学、初中、普通高中、中等职业学校、普通高等学校的学生。高职院校应参照普通高等学校的标准执行。

此标准的学年总分为 120 分，由标准分和附加分两部分组成。标准分由各单项指标得分与权重乘积之和组成，满分为 100 分。附加分根据实测成绩确定，即对成绩超过 100 分的加分指标进行加分，满分为 20 分；男生加分指标为引体向上和 1 000 米跑，女生加分指标为 1 分钟仰卧起坐和 800 米跑，各指标加分幅度均为 10 分。根据学生学年总分评定等级：90.0 分及以上为优秀，80.0～89.9 分为良好，60.0～79.9 分为及格，59.9 分及以下为不及格。

每个学生每学年评定一次，记入《〈国家学生体质健康标准〉登记卡》。特殊学制的学校在填写登记卡时可以按规定和需求相应地增减栏目。学生毕业时的成绩和等级，按毕业当年学年总分的 50%与其他学年总分平均得分的 50%之和进行评定。

测试成绩只有达到良好及以上的学生，才有评优与评奖资格；测试成绩达到优秀的学生，才可获体育奖学分。测试成绩不及格的学生，在本学年度准予补测一次，补测仍不及格者，则评定为不及格。高职院校学生毕业时，测试的成绩达不到 50 分者按结业或肄业处理。

第三节　膳食营养与健康

一、膳食营养及需求

膳食指经过加工烹调处理后的食物，即把食物加工成人们进食的饭食。古人称为吃食。营养并不是某种物质，而是一个过程，即人体从外界摄取食物，经过消化吸收并利用食物中身体需要的物质，以维持生命活动的整个过程。但是，人们通常在语言中有时把营养当作食物里的营养素含量多少和质量的优劣来使用，例如，某种食品“有无营养”，或某种食品“营养丰富”。

膳食营养就是从日常吃的食物中获取的营养素，它是人体生长发育的物质基础。

人体所必需的营养素有蛋白质、脂类、糖类、维生素、水、无机盐（矿物质）、膳食纤维（纤维素）七大类。

7 类营养素在人体中可以发挥 3 方面的生理作用：一是人体的能源物质。如碳水化合物、蛋白质和脂类能提供人体所需要的绝大多数能量。二是人体的“建筑”材料。如蛋白质是构成人体细胞、组织等机体的重要组成部分，矿物质中的钙、磷、镁是构成骨骼、牙齿的主要原料。

三是人体调节物质。如维生素、矿物质和膳食纤维等能够调节人体的生理功能①。这些营养素分布在各种食物中，只要能广食，均可以得到。

(一)蛋白质(人体的工程师)

蛋白质是维持生命不可缺少的物质。人体组织、器官由细胞构成，细胞结构的主要成分为蛋白质。机体的生长、组织的修复、各种酶和激素对体内生化反应的调节、抵御疾病的抗体的组成、维持渗透压、传递遗传信息，都是蛋白质在起作用。肉、蛋、奶、豆类含丰富的优质蛋白质，是每日必须提供的，常见食物中蛋白质含量见表 4-1。

如果体内缺乏蛋白质，成人会出现免疫力降低、浮肿、伤口久不愈合等严重后果。但如果人体摄取的蛋白质过多，对健康也无益处，会加重肾脏的负担；摄入过多的动物性蛋白，还会加速骨骼中钙质的流失，导致骨质疏松症。

表 4-1 常见食物中蛋白质含量(每百克中的含量) 克

食物名称	蛋白质	食物名称	蛋白质
牛奶	3.0	腐竹	44.6
鸡蛋	12.7	小麦粉	10.9
瘦猪肉	20.2	大米	8.0
猪五花	14.4	玉米面	8.1
牛瘦肉	19.8	黄豆	35.1
羊瘦肉	17.1	豆腐	8.1
鸡肉	19.1	绿豆	21.6
鸡腿	16.4	花生	26.6
带鱼	21.2	香菇	20.1
鲤鱼	18.2	木耳(干)	12.4
对虾	16.5	海带	4.0
猪肝	22.7	紫菜	28.2
鸭肉	15.0	黑芝麻	19.7
海蟹	12.2	葵瓜子	23.9
牛肚	12.1	核桃	15.2
鸡肝	17.4	栗子	4.1

(二)脂肪(人体的燃料)

脂肪是储存和供给能量的主要物质。许多人认为脂肪会导致人发胖，引发多种疾病，因此在饮食中很少摄取脂肪。其实这个观点比较片面，脂肪也是人体不可缺少的物质之一。机体细胞膜、神经组织、激素的构成均离不开它。脂肪还有保暖隔热，支持保护内脏、关节、各种组织，促进脂溶性维生素吸收的作用。脂肪的食物来源主要有动物油、花生油、豆油、动物外皮以

① 何莲. 论述合理的营养膳食与人体健康[J]. 中国卫生标准管理. 2015 (18):20-21.

及不被人们注意的瘦肉、奶制品、动物内脏、豆制品、坚果类食物等。常见食物的脂肪含量见表4-2。

如果人们摄入脂肪太少，会引发生营养不良、生长迟缓和各种脂溶性维生素缺乏病；如果摄入脂肪过多，会患上肥胖症，诱发心脏病等心血管疾病、引起骨质疏松等。

表 4-2　常见食物中脂肪含量(每百克中的含量)　克

食物名称	脂肪含量	食物名称	脂肪含量
牛奶	21.2	黄豆	16.0
鸡蛋	10.0	绿豆	0.8
瘦猪肉	6.2	花生	48.0
猪肥肉	90.4	核桃	62.7
牛肉(肥瘦)	13.4	芝麻	39.6
羊肉(肥瘦)	14.1	杏仁	44.8
鸡肉	5.0	带鱼	4.9

(三)碳水化合物(人体的驱动器)

碳水化合物也称糖类，是为生命活动提供能源的主要物质。它广泛存在于米、面、豆类、薯类、各种杂粮中，是人类最重要、最经济的食物。这类食物每日提供的能量应占总能量的60%～65%。任何碳水化合物在人体内经生化反应最终均分解为糖，因此也称之为糖类。除提供能量外，它还促进其他营养素的代谢，与蛋白质、脂肪结合成糖蛋白、糖脂，组成抗体、酶、激素、细胞膜、神经组织、核糖、核酸等具有重要功能的物质。

如果人体内缺乏碳水化合物，会导致全身无力、疲乏，血糖含量降低，出现头晕、心悸、脑功能障碍等，严重者还会低血糖昏迷。但如果摄入过多的碳水化合物，碳水化合物会转化成脂肪贮存于体内，而人过于肥胖会导致各类疾病，如高脂血症、糖尿病等。常见食物中血糖指数见表4-3。

表 4-3　常见食物中血糖指数

食物名称	血糖指数	食物名称	血糖指数
牛奶	39±9	黄豆	23±3
酸奶	48±1	豌豆	56±12
大米	81±3	花生	21±12
小米	71±3	苹果	52±3
荞麦	68±3	香蕉	83±6
小麦面粉	99±3	梨	54±4
燕麦	78±3	橙子	62±6
甜玉米	78±2	杧果	80±7

(四)维生素(营养催化剂)

维生素又称维他命(Vitamin)，在人体内不提供热能，也不是机体的主要组成部分，需量极少，但绝对不可缺少。它们参与维持机体正常生理功能，对维持人体生长发育和生理功能有着重要作用，可促进酶的活力或成为辅酶之一。维生素分两类：一类为水溶性维生素，包括维生素C、B族维生素等，这一类占大多数，它们不在体内储存，需每日由食物提供，由于代谢快不易中毒；另一类为脂溶性维生素，包括维生素A、维生素D、维生素E、维生素K等，可在人的肝脏中储存，不需每日提供，且过量会引起中毒。各种维生素各司其职，缺一不可，并能帮助人体对营养素的吸收，但维生素一般不能在体内合成，或合成的量很少，不能满足机体的需要，必须由食物供给（维生素D除外），而又没有一种食物含有人体所需的全部维生素，因此食用新鲜蔬菜、水果、肝、蛋黄，适当吃点粗粮，多晒晒太阳，就显得格外必要了。

如果人体内缺乏维生素，会产生头发干枯、皮肤粗糙、记忆力减退、失眠、浮肿、溃疡、伤口不易愈合、骨质疏松、生长发育迟缓、夜盲症、免疫力低下、贫血等多种症状。

（五）水（人体的运输网）

水是生命之源，在人体组织成分中含量最多，占人体体重的60%～70%。水对人体有非常重要的作用，是维持人体正常生理活动的重要物质。水主要储存在细胞内液和细胞外液（如血液中90%以上是水，还有淋巴、唾液、皮肤和肾脏分泌的体液等）。水参与物质代谢过程，有助于物质的消化、吸收、生物氧化及排泄；水能调节体温，保持人体的正常温度；水能保持腺体分泌，充实体液；水是器官、关节及肌肉的润滑剂。对于一名健康的高职学生，在正常状况下每天需要1 500～2 000毫升水。正常情况下，人体内水分的出入量是平衡的。喝水是人体所需水分的直接来源，人体内氧化时也能产生水，而且人体需要的水还可从饮食中取得，如肉类含水50%，白菜和西瓜等含水90%以上等。在炎热、高温、发烧、运动和体力劳动量大的情况下，饮水量就相应增加，并以少量多次为原则，甚至饮用接近血浆渗透压的淡盐水或饮料，以保持体内水盐的平衡。

若饮水过少，会使血液浓缩，黏稠度增高，不利于血液循环及营养吸收。缺水还会导致脱水，如果不能够及时补水，可直接导致昏迷，人体若丧失20%的水分就会有生命危险。

（六）矿物质（身心调控员）

矿物质又称无机盐，是构成人体组织和维持正常生理功能必需的各种元素的总称。是除了碳、氢、氧、氮之外，其余60多种元素的统称。它是构成机体组织的重要原料，如钙、磷、镁是构成骨骼、牙齿的主要原料。钙、镁、钾、钠、磷、硫、氯7种元素含量较多，占矿物质总量的60%～80%，称为常量元素（或宏量元素）。其他元素如铁、铜、碘、锌、锰、钼、钴、铬、锡、钒、硅、镍、氟、硒等，存在数量极少，在机体内含量少于0.005%，被称为微量元素。

矿物质也和维生素一样，不提供能量，且无法自身产生或合成，但又是人体必需的元素。每种元素均有其重要的、独特的、不可替代的作用，各元素间又有密切的联系。主要作用包括：

（1）构成骨骼的主要成分；

（2）维持神经、肌肉正常生理功能；

（3）组成酶的成分；

（4）维持渗透压，保持酸碱平衡。

在人体新陈代谢过程中各种矿物质每天都有一定量随粪、尿、汗、头发、指甲、皮肤及黏膜的脱落等途径排出体外，因此必须通过膳食补充。矿物质的每天摄取量是基本确定的，但随年龄、性别、身体状况、环境、工作状况等因素有所不同，如从事运动锻炼时，机体热能代谢水平较高，人体大量出汗，使体内钙、磷、钾、铁排出量和消耗量增加，所以大量运动后应及时适量地进行补充。某些矿物质在体内的生理作用剂量带与毒性剂量带距离较小，如果摄取过多，容易引起过剩症及中毒，所以一定要注意矿物质的适量摄取。矿物质在各种形式的食物中均存在，如肉类、谷类、鱼、牛奶和乳制品、蔬菜、水果和干果等。

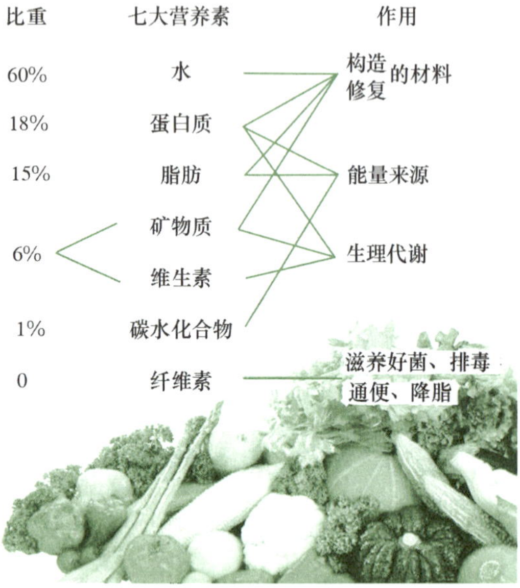

图 4-1　食物中各类营养素的作用

矿物质缺乏与疾病有关，例如缺钙会导致佝偻病（老人会导致骨质疏松）；缺铁会引起缺铁性贫血；缺锌、缺碘会导致生长发育落后；等等。此外，一些精力不集中、易过敏、易感冒、易抽筋、皮肤病、贫血等也会与矿物质缺乏有关，严重者还会导致更严重的疾病，如糖尿病、冠心病、生育能力下降、异食癖，等等。图 4-1 为食物中各类营养素的作用。

（七）膳食纤维（人体的清道夫）

膳食纤维的定义有两种，一是从生理学角度将膳食纤维定义为哺乳动物消化系统内未被消化的植物细胞的残存物，包括纤维素、半纤维素、果胶、抗性淀粉和木质素等；另外一种是从化学角度将膳食纤维定义为植物的非淀粉多糖加木质素。膳食纤维可分为可溶性膳食纤维和非可溶性膳食纤维。非可溶性膳食纤维来自食物中的小麦糠、玉米糠、芹菜、果皮和根茎蔬菜，不被人体消化吸收，只停留在肠道内，可刺激消化液的产生和促进肠道蠕动，吸收水分利于排便，也有利于肠道菌群的建立。可溶性膳食纤维来自大麦、豆类、胡萝卜、柑橘、亚麻、燕麦和燕麦糠等食物，可以进入血液循环，降低血浆胆固醇水平，改善血糖生成反应，影响营养素的吸收速度和部位，有助于调节免疫系统功能，促进体内有毒重金属的排出。

随着人们生活水平的提高，对食品的加工越来越精细，膳食中粗纤维的含量越来越少，现代“富贵病”诸如便秘、肥胖症、动脉硬化、心脑血管疾病、糖尿病等，正严重地威胁着现代人的身体健康，在食物中补充膳食纤维已尤为重要。但还应注意千万不要矫枉过正，大量补充纤维，可能发生低血糖反应，可能影响蛋白质、钙、铁、锌等元素的吸收，使胃肠道功能较弱者“不堪重负”。

总之，七大营养素在人体缺一不可，除了保证健康、维持生命外，还能决定每个人的其他方面：如人的美丽容颜、言行、心情、思维能力、年轻、衰老，等等。有关青年营养素与能量的每日平均需要量见表 4-4。

表 4-4 青年营养素的每日平均需要量 EAR(18～21 岁)

类别			EAR
能量（中等活动水平）	男	兆焦	11.92
		千卡	2 350
	女	兆焦	9.62
		千卡	2 050
碳水化合物占总能量的比/%			50～65
蛋白质(克)	男		75
	女		60
脂肪能量占总能量的比/%			25～30
钙/毫克			800
磷/毫克			590
钾/毫克			2 200
钠/毫克			1 600
镁/毫克			270
铁/毫克	男		12
	女		14
锌/毫克	男		9.7
	女		6.9
硒/微克			50

类别			EAR
碘/微克			85
铜/毫克			0.6
铬/微克			35
钼/微克			85
脂溶维生素	维生素 A/微克	男	590
		女	450
	维生素 D/微克		8
	维生素 E/毫克		14
	维生素 K/微克		75
水溶维生素	维生素 B_1/毫克	男	1.3
		女	1.1
	维生素 B_2/毫克	男	1.3
		女	1.0
	维生素 B_6/毫克		1.2
	维生素 B_{12}/微克		2.0
	叶酸/微克		320
	烟酸/毫克	男	14
		女	11
	维生素 C/毫克		85

注：本表数据参照《中国居民膳食营养素参考摄入量速查手册》(2013 版)，中国营养学会编著，能量单位的换算关系如下：1 千卡(kCal) = 4.184 千焦(kJ)，1 兆焦(MJ) = 1 000 千焦(kJ)。

二、高职学生的营养现状

我们通过调查对体质指数[BMI = 体重(kg)/身高(m)^2]分析发现，当前高职学生的营养状况主要有以下几个特点。

(一)营养不良和营养过剩现象并存

突出表现为非正常体重(肥胖或体重较轻)者的人数竟大于正常体重者。较轻体重者身高基本正常，体型削瘦，肌肉不发达，体重较轻的主要原因是挑食、偏食、吃零食过多或错误的认知(如女生以瘦为美，盲目减肥)。肥胖者主要原因是高脂高热量饮食摄入过多，体育锻炼的急剧减少。

(二)膳食结构不合理

由于生活水平的提高，高热量、高脂肪食物摄入比高，致使钙、铁、锌和维生素、膳食纤维等营养素摄入不足。同时，膳食热能大多数来自谷类、动物性食物，豆类供给的热能偏低。

（三）营养健康意识薄弱

许多高职学生不了解营养知识和营养结构，不太重视自己的健康状况，没有考虑过营养搭配。多数高职学生在学校住宿，日常饮食自己掌控，所以吃饭全凭口味喜好。如很多学生从来不喝奶，还有一部分学生从来不吃豆制品，甚至还有学生一日三餐在超市解决，这样就会造成缺钙、缺维生素等营养不良情况。

三、合理膳食、均衡营养

高职学生不同于普通大学生，他们除了理论学习外，还有生产实习任务，因此他们的学习、活动量较大，加之仍处于成年初期，对各种营养素需要量仍较大。合理的膳食意味着机体能够摄入保持身体健康所必需的所有营养成分，并且各种营养素的比例符合人体的需要。膳食结构不合理或各种营养素摄入不均衡，会导致各种急、慢性营养不良和各种营养缺乏症。因此，合理膳食与均衡营养能够更好地促进高职学生健康成长，还能改善记忆与提高学习效率。

（一）健康人群膳食指南

人体所必需的七大营养素均来自食物，而不同的食物所含的营养素各不相同。我国的营养学家根据营养学原理，紧密结合我国居民膳食消费和营养状况的实际情况发布了《中国居民膳食指南》。最新的《中国居民膳食指南》(2022 版)针对 2 岁以上的所有健康人群提出 8 条核心推荐，见图 4-2。

平衡膳食八准则

准则一	食物多样，合理搭配	准则五	少盐少油，控糖限酒
准则二	吃动平衡，健康体重	准则六	规律进餐，足量饮水
准则三	多吃蔬果、奶类、全谷、大豆	准则七	会烹会选，会看标签
准则四	适量吃鱼、禽、蛋、瘦肉	准则八	公筷分餐，杜绝浪费

图 4-2　平衡膳食八准则

（二）推荐多吃的食物或鼓励的行为

(1)每天膳食品种多样化(每天食物超过 12 种，每周超过 25 种)，应包括谷薯类、蔬菜水果类、畜禽鱼蛋奶类、大豆、坚果类等。

(2)增加全谷物和杂豆类，每天要吃 50～150 克，占主食(谷薯类食物)总量的 20%～40%。还要吃薯类 50～100 克，占主食(谷薯类)总量的 20%。

(3)餐餐有蔬菜，每天不少于 300 克，其中深色蔬菜应占 50%。天天吃水果，每天 200～350 克。

(4)多吃奶类。每天摄入液态奶或其他奶制品 300 克。

(5)经常吃大豆或豆制品，适量吃坚果。

(6)每天一个鸡蛋,包括蛋黄。

(7)适量摄入鱼、虾、禽类和瘦肉,平均每天总摄入量80～150克。鱼虾和禽类是优选。

(8)足量饮水。提倡饮用白开水,每天1 500～1 700毫升。

(9)经常运动,保持健康体重。每周至少有5天中等强度的运动,且每次运动时间在1小时以上。最简单的运动是每天6 000步。

(10)珍惜食物,提倡分餐不浪费;学会阅读食品标签,合理选择食品。

(三)建议少吃的食物或限制的行为

(1)少吃肥肉、烟熏和腌制肉制品。

(2)大米、白面等精制谷物占主食(谷薯类)总量的一半左右,其余应为全谷、杂豆或薯类。

(3)少盐少油。少吃高盐和油炸食品。

(4)控糖。每天摄入添加糖不超过50克,最好控制在25克以下。

(5)食不过量,控制总能量的摄入,避免肥胖。

(6)减少久坐时间,每小时起来动一动。

为了进一步帮助消费者在日常生活中实践《中国居民膳食指南》,专家们还以宝塔图形表示出了食物定量的指导方案。它直观地告诉居民食物分类的概念及每天各类食物的合理摄入范围,对合理调配平衡膳食进行具体指导,故称之为《中国居民平衡膳食宝塔》(简称"膳食宝塔"),如图4-3所示。

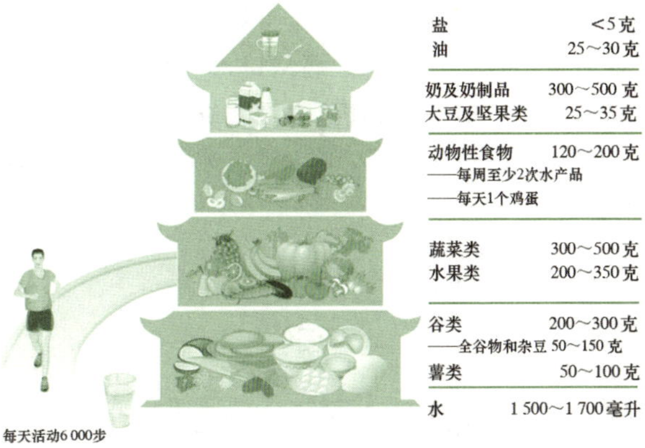

图4-3 平衡膳食宝塔

(四)高职学生饮食注意事项

(1)在膳食宝塔上看到的每日所需的5类食物,不能互相替代,要使身体健康,每一类食物都需要。

(2)在宝塔同一层中的各种食物所含营养成分大体相近,在日常饮食中应经常互相替换,以使膳食丰富多样,摄入的营养素更加全面。

(3)日常饮食中,不是每天每种食物都严格按照"宝塔"推荐量吃,重要的是遵循宝塔各层各类食物的大体比例,以及每日膳食要包括宝塔中的各类食物。

四、食品安全

高职学生是长期住校的消费群体,不仅存在不良的饮食习惯,在食品消费中也存在一些不良行为,引发一些食品安全事件的发生。对某高职院校新生食品安全知识、态度、行为调查研究表明:9%的新生在日常生活中没有关注食品安全;有超过93%的高职学校新生会选择到超市、便利店购物，少部分会选择在街边摊贩处购买物品；有超过68%的新生在购买食品时有时会看或不看生产日期、保质期等标志；有12.14%的高职学校新生在购买到问题食品时，会自认倒霉；有69.3%的高职学校新生不知道食品安全问题的投诉举报电话"12331"[①]。说明高职在校生普遍缺乏食品安全意识，对食品安全的标识知识知晓程度不高，对相关的法律法规知识了解尚浅，维权意识不强。"民以食为天"，高职学生的食品安全意识及行为直接影响其身体健康和生命安全。因此，高职学生在日常生活中应该遵循以下饮食要求：

(1)在外就餐时，应选择具有有效《食品经营许可证》的餐饮单位，尽量不去街边小摊或无证小店。

(2)通过网络订餐平台订餐时，应查看店铺的"商家信息"中的营业执照和食品经营许可证，尽量选择合法合规的餐饮店铺，而且要少订购易变质的高风险食品，收到后尽快食用，并保留相关消费凭证，以备维权所需。

(3)购买食物时，要查看标签标识、包装是否完备无损；是否在保质期内；再仔细观察是否新鲜、有无胀袋、颜色变化、异味等现象；不要贪便宜购买"三无"食品。

(4)做到餐前便后必洗手，不偏食挑食，不暴饮暴食，不喝生水，不吃不洁食物，不吃新奇食物(如野果、野味)，以降低"病从口入"的风险。

(5)一日三餐应做到肉、蛋、奶、谷物和新鲜水果、蔬菜等搭配合理，保证优质蛋白、膳食纤维和能量的充分摄入。少吃冷饮、冰淇淋等寒凉食品，不食用未完全烹煮的肉制品或水产品等。

第四节　高职学生健康生活方式

健康的生活方式，是指对健康有益的、习惯化的行为。健康的生活方式是促进健康、预防疾病的最简便易行及经济有效的途径。高职学生健康的生活方式主要有以下6个方面内容。

一、安排合理饮食

合理饮食包括健康的饮食和良好的饮食习惯两方面。健康的饮食是要按照正常身体所需的营养成分结合自己的口味偏好合理安排和搭配日常饮食，避免或减少不利于身体健康的成分。做到不挑食、不偏食、荤素搭配、粗细搭配、营养均衡。良好的饮食习惯包括定时定量，少食多餐，细嚼慢咽，规律进食，早餐吃好，午餐吃饱，晚餐吃少，保持良好的就餐气氛和心情等。坚持这些理念逐渐使之成为一种生理需求和习惯，以确保身体的健康状态。

---

① 申书炜. 高职学校新生食品安全知识、态度、行为调查研究[J]. 现代食品，2021(10)：223-228.

二、坚持适宜运动

适宜运动是指运动方式和运动量适合自身状况。“生命在于运动”,体育锻炼是健康生活方式中十分重要的一部分。但运动过少和过量都不利于健康,个人要根据自己的身体状况、爱好和环境选择合适的运动形式和运动量。如球类、田径、游泳、武术、俯卧撑、杠铃等都是不错的选择,高职学生尤其适宜打篮球,不但可以锻炼身体、促进长高、提高身体协调性和反应速度,还可以培养团队意识和不屈的毅力。

其实对于以健身为目的的运动来说,运动形式并不重要,重要的是要量力而行,循序渐进,并持之以恒,培养终身运动的习惯。最简单的运动如快步走,每天快步走路 6 000～10 000 步,或慢跑 30 分钟,或做其他运动 30 分钟左右(如爬楼梯、跳舞、做操等),每周至少运动 5 次。最好能够保持心率加快、身体发热这种状态 15 分钟以上。把锻炼变成生活的一部分和生活享受,就能让自己身体健康、精力充沛和心情愉悦。

三、科学用眼，充足睡眠

虽然高职学生的近视率不及中学生,但长时间使用电子产品,不正确的读书、写字姿势等,也是造成高职学生近视率持续上升的重要原因之一。因此要引导学生多参加户外运动;注意用眼卫生,不在过强、过暗或忽明忽暗的光线下看书;劳逸结合,连续用眼 40 分钟休息远眺 10 分钟等。

充足的睡眠是身体健康的重要保证,对于高职学生这个年龄段的人每天应保证 8～10 小时的睡眠。人体需要新陈代谢,而晚上进入深睡状态后是身体进行休整的重要时间段,一般来说,晚上 10 点半左右上床睡觉较为合理,这样在 11 点可进入深度睡眠,可以给身体充足的时间进行休整,也能保证第二天有充足的精力。如果有较多的功课,也应尽量保证晚上按时入睡,可以通过早起的方式来完成课业,再利用中午短暂午睡补充精力。

四、戒除不良嗜好

不良嗜好是指影响一个人的成长和进步、并让人沉迷于此的不良习惯,如抽烟、酗酒、暴力、沉迷网游、网恋、赌博、吸毒、黄毒等就可以说是不良嗜好。不良的嗜好会严重影响人的身心健康、生活方式甚至生命质量,必须下定决心去戒除。那如何戒除不良的嗜好呢?一是转移注意力。比如吸烟的想法很强烈时,赶紧去从事其他劳动或体育运动等,几分钟后这种想法就会慢慢淡化。二是用新的良好习惯去代替。培养一个有益身心的兴趣爱好,它就像良师益友,会让人慢慢与不良嗜好脱离关系。三是寻求亲朋好友帮助。当自己的意志力不能打败不良嗜好的时候,可以寻求亲朋好友的支持和帮助,让他们进行监督和管理。四是循序渐进地改变。有些习惯的养成是日积月累的结果,所以改变也是需要时间的。可以给自己树立小目标,不断品尝到成功的喜悦,从小目标慢慢实现大目标。五是找寻戒除的动力。多看多听自己的不良嗜好的危害性及毁灭性后果,触动了心灵,领悟明白了,就有了戒除的动力。六是适当奖励自己。戒除不良嗜好需要很大的勇气和毅力,让人脱胎换骨需要一定的磨砺。所以,在自己戒除不良嗜好之后，适当给自己一些奖励，让自己越来越好，始终坚持好的习惯。

五、保持积极心态

树立适当的人生追求目标和积极乐观的人生态度，始终保持一颗进取的心，提高道德修养，养成勤奋学习的好习惯，热爱生活，珍爱生命，用从容和自信面对挫折与困难，学会沟通与宣泄。

六、学习健康知识

知识是不断调整自己行为的指南针，只有懂得健康知识才能建立健康的生活方式。在当今知识不断更新的时代，只有注意不断学习新的健康知识，抵制迷信和各种错误信息的影响，才能使自己的生活方式更健康。

思考题

1. 高职学生的不良的生活习惯及危害有哪些？
2. 体育锻炼的基本原则是什么？
3. 人体所必需的营养素有哪些及主要来源？
4. 我国居民膳食指南(2022)的核心推荐内容是什么？
5. 高职学生实现健康饮食和行为应怎样做？

第五章

性与生殖健康

教学目标： 通过对性与生殖健康相关概念的阐述，学生对生殖系统、生育与避孕措施、性传播疾病防治等有比较清晰的认识，能够自觉树立正确的性道德理念，养成良好的性健康素质和行为习惯。

教学重点： 生殖健康教育的重点在于帮助受教育者了解生殖系统相关知识，树立健康的性意识和性道德观念，掌握性传播疾病的危害及防治措施，全面提高学生性健康素养。

教学难点： 高职学生生理发育已经成熟，但性知识和性意识发展相对滞后，性与生殖健康教育迫在眉睫，但因受传统观念影响，部分学生羞于提及性相关知识，导致学习效果不佳。本章的教学难点在于帮助学生扎实掌握性相关知识，树立正确的性意识和性道德，提高自身健康素养。

第一节 生殖系统的结构与功能

男人和女人身体的唯一重要差别，是生殖系统在解剖形态上的相互对应和生理功能上的分工配合、相辅相成。男性、女性生殖系统都分为内、外生殖器两部分（表 5-1），内生殖器主要位于盆腔内，外生殖器显露于体表。生殖系统的功能是繁殖后代和形成并保持第二性征。

表 5-1 生殖系统组成

器官		男性生殖系统	女性生殖系统
内生殖器	生殖腺	睾丸	卵巢
	生殖管道	附睾、输精管、射精管、尿道	输卵管、子宫、阴道
	附属腺	精囊腺、前列腺、尿道球腺	前庭大腺
外生殖器		阴囊、阴茎	女性外阴

一、男性生殖系统结构与功能

男性生殖系统包括男性内生殖器和男性外生殖器（图 5-1）。男性内生殖器包括睾丸、输精管道（附睾、输精管、射精管、尿道）和附属腺（精囊腺、前列腺、尿道球腺），男性外生殖器包括阴囊和阴茎。

男性生殖系统具有生殖（产生及运送精子、射精）和排尿的双重功能。男性生殖系统所产生的精液为乳白色、弱碱性液体，由精子、输精管道及附属腺的分泌物混合而成。男性每次射精量为 2～5 毫升，含精子 3 亿～5 亿个，没有受精的精子会死亡，被女性生殖道吸收、排出体外。

（一）睾丸和附睾

睾丸是男性的生殖腺，是产生精子和分泌雄激素的腺体。附睾是储存精子的器官，能够分泌附睾液营养精子，促进精子进一步成熟。

睾丸外形呈扁椭圆形，表面光滑，位于阴囊内，左右各一，对称分布。其上端被附睾头覆盖，后缘与附睾和输精管睾丸部相邻。每个睾丸小叶内有生精小管，生精小管在近睾丸纵隔时变为短而直的直精小管，直精小管出睾丸后进入附睾。附睾附于睾丸的上端和后缘，为上端膨大、下端狭细的新月状结构，附睾头部由睾丸输出小管盘曲而成，盘曲

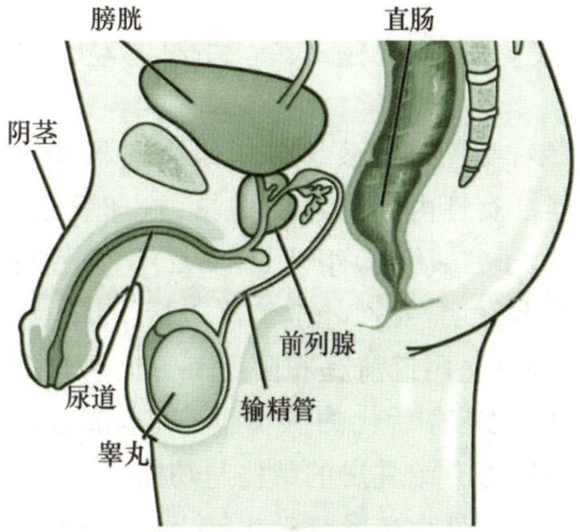

图 5-1 男性生殖系统

的输出小管向下延伸于附睾体部，并在附睾尾部返折移行，形成输精管。

(二)输精管与射精管

输精管和射精管具有运送精子、精液到男性尿道的作用。

输精管是附睾管的直接延续，起自附睾尾，沿睾丸和附睾上行至睾丸上端并移行为精索部(精索为一对质地柔软的圆索状结构，精索内主要有输精管、睾丸动脉、静脉丛、淋巴管、神经等成分)，精索部位置表浅，输精管结扎术常在此部位进行，继续延行至膀胱底处，膨大形成输精管壶腹。输精管壶腹下端与同侧精囊腺的排泄管汇合成射精管，射精管斜穿前列腺，开口于男性尿道。

(三)前列腺

前列腺具有分泌液体、参与精液组成、供给精子营养并有利于精子活动的功能。

前列腺是不成对的实质性器官，呈前后略扁的栗子形，前列腺位于膀胱与尿生殖膈之间。前列腺分泌的大量稀薄液体有助于刺激精子的运动。

(四)阴茎和男性尿道

阴茎和男性尿道具有排尿、排精双重功能。

阴茎固定于耻骨弓，藏于阴囊及会阴的皮肤深面。阴茎体悬垂于耻骨联合前下方，呈圆柱状，内有尿道通过。阴茎由阴茎海绵体和尿道海绵体构成，海绵体腔隙与血管相通，当其间充血时，阴茎即变粗、变硬而勃起；反之则变软、变细。阴茎头膨大，被阴茎包皮包绕(包绕阴茎的皮肤组织在阴茎颈处，向前返折游离为双层环形皱襞，包绕阴茎头，称阴茎包皮)，其上有尿道外口。男性尿道在结构上有三个狭窄部位，分别在尿道内口、膜部和尿道外口，尿道结石易嵌顿在这些狭窄部位。

男性阴茎包皮的发育应是逐渐后退的过程。幼儿时期的包皮较长，包绕整个阴茎头，包皮口较小，随着年龄的增长，包皮逐渐退缩，包皮口逐渐扩大；成年后，若包皮仍能盖住尿道外口，但能上翻露出尿道外口和阴茎头，称包皮过长，可造成包皮腔内存积污物，长期刺激阴茎头，引起阴茎炎，因此需行包皮环切术。

二、女性生殖系统结构与功能

女性生殖系统包括内生殖器与外生殖器。女性内生殖器由卵巢、输卵管道(输卵管、子宫、阴道)组成(图 5-2)。女性外生殖器即女阴，女性外生殖器包括阴阜、大阴唇、小阴唇、阴道前庭和阴蒂等。因乳房是分泌乳汁、哺育后代的腺体器官，本部分结尾处我们将介绍乳房的结构与功能。

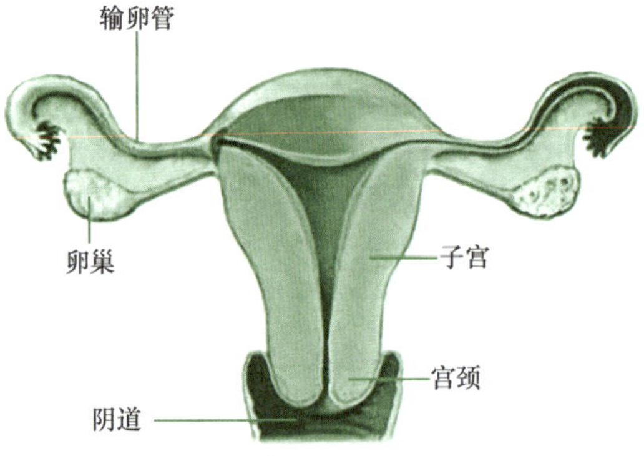

图 5-2 女性生殖系统

女性生殖系统是生产及运输卵子、孕育胚胎及生产胎儿的场所。卵子的运输及受精卵的输送过程为：卵巢产生的成熟卵子，经输卵管腹腔口进入输卵管，在输卵管内受精后移至子宫，植入子宫内膜，发育成胎儿。分娩时，胎儿由子宫颈口经阴道娩出。

(一)卵巢

卵巢是女性的生殖腺，左、右各一，位于盆腔内，位于髂内外动脉夹角处的卵巢窝内。卵巢有产生卵子及分泌雌激素和孕激素的功能，维持女性第二性征。

卵巢呈扁卵圆形，大小约为 4 厘米×3 厘米×1 厘米，重 5～6 克，分为内外两面、上下两端和前后两缘，卵巢上端接近输卵管伞端，卵巢下端借卵巢固有韧带连于子宫输卵管结合处后下方。卵巢的大小和形状随年龄增长呈现差异，幼女卵巢较小，表面光滑，性成熟期卵巢最大，多次排卵后，卵巢表面凹凸不平，绝经后卵巢逐渐萎缩。

卵子是在卵泡中生长发育的，卵巢周期性地进行排卵，排卵即为卵细胞和周围的卵丘、放射冠结构一起被排出的过程。排卵前卵泡的结构从外向内依次为卵泡外膜、卵泡内膜、颗粒细胞、卵泡腔(腔内充满大量的卵泡液和激素)、卵丘(卵细胞藏于其中)、放射冠(围绕卵细胞的一层颗粒细胞，呈放射状排列)、透明带(在放射冠与卵细胞之间的一层透明薄膜)。

(二)输卵管

输卵管是一对细长弯曲的肌性管道，是输送卵细胞及卵子与精子结合的部位。

输卵管藏于盆腔子宫阔韧带上缘内，外端游离，开口于腹膜腔，卵巢排出的卵子由此进入输卵管，内端连于子宫腔。输卵管壶腹部约占输卵管全长的 2/3，管径粗而较弯曲，管壁薄，卵子通常在此段受精，若受精卵未能移入子宫而在输卵管内发育，称为输卵管妊娠，为宫外孕的一种类型；输卵管伞部为输卵管的外侧缘，游离于腹腔，外形膨大似漏斗，游离缘有许多指状突起，称输卵管伞，盖在卵巢表面，有“拾卵”作用。

(三)子宫

子宫是产生月经、孕育胚胎和胎儿的场所，也是精子到达输卵管的通道。

成人子宫未孕时呈前后略扁的倒置梨形，子宫从上到下分为底、体、峡和颈 4 部分。子宫底是上端圆凸的部分，子宫体上接子宫底，下续子宫颈。子宫颈是子宫下端狭窄的圆柱状部分，其下段 1/3 伸入阴道的部分称子宫颈阴道部，子宫颈是恶性肿瘤好发的部位。子宫腔呈倒三角形，其上端两侧有输卵管的开口；子宫颈管是子宫颈内的梭形腔隙，向上连于子宫腔，向下通于阴道。未产妇的子宫颈口为圆形，边缘整齐光滑，经产妇为横裂状。

子宫的大小和形态随着女性年龄的增长而变化，新生儿子宫高于小骨盆上口，子宫颈较子宫体长，宫体和宫颈的比例为 1:2；性成熟期，子宫体发育较成熟，宫体和宫颈的比例为 2:1；绝经期后，子宫萎缩变小，宫体和宫颈的比例为 1:1。

(四)阴道

阴道壁富有伸展性，是射精、排出月经、娩出胎儿的通道。

阴道分为前、后壁和上、下端。前壁较短，后壁较长。阴道上端较宽大，包绕子宫颈阴道部，并在子宫颈周围形成环行凹陷，阴道的下端较窄，以阴道口开口于阴道前庭。处女膜破裂后，阴道口周围有处女膜痕。

（五）女阴

女阴即为女性外阴器官，包括阴阜、大阴唇、小阴唇和阴蒂。

阴阜是位于耻骨联合前面的皮肤隆起，皮下脂肪较丰富。性成熟后，皮肤表面生有阴毛，呈倒三角形分布，阴毛的粗细、疏密、色泽因人或种族而异。

大阴唇是一对纵行隆起的皮肤皱襞，起自阴阜，止于会阴。大阴唇皮下结缔组织疏松，含丰富的血管，外伤后易出血形成血肿。

小阴唇是位于大阴唇的内侧，是一对前后纵行较薄的皮肤皱襞，表面湿润、褐色、无毛，富含神经末梢，是性兴奋敏感部位。小阴唇向前包绕阴蒂，形成阴蒂包皮和阴蒂系带。

阴蒂位于两侧小阴唇顶端下方，由两条阴蒂海绵体构成，类似男性的阴茎海绵体，可勃起，富含神经末梢，极敏感。

（六）乳房

乳房为哺乳动物及人类特有腺体，人的乳房男性不发达，女性在青春期后开始生长发育，体积增大，妊娠和哺乳期的乳房腺体迅速发育并分泌乳汁。

乳房位于胸前部，胸大肌和胸肌筋膜的表面。成年女性乳房呈半球形，紧张而有弹性，乳房的中央有乳头，乳头顶端有输乳管开口，乳头周围有色素较深的皮肤环形区称乳晕。乳头和乳晕的皮肤薄弱，哺乳期容易损伤而造成感染。乳房的表面覆盖皮肤，内部主要由乳腺和脂肪组织构成。乳腺组织被脂肪组织分隔成囊状乳腺叶，乳腺叶有输乳管，开口于乳头表面的输乳孔。

第二节　生育与避孕

一、生育

我们每个人都是在浑然不知中来到人世间，从我们出生落地的时刻起，我们今后的外貌、身高、音色、对哪种疾病易感、甚至脾气秉性等都基本已成定式，这其中主要是基因在起作用，那么基因是如何遗传给我们的？了解了遗传的方式，我们能更好地实现优生优育，有计划地生育，避免在没有做好准备时意外怀孕。

（一）性染色体和胎儿性别

每个新生命都携带来自父母双方的遗传基因，常染色体决定新生命的头发和眼睛虹膜颜色、身材的高矮，以至于神经类型、性格特征等所有方面。性染色体的主要功能是把决定性别的遗传信息传递给不断增殖的胚胎细胞，特别要传递到一组特殊的细胞群，根据性别遗传密码，它们将发育成为男、女的生殖腺器官——睾丸/卵巢。附属生殖器官的发育分化取决于睾丸雄激素的影响，不受性染色体的控制。当胎儿的主性器官分化为睾丸时，那胎儿在睾丸分泌的雄激素的影响下，相应胚胎组织发育成男性生殖管道和外生殖器；如果胎儿的主性器官分化为卵巢，因无雄激素的作用，相应胚胎组织就发育成女性生殖管道和外生殖器。

男女的性别是在受精时确定的，其决定因素在于进入卵子的那个精子携带的性染色体类型。在人体的 23 对染色体中，有 22 对常染色体，1 对性染色体，男女的性染色体分别是 XY 和 XX，即男性为 44 + XY，女性为 44 + XX。在精子的生成过程中，生成数量相等的两种含不同性染色体的精子 22 + Y 和 22 + X；而卵母细胞经过分裂只能生成含一种性染色体的卵子 22 + X。在受精过程中，如果与卵子结合的精子是 22 + Y，受精卵的染色体就是 44 + XY，即为男性；如果与卵子结合的精子是 22 + X，受精卵的染色体就是 44 + XX，即为女性，所以新生儿的性别是偶然随机事件。

(二)受精卵的形成

我们每个人都是由精子、卵子受精结合而成的受精卵发育而成的。精子、卵子所携带的染色体通过基因重组的方式生成新的子代细胞，新的子代细胞进一步发育成胚胎、胎儿。

卵子的产生始于女性胎儿时期，女性胎儿未出生之前，其卵巢中卵子的数量就已经恒定，刚出生时大约有 200 万个卵子，到青春期时剩余约 30 万个卵子，性成熟以后，每次月经周期开始时，大约有 20 颗卵子得到指令开始发育，但一般只有 1 颗卵子被选为优势卵泡，发育成熟并被排出卵巢，通过输卵管伞端的"拾卵"作用拾入输卵管，其余卵子自行退化后被卵巢吸收。排出的这颗卵子若没有机会受精，于 1 天内死亡。而精子的产生是从青春期才开始的，生产不间断，排出后随时补充。正常成年男性一次射精有 3 亿～5 亿个精子，精子主要靠尾巴的摆动在女性生殖管道中"游泳"前行，并在此过程中获能(解除限制，获得使卵子受精的能力)，只有最强壮的 300～500 个精子能够经过数小时的跋涉到达卵子等待的地点——输卵管壶腹部，最终只有 1 个精子可以与卵子结合。精子的受精能力可维持 1 天，如未能受精，2～3 天后，这些精子不再存活。

精子与卵子又称配子，它们各自都只有 23 条染色体，正好为体细胞染色体含量的一半，分别携带来自父亲或母亲的遗传信息。在它们融合成为受精卵的过程中，双方的染色体发生联会与交换，遗传物质重新组合，染色体在数目上恢复为 46 条，在遗传特性上有所取舍，使新的生命个体具有某些不同于双亲的特异性。卵子进入输卵管内后，在输卵管内等待与精子的相遇，只有最先接触卵子细胞膜的精子才能与卵子细胞膜相互融合，精子的细胞核和细胞质迅速进入卵子内，与此同时卵细胞的膜结构立刻发生变化，阻止其他精子进入卵子，从而保证只有 1 颗精子的遗传物质进入卵细胞内。卵子一旦受精，即标志着新生命的开启，一段新的生命历程即将拉开序幕。受精后的胚胎如果染色体结构或数目有异常，会启动自动凋亡机制，发生自然流产，这种优胜劣汰的自然选择过程，是人类择优生殖从而能够生生不息、繁荣昌盛的根本原因。新生子代个体几乎在所有方面都融合了父母双方的特点。

从精子、卵子结合成受精卵到胎儿正常出生，人类的妊娠期约为 280 天(40 周、9 个半月)，在此期间，由 1 个细胞(受精卵)增殖分化为亿万个细胞。在基因的调控下，经过内、中、外胚层细胞的分化，按照既定的规律和顺序生成人体所有的组织和器官，作为新生命的硬件设施已具备；在神经-内分泌系统的作用下，各组织、器官能够正常运行，相互协调，保证新生命能够适应外界自然环境，健康存活，实现种族的繁衍生息。

二、避孕

计划生育是我国的基本国策，这项国策是从我国的基本国情出发，结合我国资源、经济、社会情况而制定的，有利于我国控制人口数量，提高人口素质。实施计划生育，以避孕为主。避孕是指用科学的方法，在不影响正常性生活和身心健康的前提下，通过药物、器具、利用妇女的生殖生理自然规律、绝育等方式，使妇女暂时不受孕。目前常用的避孕方法有：①药物避孕；②工具避孕；③自然安全期避孕；④绝育。

避孕的原理主要是利用科学的手段来阻断或干扰受孕过程中的环节，避免怀孕，防止生育。主要通过3种途径来实现：

(1)阻止精子与卵子结合：如安全套、阴道隔膜、体外排精、安全期避孕、外用避孕药、绝育手术等；

(2)阻止胚泡植入子宫内膜：如宫内节育器；

(3)抑制精子和卵子的产生：如长、短效避孕药物。

(一)药物避孕

药物避孕是指应用甾体激素达到避孕的目的，主要由人工合成的雌、孕激素配伍组成。

目前的避孕药物一般为女用避孕药物，应用人工合成的雌激素、孕激素复方制剂人为干预卵巢活动周期，抑制其排卵，干扰精子、卵子受精及受精卵着床，以实现避孕。避孕药物的作用机理主要是：抑制卵巢排卵；抑制子宫内膜的增生，使之不适于胚泡植入；使宫颈黏液黏稠度增加，不利于精子穿透。避孕药物可导致女性心血管疾病的发生，经过多年的改进，新一代口服避孕药的副作用已经很小，其中的激素含量大幅度降低，人性化的设计配方还使得避孕药可以降低很多并发症(如经血量过多、骨质疏松)的发病率。

按照避孕药物的使用方法，可以分为口服避孕药物和非口服避孕药物。非口服避孕药按照使用方式，主要分为肌内注射、皮下注射、皮下埋置等。

(二)工具避孕

1. 安全套

男用安全套非常简便易用，几乎没有使用禁忌，并且可以阻断性病、艾滋病的传播，因而被广泛采用。若能正确使用，避孕的失败率仅为1%～3%，但实际使用中的失败率却高达10%～15%，关键是用法上的问题。安全套的质量、保管方法也很重要。

女用安全套已在国外上市，使用效果优于男用安全套，但价格较贵，尚未广泛应用。

2. 宫内节育器

宫内节育器是一种长效宫内避孕药，已经生育且不计划怀孕的妇女可在子宫腔内长期放置宫内节育器，俗称为“放环”，其避孕原理是改变宫腔内环境，使子宫内膜与胚泡发育不同步，阻止胚泡植入子宫，起到避孕的作用。含铜宫内节育器还可释放铜离子，对精子和胚泡都有杀伤作用。

含孕激素的T形节育器(曼月乐)是一种宫内节育系统,可长期少量释放孕激素,使子宫内膜萎缩,具有极高的避孕效果,副作用较小,能减少经血量,有效期可达5年。

(三)安全期避孕

安全期避孕又称自然避孕法,是避免在卵巢排卵前后进行性生活,使精子和卵子错过相遇时机以实现无工具避孕的方法。精子在女性生殖管道中受精能力只能维持1天,卵子也只能存活1天。理论上具有正常月经周期的妇女,在下次月经来潮前的第14天为排卵日,因此排卵前3天及后2天为易怀孕期,其余时间为安全期。但由于许多女性的月经周期并不是非常规律,实际排卵时间常会受各种因素(外界环境、情绪、健康状况等)的影响而发生提前或滞后,因此安全期避孕的失败率较高,安全期避孕十分不可靠,不宜推广。

(四)绝育

绝育手术指通过手术的方法达到永久不生育的目的,包括男性和女性绝育手术。男性绝育手术主要为双侧输精管结扎术,女性绝育手术主要包括输卵管结扎术和输卵管切除术。

其他避孕方法还有体外排精法、阴道避孕环等,不再赘述。

如果避孕失败,可以采取补救措施进行人工流产和引产。

第三节　性道德与婚前性行为

一、性道德

(一)性道德的概念

性道德是指人类调整两性性行为的社会规范的总和。为了维持社会秩序的稳定,保证社会生活的正常进行,需要用这种规范来约束人们的性行为。性道德主要集中地表现在家庭婚姻道德领域,其内容较广,从恋爱到结婚、生育、抚养后代,经过漫长的岁月,需要有一种维护家庭、忠贞配偶、繁衍后代、白头偕老的信念和意志。一味追求性行为的新奇感等某些不利于恪守性道德的行为,是遵循性道德、家庭婚姻道德的最大危险。

作为一种道德现象,性道德不仅表现为一定的观念、情感、思想,而且体现在具体行为和各种活动之中。因此,通常可以把性道德的内容概括为:一个核心——性道德规范,三个性道德范畴——爱情观、贞操观和生育观,三种性道德关系——婚前性关系、夫妻性关系和婚外性关系,以及一个外部条件——性环境道德。

(二)性道德的规范

(1)双方自愿原则。自愿是以不违反社会公德为前提的。

(2)无伤原则。不伤自己,不伤对方,不伤后代,不造成精神污染。

(3)爱的原则。躯体感受与心理感受有机融合。

(4)婚姻缔约原则。世界上很多文化都把婚姻视为进行性活动的唯一条件。

(5)科学计划生育原则。

(6)性禁忌原则。某些遗传病及家庭伦理道德都有性禁忌要求。

制约性道德的手段除法律手段之外,最主要的是依靠传统美德教育,包括羞耻感、义务感、责任感、良心感、公德感及贞洁感。道德约束下的性与爱,追求人类高层次需求的性与爱,才会是一首优美的诗,一幅迷人的画,一首醉人的歌,一杯甘美的琼浆,是人生旅途上的一段美好时光。

(三)性道德范畴

1. 爱情观

爱情是男女之间发自内心的相互爱慕并渴望对方成为终身伴侣的感情。性的吸引是爱情产生的自然前提。但爱情和性欲又有质的区别,爱情是人的一种社会感情,单纯的性欲只是动物的本能。现代的性爱同古代的爱有着根本的不同:第一,它以互爱为前提,妇女处于同男子平等的地位;而古代的爱情则不一定都要征得妇女同意。第二,情爱常常达到强烈和持久的程度,如果不能结合而彼此分离,对双方都是难以接受的不幸。爱情的特征表现为:①对等性。双方以互爱为前提,情投意合,互相给予。②专一性和排他性。爱情是一个男子与一个女子的爱慕关系,不允许第三者介入,因而是排他的。③持久性。爱情是持久的感情生活,要求双方忠贞不渝,经得起人生道路上种种磨难的考验。

对待爱情的态度,反映出一个人的精神面貌和道德品质。一个有道德有修养的人应当树立正确的爱情观:①事业高于爱情。没有事业的爱情是空虚的。事业和爱情并不矛盾,处理得当可以相得益彰。爱情只是生活的一部分,不是生活的目的,人生最崇高、最重要的是事业。因此,必须坚持事业高于爱情,自觉做到爱情服从事业,而对事业的执着追求也会促进爱情。②尊重对方自愿选择的权利。男女双方在从恋爱到结婚组成家庭的过程中,要通过合乎道德的方式求得相互了解,必须尊重对方自愿选择的权利,任何强迫、威胁、欺骗的手段都是不道德的。③坚贞专一。这是爱情生活最重要的原则。恋爱双方要互相忠诚,互相信守,不可见异思迁。④负责与自重。恋爱过程中,应该用符合道德要求的方式表达互相爱慕的感情,理智地驾驭自己的行为。恋爱期间,双方都应保持贞操,自尊自重,也应互相尊重对方。

2. 贞操观

指男女双方对爱情坚贞不渝的节操,是人类生存发展需要的历史性产物,也是对男女双方共同要求的一种美德。现代贞操观不反对爱人死后再娶或再嫁,不认为这是对以前爱情的不忠,恰恰相反,应该受到国家法律的保护。贞操观应该包括两个方面的内容:①婚姻的缔结必须以爱情为基础,确认彼此具有共同的生活理想和志趣,具有共同生活的人格特征;确认婚后能自觉承担相应的义务和责任,能给双方带来精神上的愉快和生活上的美满。婚姻双方自觉维护建立在这种基础上的婚姻便是贞洁和合乎道德的。如果缺乏爱情基础，而仅仅是基于金钱、地位、外貌而结合，则是不贞洁的，缺乏生命力的。只有以爱情为基础的结合，才有肉体接近的权力。②贞操是双方对等的，并应经得起时间的考验。现代贞操观结束了古代对女性的片面约束，成为对男女双方的共同要求，彼此要以正确的人生观对待两性关系，珍视和保持各自的贞洁，提倡两性关系的严肃性和对爱情的忠贞不二。婚后不见异思迁，共同承担家庭责任，是互尊互爱，互谅互让，互相体贴，保持婚姻美满的基础。贞操观对维护家庭的幸福、培育子女、净化社会风气、保持社会安定，建设健康文明的社会，具有重要意义。

3. 生育观

指对于人类生殖和养育问题的总的观念。生育观，一方面是经济基础的反映，另一方面又表明了人类自身生产是社会生产的一部分，对于社会发展有着重要意义。当代中国生育观要求把生育的权利与义务统一起来，把生育的意愿同对社会、后代的责任统一起来。具体包括：①从社会整体利益出发，树立"生育为公"的道德观念，要求生育者以社会的利益和要求作为生育动机，避免把生育单纯当作实现个人或家庭目的的手段。"生育为公"的道德观反映了中国社会的社会主义性质。社会主义条件下的人口再生产，从形式上看，生育活动是在每个家庭内部进行；从内容上说，所生育的子女绝不是个人的私有财产，而是关系到国计民生的大问题。"生育为公"的道德观是通过生育目的、生育动机和生育的结果反映出来的。②计划生育、优生优育是生育道德的行为规范。计划生育和优生优育是中国的基本国策，目的是控制人口数量，提高人口质量，使人口的发展同物质资料的生产相适应。计划生育是运用科学的方法来控制生育的时间和密度，以达到有计划地生育子女。具体内容包括：提倡适龄婚育，一对夫妻可以生育三个子女。优生优育是采取人为措施，使出生的儿童具有优良的遗传素质，同时进行科学养育，以提高人口质量。计划生育、优生优育的道德规范对夫妻的性生活提出了相应要求：首先，要求人们接受避孕的道德观念和行为；其次，为了达到优生优育的目的，需要夫妻间性生活文明、科学与和谐。③坚持晚婚晚育是中国当代生育道德的一个重要内容。医学研究表明，青年人生理上的成熟，一般在23～25岁。如果过早结婚和生育，由于生理发育尚未成熟，不仅影响个人的身体发育和健康，同时也会影响下一代的健康成长。农村早婚早育、"早生儿子早得福"是生育为己的封建道德观念。要从科学道理上认清，早婚早育不仅有害于身体发育和健康，而且不利于后代的优生优育，影响国家现代化进程，这是当代中国生育道德所不允许的。

（四）性道德关系

性道德关系是性社会关系的特定形式，它建立在一定利益和义务的基础之上，并以一定的性道德规范形式表现出来的人与人之间的性关系。包括婚前性关系、夫妻性关系和婚外性关系。

1. 婚前性关系

指未婚男女的性交行为。恋爱是婚前男女双方培育爱情的过程。恋爱者虽只是两个人，但恋爱绝不仅仅是个人的事情，它涉及他人和社会，因此存在社会责任。恋爱的道德要求是：①注重双方的品德、情操和志同道合。在选择情侣时，需要考虑到性格、爱好、经济收入等，但是品德、情操和志同道合始终是爱情纯洁、持久的重要基础。②尊重对方情感，平等履行义务。恋爱关系的建立必须出于双方共同的意愿，双方应处于完全平等的地位，任何一方都不能强迫或诱骗另一方接受自己的爱。同样,任何一方也不要违心地去勉强爱一个自己不中意的人。双方一旦确定爱情关系,就要对等地共同承担这一关系所包涵的全部义务。③坦诚相待,长期考验,忠贞专一。从确定恋爱关系到结婚之前,彼此之间还要有一个全面了解的过程,要坦诚相待,经得起时间的考验,双方必须忠贞专一,不能同时有其他情侣,或轻率地转移爱情。即使发现对方不宜和自己共同生活,也应当通过正当方式与对方中断爱情关系后,才能再去选择新的情侣。④高尚的情趣和健康交往。爱情关系确定后,双方在加深交往过程中必须以理智驾驭情感,切忌性冲动超出社会道德规范。

2. 夫妻性关系

指合法夫妻之间的正常性生活。要保持夫妻间性关系的和谐,双方必须恪守一定的道德要求:①平等与自愿。男女平等体现在夫妻性生活中应有同样的权利与义务。不论是丈夫还是妻子,既有主动要求与对方过性生活的权利,又有尽可能满足对方性要求的义务和责任。平等的权利与义务就要排斥“占有观念”,决不是谁占有谁、谁服从谁,而是双方在人格和感情上完全处于平等地位。性生活是夫妻双方在自愿基础上进行的,违反自愿的原则是不道德的。②尊重与体谅。夫妻性生活的和谐离不开互相尊重,互相体谅。首先,丈夫要尊重体谅妻子,在性生活可能危害妻子生理或心理健康时,不要勉强或强迫妻子过性生活。其次,妻子要尊重和体谅丈夫,了解丈夫的情感和需要,注意调适自己,努力使自己的性意向与丈夫一致,通情达理地对待和满足丈夫的合理要求。在性生活问题上,大男子主义不对,大女子主义同样也有害于夫妻感情。③互相忠诚。忠诚是指在有人或无人监督的情况下,不背叛、不亵渎另一方的感情,不对妻子或丈夫以外的人滥用情感。夫妻双方彼此忠诚,是保持和发展爱情、促使性生活和谐的道德基础。

3. 婚外性关系

这是指已经缔结法定婚姻关系中的一方与婚外另一异性发生性关系的行为。中国的婚姻法律已在客观上为爱情与婚姻的统一创造了基本条件。《婚姻法》不仅给予人们自由结婚的权利,也赋予了人们离婚的自由,这就最大限度地防止了“没有爱情却必须同床异梦”和“有情人却不能结成眷属”的状况发生,但这并不能防止出现婚外性行为。现实生活中,由于社会环境、当事者的思想意识和道德水平等原因,婚外恋还会不断出现。婚外恋大多发生在以下情况中:①以金钱、地位、权势或名誉为基础的婚姻。②夫妻感情在婚后趋于淡化和破裂的婚姻。③缺少道德品质修养的婚姻。④性生活不和谐的婚姻。

导致婚外性关系的原因既有金钱、名利等因素,也有感情因素,但主要取决于当事者的道德观念。中华民族优良传统的性文明否定婚外性关系,其理由是:①婚外性关系使性与婚姻、爱情与婚姻分离,这种分离使当事者有可能逃避与性行为相关的社会责任,不论对家庭、配偶,还是对婚外性对象,都是不负责任的行为。②婚外性关系违背夫妻忠诚的规范,是对配偶人格的不尊重,伤害夫妻感情,使夫妻关系名存实亡,是不道德的行为。③婚外性关系会使婚外性对象陷入生活困境,主要对其婚姻和家庭发生重大的不利影响,带来种种烦恼、痛苦和不幸,将会破坏对方的夫妻关系,严重的会使对方家庭破裂。④婚外性关系违反了道德自律原则,使自己的心灵深处蒙上不光彩的阴影,要付出道德代价。一旦被揭露,会招致当事人和婚外性对象身败名裂,给家庭、事业都带来严重影响,对子女的成长发育也是十分不利的。

(五)性环境道德

对影响和制约人类性行为的各种环境的道德评价和道德要求。性环境指影响和制约人类性行为的自然及社会的客观环境。在现实生活中,尤其是当前受西方生活方式的影响,由于性本能对社会约束的抗拒,不可避免地会出现性环境污染。所谓性环境污染是指在影响人类性行为的客观环境中,混入了不符合性道德要求的成分。如观念上的性环境污染主要是受西方"性解放""性自由"的影响;文化上的性环境污染是黄色文化;经济上的性环境污染是商品经济渗透到两性关系中,把严肃的两性关系变成了商品关系。性环境污染破坏了两性关系的合理秩序和性道德的纯洁性,也威胁着人类生存的健康环境和社会的安定团结,特别是严重影响着青少年的健康成长。因此,加强性道德教育首先要从改造性环境道德入手:①改造家庭性环境道德。个人的性道德观念的形成,首先是通过父母教育和对父母行为的模仿,父母性道德观念是否高尚,对子女有着潜移默化的影响。父母在子女面前要防止轻佻的性举止,性生活也要回避子女,要杜绝婚外性关系。良好的家庭生活环境和夫妻间的和谐关系,对子女健康的性道德形成具有重要意义。②改造性社会环境。性社会环境主要是社会治安、社会舆论和社会教育环境。对符合中华民族优良性道德的行为应给予鼓励,对违反性道德的行为必须予以惩戒。性道德教育需要社会舆论和社会教育的支持,并以法律的强制力量为依托,以正确的道德评价和教育为社会舆论导向,形成一种合力,才能净化社会风气。③改造性文化环境。文化是人类性行为的重要诱导因素,文化环境的好坏直接影响性道德实践,尤其对青少年的道德行为有着举足轻重的影响。因此,新闻、文化工作者要树立良好的性道德观念,具有高度的社会责任感,要禁止出版色情淫秽出版物,严厉打击色情淫秽出版物的作者、出版者、贩卖者。同时要推进全社会的健康文明的性教育,特别要重视青少年的学校性健康教育。

(六)性道德的功能

性道德是社会道德的一个重要组成部分。性道德是在社会生活中形成的,是对性行为的规范。人们根据这些规范,判断性行为的好与坏、对与错、善与恶;也就是说,对人的性行为做出道德判断。

1. 控制功能

控制功能是指社会对性行为的软控制。所谓的"软",是相对于法律而言的,即非强制性实施;所谓"控制",是通过社会舆论形成社会压力,以达到约束、制止不良性行为的目的。

2. 调节功能

调节功能是指通过性道德的文明典范,引导社会人群在性行为方面,更加人性化、文明化。调整和引导人们的性行为,提高社会人群性关系的文明水平。

(七)性道德的特点

1. 多样性

不同社会文化、民族和地域的不同,道德评价可能相差甚远。为此,性道德更表现出他的多样性。人类历史上的性文化分为三大类:反性欲文化、亲性欲文化和中间性文化。反性欲文化将性行为看作是罪恶,亲性欲文化放纵性行为,对风流事加以鼓励,中间性文化是选择地制止不良性行为。

2. 一致性

人类的大多数群体，是把人的性行为限制在婚姻范围之内，这一点在全人类具有共同性。显然，这不但有利于种族延续，而且有利于财产的继承。

3. 继承性

人类在进化的进程中，总是将有利于自身发展的风格一代代保留下来，性的道德继承就是这一性质的继承。随着时代的发展，以人类自身发展的利益为参照系，决定保留和剔除哪些习俗行为。

4. 双重性

(1)理想期待与现实行为的脱节：理想化的性行为的控制和期待，提出有利于社会和人群的性行为标准，告诉人们怎么做。而在现实中，人们的行为并不是总是那么进行，人们有自己的参照系，参照点是怎样方便自己。

(2)不管是旧时代文化还是主流文化，即使在现代社会，男女性道德评判不一致也依然存在。

(八)违背性道德的行为

1. 性骚扰

性骚扰指以性欲为出发点的骚扰，一个人利用自己的权势、地位、职务、交往之便，或以某种利诱或威胁为要挟，对异性实施性侵扰，包括违反对方意志的抚摸、碰触，浪言风语地挑逗，淫秽猥亵的言论和要求，以及企图发生性关系等。

2. 婚外恋

婚外恋可分为两种情况：一种是自己已有配偶，但行为上追求配偶以外的已婚或未婚异性，或接受婚姻之外的已婚或未婚异性的追求；另一种是自己尚未婚配，行为上追求已婚异性或接受已婚异性的追求。不论哪一种情况，人们普遍认为婚外恋伤害了夫妻感情，对家庭制度构成威胁，是一种社会不安定因素。

二、婚前性行为

(一)婚前性行为的概念

婚前性行为是指在未履行结婚登记手续的情况下发生的非单方面性行为。

婚前性行为的特点是双方自愿进行，不存在暴力逼迫；没有法律保证，不存在夫妻之间应有的义务和责任；容易产生一些纠纷和严重后果。

(二)社会现状

2020 年，由中国计划生育协会、中国青年网络、清华大学公共健康研究中心共同发起实施的“全国大学生性与生殖健康调查”报告显示，88.5%的大学生表示可以理解或者接受婚前性行为，这一数据的比例较2012年的调查有了显著提高。然而，因为现代社会中婚前性行为常和其他问题如意外怀孕、性疾病的传播等有错综复杂的联系，所以无论时代如何变迁，审慎对待婚前性行为才是正确的态度。

性科学研究按照性欲满足程度的分类标准，将人类性行为划分为3种类型：一是核心性性行为，即两性性行为；二是边缘性性行为，如接吻、拥抱、爱抚等；三是另类性行为。

婚前性行为属第一种范畴，它是指男女双方在恋爱期间发生的性交行为。在中国，没有任何法律禁止婚前性行为，但是婚前性行为是被道德保守主义者反对的。从调查数据来看，仅有11.46%的大学生表示反对或不能接受婚前性行为；23.96%的人表示可以理解同学这么做，但自己不会接受；64.58%的人则认为，只要真心相爱，婚前性行为可以接受，无须指责。因此，就大多数人而言，婚前性行为是得到认可的、宽容的，在道德之路上应为婚前性行为亮绿灯。

(三)产生原因

1. 婚前性行为产生的主观因素

(1)恋爱中双方过于亲昵无法抑制性的冲动；

(2)恋爱期间一方恐怕另一方变心，有意造成性关系的事实以便达到与另一方结婚之目的；

(3)青少年出于好奇心和性体验心理；

(4)要求结婚但不符合法定条件便先同居而后登记。

2. 婚前性行为产生的主要社会原因

(1)人性的解放、婚姻观念的改变、避孕用品的发展使社会对婚前性行为较前宽容多了，青少年男女对于性关系发生的担心和顾虑大大减少；

(2)大众文化传播媒介过多渲染情爱，对青少年的性刺激大为增强；

(3)性成熟期提前、性欲望的实现与婚龄到来之间有一个较长的等待期，使性生活提前成为可能；

(4)社会的都市化，家庭在青少年进入社会的过程中的重要性下降；

(5)性价值、性道德教育远远跟不上社会发展的需要，社会对性行为的监督弱化。

(四)婚前性行为的危害

反对婚前性行为的人群认为，婚前性行为破坏了传统道德使婚姻家庭关系的基石受到破坏。具体有以下几种观点。

1. 受害者理论

婚前性行为的发起者大多数是男性而直接的受害者却是女性。有婚前性行为的女性不仅受到社会舆论的压力，且受到男性精神上的打击。当男方知晓女方有这类问题时恋爱关系常被立即中止或使婚姻关系严重恶化。这是很多年轻男女反对婚前性行为的主要理论。

2. 影响了人际关系

在性行为上的松弛往往造成对婚姻采取轻率态度，一些婚姻关系被“露水夫妻”所代替，即使结婚以后也会隐藏危机。如有的因有婚前性行为，婚后夫妻间互相猜疑，怀疑对方另有外遇；也有的婚前有性行为，婚后恶习不改另求新欢造成家庭的破裂。

3. 造成女方心理上的压力

女方常感受到各种压力和指责产生自卑心理，如果与婚前发生性行为的男子结婚，随着时间的流逝女方的心理会逐渐平静。如果怀孕以后又被抛弃，对她的一生则可产生重大影响，心里留下一片永远抹不去的阴云和创伤，她可能对男性产生敌意选择独身主义；或者改变自己的道德观价值观而“破罐子破摔”；或者以自杀逃避现实；或者仓促与他人结婚以遮丑。

4. 给生育带来问题

有的因为多次流产造成终身不育，即使今后生育也易于发生产科并发症。一些因为婚前性行为造成非婚所生子女受到社会歧视也给社会带来沉重的包袱。但这是不使用避孕措施所带来的结果，和婚前性行为无直接关系。

5. 不能协调性关系

许多事实证明，婚前同居者并未在家庭生活中显示出优越性。婚前同居往往只有性关系没有经济和其他方面的关系，因此这种关系并不稳定，同时也会出现另一个极端的变化。原来恋爱双方相互平等、自由选择的关系被婚前性关系所破坏，男方认为女方再也离不开自己，故对其态度随便、任意支配。相反女方则因委身于对方害怕或担心男方变心，故对其一再迁就、容忍，即使男方有较大缺点也不得不将就成婚，有些人更是因怀孕而完婚，并非出于两人的真正爱情，婚后难免不发生悲剧。

此外，婚前性行为多因未经过身体检查很容易传染疾病，殃及双方及下一代的健康，且不能受到法律保护，给有些坏人以恋爱为名而行玩弄女性之实以可乘之机。

（五）产生婚前性行为的心理分析

1. 性自由心理

随着西方文化思潮的涌入，冲击了我国有着很深文化积淀的传统性道德。有些青年人盲目崇尚西方的种种性自由观念，想冲破所谓传统性道德观念的自我意识非常强烈。导致很多男女追求性自由，满足自己的性欲望。

2. 性好奇心理

在当今文化环境中，性已渐渐撕去了遮遮掩掩的面纱。中国毕竟是一个传统的国家，对于性教育方面还很缺乏，许多书籍刊物偏重于性器官、性生活内容的介绍，性心理、性道德教育贫乏，加之影视中性审美镜头的增多，以及马路、大街上搂腰搭肩，抑或拥抱、接吻现象时时会映入眼帘，导致很多人对性既有一些了解，但是又不深刻与客观，从而激发了他们的性好奇心理。

3. 爱与性结合心理

社会进入高层次、快节奏、多色彩时期，生活方式在改变，恋爱方式也在变。有些青年错误地认为，新时代的示爱方式就是动辄发生性关系。有的女青年说：“常规的爱不完整。真正的爱，应该体现出博大。既然爱他，那我什么都可以给他。”“爱就该给被爱者自由，何必等到结婚以后。”“已经是新时代了，含情脉脉没意思，我要走在历史的前面”，等等。在追新潮的心理支配下，他们很快从初恋进入热恋，由边缘性性行为上升到核心性性行为。如痴如醉地拥抱、亲吻、爱抚激发起性生理本能的强烈冲动，理智已难以抵御性冲动。

4. 感激付出心理

虽然很多人也懂得贞操十分重要，绝不应该轻易奉献，但在对方倾慕爱恋之情的不断激荡下，便坚守不住防线。有的或因对方对自己殷勤倍加，在学习、生活上给自己以极大地帮助，或因对方为自己亲属解决了许多困难而作出了很大的牺牲，常常感到余心不安，加报感激之情油然而生。当对方提出性要求时，担心拒绝会伤害对方的心，于是把满足对方的性要求当作感激对方深情厚意的回报。

5. 用性增强感情

有的人把“性”作为衡量爱情的尺码，认为只有性方能维持爱情、发展爱情。有的认为，婚前发生性关系是恋爱的程序化要求，必经之路，提早发生可以早日确定关系，使爱情升级、深化，加固双方凝聚力。在这种性爱观念的支配下，过快地献出了自己的全部。

6. 增加安全感

有的人感到对方符合自己的择偶条件，是理想中的“美女”，一见钟情，大有“过了这村没有这店”之感触，在恋爱过程中表现主动。然而，对于有些人来讲，对方越主动，反而自视过高，甚至产生对对方不放心的担忧感，过于谨慎起来，态度模棱两可。

为了表示自己的真诚，有的人便急匆匆以身相许，有的为了不被对方抛弃，也采取了这种所谓“能拴住对方心”“以性锁情”的既不成熟又不明智的拙劣之举。

第四节　常见性传播疾病及其防治

一、性传播疾病的概念

性传播疾病（STD）指主要通过性接触、类似性行为及间接性接触传染的一组疾病，不仅引起泌尿生殖器官病变，而且还可通过淋巴系统侵犯泌尿生殖器官所属的淋巴结甚至通过血行播散侵犯全身各重要组织和器官。STD 严重危害患者身心健康，给患者个人、家庭和社会带来极大负面影响。

我国《性病防治管理办法》规定的 STD 主要包括梅毒、淋病、生殖道沙眼衣原体感染、尖锐湿疣、生殖器疱疹和艾滋病 6 种疾病，另有国家卫生健康委员会根据疾病危害程度、流行情况等因素，确定需要管理的其他性病。广义 STD 还包括软下疳、性病性淋巴肉芽肿、非淋菌性生殖支原体尿道炎（宫颈炎）、生殖系统念珠菌病、阴道毛滴虫病、细菌性阴道病、阴虱病、疥疮、传染性软疣、乙型肝炎、阿米巴病和股癣等疾病。

性传播疾病主要是通过性行为传播的，同性或异性性交是性传播疾病最重要的传播途径。同时，不能忽视某些性病通过其他途径所致的间接感染，如被患者分泌物污染的手巾、内衣、被褥、马桶圈、浴盆、注射器针头等。此外，有些性病还可在妊娠或分娩过程中感染胎儿。

二、性传播疾病的危害

性传播疾病严重危害患者身心健康，例如艾滋病导致患者免疫功能缺陷，极易受到病原体感染，甚至引发恶性肿瘤，迄今没有理想的治疗方法，病死率极高。梅毒可侵犯全身各组织器官，也可通过胎盘传播导致死产、流产、早产和胎传梅毒。除威胁患者本人的身心健康外，性传播疾病也对社会、家庭造成许多负面影响。近 20 年，STD 逐渐呈现出流行范围扩大、发病年龄跨度增大、无症状或轻微症状患者增多和耐药菌株数增多的趋势，已成为全人类必须共同面对的公共健康问题，给世界各国，特别是发展中国家和经济落后地区带来沉重负担。

三、常见的性传播疾病

(一)淋病

淋病是性传播疾病的主要病种之一，是由淋病奈瑟菌引起的各种感染的总称，其最常见的临床表现是泌尿生殖系统的化脓性感染。淋病在世界范围内广为流行，发病率较高。在我国流行的性病中，淋病的发病率占首位，并呈逐年增加趋势。

1. 病原及传播途径

淋病菌是革兰氏阴性球菌，在体外不易存活。人是其唯一的天然宿主，因此淋病患者是淋病的传染源，不论患者有无症状，均具有传染性。成人泌尿生殖系统的淋病几乎都是通过性交直接传染的，对于女性和儿童来说，还应警惕污染的衣裤、被褥、洗浴用具、手的接触引起间接感染。

2. 临床表现

淋球菌的感染可发生于任何年龄，但患者主要为性活动活跃的中青年人。病菌侵入人体后，因繁殖速度、菌株类型、机体抵抗力强弱的不同，一般有 2～10 天的潜伏期。淋球菌所能侵袭的组织和器官较多，临床表现复杂。它主要侵犯泌尿道黏膜，男性患者多有明显症状，如尿道口发红发痒、刺痛、有脓性分泌物；女性症状较不明显，给诊断和控制病情带来困难。淋病可引起男女生殖系统的多种炎症，如治疗不彻底可导致男性不育和女性不孕症。孕妇患有淋病时，可引起新生儿淋病性眼炎，常导致失明。淋球菌还可引发关节炎、咽炎、皮炎、败血症等。

3. 治疗原则

治疗淋病的首选药物是青霉素，须足量足疗程给药。如治疗不彻底，会转为慢性淋病，淋球菌长期潜伏在尿道球腺等处，一方面出现“治愈”假象、掩盖了病情，增加了传染的危险；另一方面，潜藏的病菌遇到合适的条件会急性发作，出现病情反复，迁延不愈，对身体造成更大的损害。

4. 预防

加强思想道德教育，提倡洁身自好，反对性自由。在性生活中提倡使用安全套，注意个人卫生，可使用消毒剂杀灭衣物上的淋球菌。切实做好淋病防治知识的宣传普及工作，树立起良好的社会风尚。

(二)梅毒

梅毒是由苍白螺旋体(又名梅毒螺旋体)引起的一种慢性全身性的性传播疾病，是经典的性病之一。梅毒几乎可以引起全身所有组织、器官的损害和病变，严重者可致死亡。近年来，我国梅毒发病率呈逐年上升趋势。

1. 病原及传播途径

性接触是最主要的传播途径。在初次感染梅毒的第一年内，患者具有很强的传染性。其皮肤、黏膜表面有大量梅毒螺旋体，健康人在与之性交过程中，很容易通过皮肤、黏膜的轻微损伤而被感染。资料表明，健康人与传染性梅毒患者性交后，感染率约为 1/3。随着病程的延长，病人的传染性越来越小。患病后 4 年，性接触不再有传染性。

梅毒的其他传播途径包括：孕妇体内的梅毒螺旋体透过胎盘感染胎儿(先天梅毒)，通过输血传染，少数患者可经接吻、哺乳、接触生活用品传染。

2. 临床表现

感染梅毒之后，约经过 2～4 周的潜伏期，在螺旋体侵入部位的皮肤、黏膜上出现触之发硬的小结节，称“硬下疳”，5 周左右自愈，变为无痛性溃疡，伴腹股沟淋巴结肿大，此为一期阶段。在一期硬下疳出现后的 6 周，出现全身的血行播散性损害，即进入二期阶段，病人出现泛发性皮疹，称梅毒疹，可呈现玫瑰疹、丘疹或脓疱疹样，并伴有低热、头痛、关节痛、食欲不振等全身症状和淋巴结肿大。二期梅毒的损害可持续数周到数月，临床上将一、二期梅毒称为早期梅毒，病程不超过 4 年。如治疗不彻底，进入三期阶段，表现为全身多器官、系统的严重损害，10%～15%的患者其病情转归是危及生命的心血管梅毒和神经梅毒。

3. 治疗原则

青霉素为首选的治疗药物。尽量早诊断，早治疗，治疗越早，预后越好。患者的性伴侣应该同时接受检查和治疗。一、二期梅毒如能进行及时彻底的治疗，可以完全治愈；晚期梅毒已出现的器质性病变则不易恢复。

4. 预防

预防措施包括控制传染源和切断传播途径。梅毒病人是最主要的传染源，要重点对高危人群(卖淫、嫖娼、吸毒、性罪错人群)进行血清筛查试验，婚前体检和产前检查也是预防梅毒的重要环节。发现患者后必须及时治疗，同时对与其有过性接触者和其子女亲属进行相应检查或预防性治疗。

(三)艾滋病

艾滋病于 1981 年在美国旧金山男性同性恋人群中被首次报道，因患者存在严重的免疫功能缺损，故将疾病命名为“获得性免疫缺陷综合征”，简称为艾滋病(AIDS)。

1. 病原及传播途径

艾滋病病毒是一种逆转录 RNA 病毒，命名为“人类免疫缺陷病毒”(HIV)。艾滋病传播有 3 种方式:性传播、血液传播和母婴传播。

性传播是艾滋病全球性流行的首要传播途径,在我国经性传播的比例也逐年上升。目前已从 HIV 阳性患者的血液、精液、阴道分泌液、尿液、唾液、眼泪和乳汁中分离到了 HIV,但唾液和眼泪中病毒浓度非常低,至今尚未发现由接触这两种体液而感染的病例。由于男同性恋人群性交时极易造成皮肤黏膜破损,感染率很高。HIV 感染人体后,将其基因整合到人体细胞内,导致感染者长期携带病毒,并成为终身传染源。

血液传播主要有两大方式,一是静脉吸毒者共用注射针头、注射器和其他注射用具而相互传播 HIV;二是输入含有 HIV 的血液或血液制品被感染。

母婴传播又称围生期传播,主要是指感染 HIV 的母亲通过胎盘、产道、哺乳等途径传染新生儿。

2. 临床表现

从 HIV 感染到发展为艾滋病有几年至十几年的病程,大致可分为原发感染期、无症状潜伏感染期和艾滋病期 3 个时期。

HIV 感染人体后有 2～4 周潜伏期,然后有 30%～70%的感染者呈现类似感冒的症状,包括发热、咽炎、头痛、肌肉关节痛等不适。体检发现全身淋巴结无触痛性肿大,面部躯干部非瘙痒性皮疹,口腔食道念珠菌感染,恶心、呕吐、腹泻等消化道症状。黏膜皮肤溃疡是与其他病毒感染鉴别诊断的最明显指征。一般情况下,上述症状多在 1 个月内消失。

无症状潜伏期从 1～2 年到 10 年,在此期间患者症状不明显,许多患者仅感到疲劳及淋巴结肿大。随着时间的推移,病毒逐渐损害机体免疫功能,患者会出现继发感染引起的黏膜白斑、口腔及阴道念珠菌感染、带状疱疹等轻型皮肤病变。当患者频繁地出现发热、疲劳严重、夜间盗汗、体重明显减轻及慢性腹泻时,表明艾滋病患者病情加重。

当 HIV 感染发展到艾滋病阶段,患者全身组织器官几乎都受到损害。特别是 T 淋巴细胞大量死亡,细胞免疫功能严重缺失,造成灾难性机会性感染(如卡氏肺孢子虫肺炎、巨细胞病毒感染)及恶性肿瘤(卡波济肉瘤、淋巴瘤、鳞状上皮癌等)的发生,危及生命。

3. 诊断及治疗

HIV 感染初期的症状类似感冒,若上述几种症状同时出现,并持续时间较长;或发生高危行为而怀疑受到感染时,应该到专业医院进行咨询,进行 HIV 抗体检查,做出鉴别诊断。

根据艾滋病发作的特点,其治疗可分为 3 个方面:第一,针对病原的抗病毒化疗;第二,恢复机体免疫功能的免疫治疗;第三,相关并发症的治疗。目前,“鸡尾酒疗法”即高效抗反转录病毒治疗法,采用蛋白酶抑制剂与反转录酶抑制剂联合治疗,取得了较好的疗效。

4. 预防

因目前艾滋病尚不能治愈,且疫苗研究尚未成功,因此预防至关重要。主要的预防措施有:

(1)树立健康的性观念,正确使用安全套,提倡安全的性行为,保持单一性伴侣。

(2)不吸毒,尤其不要与他人共用注射针具;不和别人共用牙刷、剃须刀等;必须输入的血液、血制品应经过艾滋病病毒检测筛查。

(3)控制母婴传播,感染艾滋病病毒的妇女,尽量避免怀孕和哺乳。

思考题

1. 你了解男女生殖系统的不同吗？
2. 你知道新生命是怎么形成的吗？
3. 你知道发生性行为时可以使用哪些避孕方法吗？
4. 你如何看待婚前性行为？
5. 常见的性传播疾病有哪些？如何防治？

第六章

职业与健康

教学目标： 本章主要是让学生了解常见典型职业病的基本知识，促进职业健康知识的全面普及，理解职业与健康的基本常识，了解相关专业的职业类型和特点及如何有效地预防职业性相关疾病的发生。

教学重点： 从职业学校所设专业入手，分析高职学生未来所在职业岗位可能出现的职业病，普及技术技能型人才应有的职业与健康理念，掌握一些典型职业病的预防方法，并能够根据环境的特点采取有效的措施预防职业性危险因素所致的身体损伤。

教学难点： 引导学生树立正确的职业健康理念，使学生不断地适应环境，增强自身的调节能力，能够敏感地捕捉到危害自身健康的职业危害因素，并能迅速采取有效措施预防职业病的发生，提高职业健康水平，保证健康生活。

第一节　高职教育的职业类型及特征

高职教育作为我国高等教育发展的一个重要类型,强调从职业能力培养入手,培养面向生产、建设、服务和管理等一线需要的高素质技能型和应用型人才,高职教育在我国加快推进社会主义现代化建设进程中具有重要作用。

一、高职教育的职业类型

2020 年以来,面对突如其来的新型冠状病毒肺炎疫情,高职院校尤其是涉医高职院校充分发挥护理、康复、急救等专业优势,为打赢疫情阻击战贡献了力量。据统计,全国派出驰援湖北的 4.2 万名医疗人员中,护士达到 2.86 万人,占比为 68%,其中相当部分人员为高职院校教师和毕业生。高职院校的人才培养质量、服务贡献能力在这场战役中经受住了考验,交出了令人满意的答卷。高职院校充分发挥聚焦行业、服务一线、服务地方的独特优势,在疫情阻击战、脱贫攻坚战、就业保卫战中勇于担当、冲锋陷阵,凸显了职业教育在应对突发公共卫生事件、服务乡村振兴、传承优秀文化、服务民生中的重要作用。

根据《教育部关于印发〈职业教育专业目录(2021 年)〉的通知》,目前我国共有 1 488 所高职院校,19 个专业大类,97 个专业类和 744 个专业,几乎涵盖了第一、第二、第三产业所涉及职业工种的所有领域。2020 年以来,在疫情防控常态化的背景下,高职院校毕业生选择就业的行业呈现出新的特点和变化趋势。2020 届毕业生就业行业占比由高到低分别是制造业、金融业、批发和零售业,教育、文化、体育和娱乐类,建筑业、房地产业,卫生和社会工作,信息传输、软件和信息技术服务业,交通运输、仓储和邮政业,居民服务、修理和其他服务业,农、林、牧、渔业等(图 6-1)。毕业生就业呈现多元化特点,由以直接就业为主向直接就业、学历提升、自主创业等多渠道转变。

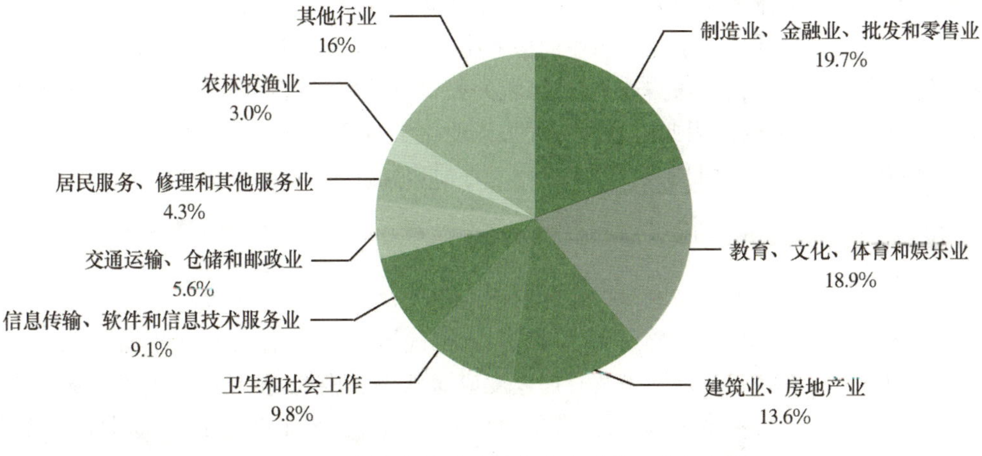

图 6-1　2020 届高职毕业生毕业半年后就业行业占比

二、高职教育的职业特点

根据高职院校毕业生所从事的主要职业类型和所占比例(图 6-1),我们从其所对应的高职教育的主要专业大类即电子与信息大类、装备制造大类、财经商贸大类、医药卫生大类、交通运输大类、教育与体育大类、农林牧渔大类七大类,分别阐述其职业特点。

(一)电子与信息大类

本专业的毕业生主要从事电子信息、通信产品、计算机的操作、生产、安装、调试、运行、维护以及电子信息产品的网络营销、服务等工作。信息技术领域的从业者身体多长时间保持不正确的姿势,会导致各种脊椎疾病。据卫生部门一项调查表明,每天使用电脑超过 4 小时者,81.6%的脊椎会出现不同程度的侧弯。长期用眼也会导致干眼症,据估计,我国现有 8 000 万干眼症患者,且上升速度每年递增,一个很大的原因就是电脑的长期使用对眼睛的伤害。电脑操作员由于久坐,缺乏运动,易形成血栓,患上静脉血栓症。因长期处于辐射环境中,常见法定职业病主要为物理因素所致职业病;工作有关疾病主要为工作相关性肌肉骨骼疾病、干眼症、静脉血栓症等。

(二)装备制造大类

装备制造大类包括机械设计制造类、机电设备类、汽车制造类等 8 个专业类别 65 个专业。由于装备制造工业生产过程一般包含铸造、锻造、热处理、机械加工、装配等工艺,此外还有焊接、切割、电镀和油漆等作业。因此,本专业的毕业生在职业劳动过程中常暴露于高浓度粉尘、高强度噪声、振动、高温、热辐射及一氧化碳、二氧化碳、二氧化硫、氮氧化物等有害气体中。因此常见法定职业病主要有尘肺病、职业性化学中毒、职业性眼病、职业性噪声聋;工作有关疾病主要为工作相关性肌肉骨骼疾病、职业性消化系统疾病等。

(三)财经商贸大类

财经商贸大类共包含财政税务类、金融类、财务会计类、经济贸易类等 9 个专业类别共 49 个专业。本专业的毕业生主要从事的职业工种有财务管理、会计、商务管理、商品营销、策划等,因为工作性质的原因,从事此类职业的毕业生常暴露于高强度的工作压力下;由于电子信息化时代的到来,电子信息、通信产品、计算机的操作以及电子信息产品的网络营销、服务等职业,此类毕业生也会涉及。因此财经商贸大类毕业生常见法定职业病主要为物理因素所致职业病;工作有关疾病主要为职业紧张、工作相关性肌肉骨骼疾病、职业性消化系统疾病等。

(四)医药卫生大类

医务人员在工作中需要面对罹患各种疾病的病人,会经常暴露于生物(包括细菌、病毒、寄生虫等)、化学(消毒灭菌剂、麻醉剂、有机溶剂、麻醉气体、消毒气体等)、物理(辐射、激光、超声波)等有害因素中,并处于高度紧张及心理过度应激状态。因此,常见的职业性危害既有慢性长期的影响,也有急性突发性的危害。常见的法定职业病有职业性传染病、职业性化学中毒、职业性放射性疾病;常见工作有关疾病为职业紧张、工作相关性肌肉骨骼疾病、职业性消化系统疾病等。

(五)交通运输大类

交通运输大类涉及铁道、道路、水上、航空、管道运输等七大类专业，主要包括铁路、水路、公路、航空和管道 5 种运输方式，可分为装货、运行、卸货、仓储 4 个环节。在运货过程中，由于各种方式运输货物不同，如运输煤炭装卸过程中的煤尘会导致尘肺病；长途的振动和相互碰撞以及野蛮装卸等操作，会导致化学品的包装破损和泄露，致相应的职业中毒；长期户外作业也会患常见物理因素所致职业病。综上所述，交通运输类专业常见法定职业病有职业性中毒、尘肺病、物理因素所致职业病；常见的工作有关疾病为工作相关性肌肉骨骼疾病、职业性消化系统疾病等。

(六)教育与体育大类

高职教育与体育大类包括教育类、体育类等 4 个专业类别共 51 个专业。教师常见的一些职业危害因素包括粉笔粉尘，可导致咳嗽等呼吸系统疾病；声带也是教师容易受伤的部位之一，容易出现职业性咽炎；另外，由于教师长期伏案工作，精力高度集中，备课时间较长，容易造成颈部及腰部肌肉紧张，时间长容易形成颈部及腰部肌肉和韧带的慢性损伤。从事体育运动专业类的学生所涉及的职业损伤包括急性创伤和慢性损伤两种类型。急性创伤所占比例约为 65%，一般是由项目的惊险和困难所致，例如跛足、骨折等；慢性损伤则根据体育运动项目的不同而异，例如潜水运动员最常见职业病为视网膜脱离，乒乓球运动员最常见职业病为腱鞘炎、颈椎病及骨刺增生等，体操及举重运动员最常见职业病为脊柱损伤等。因此，教育与体育大类毕业生常见的法定职业病主要为职业性尘肺病及其他呼吸系统疾病；常见的工作有关疾病为工作相关性肌肉骨骼疾病、职业性咽炎、职业紧张等。

(七)农林牧渔大类

我国是农业大国，《国家乡村振兴战略规划(2018—2022 年)》提出，5 年间既要在农村实现全面小康，又要为基本实现农业农村现代化开好局、起好步、打好基础。2018 年，我国高职院校共开设近 1 000 个涉农专业点，在校生数近 16 万人，并广泛开展职业农民、农业经营人才等培训，优化乡村振兴人才结构，推动藏粮于地、藏粮于技。

农业类相关专业的毕业生在未来农业生产过程中接触的职业危害因素主要有粉尘以及导致职业性中毒的物质等。因此，常见职业病主要有尘肺病及其他呼吸系统疾病、职业性化学中毒、职业性皮肤病、职业性虫病、中暑等。林业类相关专业的毕业生在从事林业活动过程中，由于其主要职业场所是在偏远的林区山场，因此最常见的职业危害因素为高温和辐射等。因此，常见职业病有中暑、职业性传染病、工作相关性肌肉骨骼疾病等。畜牧业类的毕业生从事的工作有很多种，可以从猪场技术员、猪场场长、养殖场兽医、养猪职业经理人到饲料、兽药业务研发、检测人员等，因此相关人员最可能患的职业病主要有人畜共患疾病、职业性传染病、工作相关性肌肉骨骼疾病、职业紧张等。渔业类的毕业生所从事的工作主要为水产养殖及海洋渔业等，因其长期在水面从事养殖、捕捞活动，容易在不知不觉中诱发严重的气管炎、关节炎等多种疾病。因此，常见职业病主要有职业性呼吸系统疾病、风湿性疾病、中暑、职业性皮肤病、职业性噪声聋等。

第二节　职业健康与职业病

我国是世界上劳动人口最多的国家，2017 年我国就业人口达 7.76 亿人，占总人口的 55.8%，多数劳动者职业生涯超过其生命周期的 1/2。工作场所接触各类危害因素引发的职业健康问题依然严重，职业病防治形势严峻、复杂，新的职业健康危害因素不断出现，疾病和工作压力导致的生理、心理等问题已成为亟待应对的职业健康新挑战。

健康是人全面发展、家庭幸福、社会和谐与发展的基础。人们从事工作、劳动和各种职业活动，是为了获得幸福的生活，如果没有健康的身体，不仅个人要经受病痛的折磨，影响工作和生活，还会给家庭、社会带来沉重的负担。因此，保持健康的身体是一个重要的问题。高职学生毕业后将从事各种职业活动，只有很少一部分继续学习深造，但终究要走向职业岗位。因此，在学业和职业生涯中，懂得常见典型职业病与职业健康方面的防护知识，对学生未来发展具有重要意义。

一、职业健康

(一)职业健康的定义

1950 年，由国际劳工组织(ILO)和世界卫生组织(WHO)联合职业健康委员会给出的职业健康的定义：职业健康应以促进并维护各行业职工的生理、心理及社交处在最好状态为目的；防止职工的健康受工作环境影响；保护职工不受健康危害因素伤害；将职工安排在适合他们的生理和心理的工作环境中。

职工工作中的许多因素，都可能对人体健康产生不良的影响，例如，工作环境中的危险、有害因素，不正确的工作方法，有毒的物质和危险的设备等。劳动者必须具有自我保护意识、掌握自我防护知识和技能，要主动了解工作岗位和工作环境中可能存在的职业危害因素，积极采取防护措施，避免职业损害。

(二)影响职业健康的因素

影响职业健康的因素也称为职业危害因素，是指工作场所中存在及在作业过程中产生的各种有害的物理、化学、生物等对人体产生健康损害的因素。职业危害因素按来源可以分为生产工艺过程中产生的有害因素、劳动组织过程中的有害因素、生产环境中的有害因素三大类。具体如表 6-1 所示。

表 6-1　职业危害因素

存在于生产工艺过程中	物理因素	异常气候条件:高/低温、高/低气压等
		电磁辐射、电离辐射等
		噪声、震动
	化学因素	生产性粉尘,如煤尘、矽尘、有机粉尘等
		生产性毒物,如铅、苯、汞、有机磷农药等
	生物因素	使人致病的寄生虫、微生物、细菌和病毒等
存在于劳动组织过程中	劳动组织和制度不合理,如劳动时间过长、轮班制度不合理等	
	劳动强度过大、工作时间过长、工作压力过大等导致的职工心理、精神障碍等	
	由于人机因素不匹配,使用工具不合理或工作中长时间不良体位,导致个别器官或系统功能障碍	
存在于生产环境中	厂房布置不合理,如将有毒有害工序/工种与无毒无害工序/工种混合安排等	
	缺乏必要的卫生技术设施,如没有通风换气、防尘、防毒、防噪声设备等	
	由于管理缺陷造成的作业环境差,如采光不良、地面湿滑、作业空间狭窄等	
	生产工艺过程造成的环境污染等	
	自然环境中存在的有害因素,如炎热季节的阳光辐射,寒冷季节的低温等	

(三)常见典型影响职业健康的因素及预防

1. 室内空气污染及预防

人类每分每秒都需要吸入空气,而清洁的空气对我们身体的健康有着非常重要的意义。一直以来,人们认为空气污染严重常常指的是室外,而事实是许多办公室、写字楼、商场、超市、影楼、宾馆等建筑物都存在严重的室内空气污染问题,据一些调查研究的结果显示,室内污染高达 59%。因此,室内办公场所很可能是污染源,是劳动者最常遇到的职业健康与安全问题。

室内空气污染的主要污染物有甲醛、颗粒物(PM2.5)、苯及苯系物、总挥发性有机物(TVOC)、一氧化碳等。研究显示,人的一生有 80%以上的时间在室内度过,新房装修产生的甲醛普遍超标 50%,TVOC 超标率 76%。室内空气质量变差,其主要原因是大量新型建筑材料、装潢材料、涂料和黏结剂的使用,这些材料不断释放有毒有害气体;大量使用高效清洁剂、除臭剂、杀虫剂等挥发性化合物导致室内环境被污染;新型办公设备,例如打印机使用时会产生臭氧,同样会污染工作环境;另外,由于室外汽车尾气排放及工业排放造成的大气污染程度加重,使更多的污染物进入室内,进一步加重了室内空气污染。

恶劣的室内空气环境将严重影响人体健康,使人体表现出急性或慢性损伤。急性损伤表现为污染物对人的眼睛、鼻子、呼吸道的刺激反应,头痛、头晕及疲劳等;慢性损伤是在接触室内污染物数年或长期多次接触后才出现,表现为呼吸系统疾病、心血管系统疾病、神经系统疾病甚至癌症等。因此,改善员工工作环境中的空气质量刻不容缓。首先,工作环境中要确保有足够的新鲜空气供应,经常开窗通风换气,这是改善室内空气质量最简单、经济、有效的措施。其次,合理使用空调。使用空调时应确保空调系统供风安全,保证充足的新风输入,所有排风直接排到室外,未使用空调时应关闭回风通路,在能满足室内办公场所温度调节需求下,空调运行时门窗最好不要完全闭合；对于人员流动较大的场所如写字楼、商场、地下车库等场所应加强通风换气。再次，从源头控制污染源。选择没有芳香气味的清洁剂，尽量避免使用发胶、香水、胶水、油漆等含有挥发性的化学物质；室内办公场所装修尽量采用最接近自然的方式，无法避免时尽量使用挥发性有机化合物含量较低的装修材料，并且新装修的房屋最好进行室内空气检测，达标后再使用；影印机、激光打印机等运作时会产生臭氧的办公设备应放置在有独立抽风或空气流通的地方，或者使用装有臭氧过滤器的影印机。最后，采取禁烟政策，或限制只能在有独立通风设施的吸烟区才能吸烟；定期清洗和更换过滤器、隔尘网，保持室内清洁卫生，防止细菌等致病菌滋生繁殖。

2. 电磁辐射危害及预防

随着现代科技的高速发展，越来越多的电子设备投入使用，一种看不见、摸不着、人类却时时刻刻都在接触的污染源，比如手机、电脑、微波炉等电器产生的电磁辐射，正在无形中危害着我们的健康。尤其今天，全球进入数字化、网络化的信息时代，计算机的应用渗透到各行各业，不仅企业、工厂、商店、机关、学校、医院大量使用计算机，金融、证券、邮电、保险等服务行业更是离不开计算机。

这里所说的电磁辐射指的是非电离辐射，产生的是一种热效应，包括天然的电磁辐射和非天然的电磁辐射。一般情况下，少量接触电磁辐射不会给人体健康造成影响，但当人体长期暴露在超过安全辐射剂量的情况下，细胞极可能会被大面积杀伤或杀死。天然的电磁辐射主要来源于雷电、太阳热辐射、宇宙射线、地球的热辐射、静电等。非天然的电磁辐射主要来源于无线发射电台，如电视发射台、广播、雷达系统等；工频强电系统，如高压输电站及线路、变电站等；应用电磁能的医疗、工业及科研设备，如医疗设备、电子仪器、办公自动化设备等；人们日常使用的办公及生活设备，如计算机、手机、微波炉、电热毯、电视机、录像机等。

近年来，电磁辐射对人体危害的例子多有发现，其对人体健康的影响程度与所受到的辐射强度及累积时间长短有关。长期处于高电磁辐射下，可对人体的心血管系统、视觉系统、生殖系统、甚至血液和免疫系统造成影响，严重的还会诱发癌症。据国外资料显示，在21世纪，电磁辐射已成为当今危害人类健康的重要致病源，电磁波磁场中，人群白血病发病率是正常环境中的2.93倍，肌肉肿瘤发病率为正常环境中的3.26倍。另外，世界卫生组织也曾明确表示，怀孕初期的女性，长期且频繁地待在超过20台电脑的环境下，会加大孕妇自然流产的发生几率，还会影响到胎儿的发育，严重的会导致胎儿畸形、智力残缺等。因此，电磁辐射对人体的危害需要重视起来。首先，对释放电磁辐射的设备进行操作和管理的人员，应加强放射卫生防护的上岗培训，让他们掌握基本的预防电磁辐射的方法。其次，远离电磁辐射源。防辐射专家表示，电磁辐射分远区场和近区场，一般都是近区场的电磁辐射对人体危害大，远区场通常不会有什么影响，因为电磁辐射强度随着与辐射源的距离的平方值而下降。因此，专家建议计算机使用人员应与显示屏保持不少于70厘米的距离，与计算机两侧和后部保持不少于120厘米的距离。最后，加强个人防护。尤其是工作或居住在高压线、变电站、天台、雷达站、电磁波发射塔附近的人员，经常使用电子仪器、医疗设备、办公自动化设备的人员，应佩戴并正确使用防护用品，减少与其接触的时间，采用轮岗制度；平时加强锻炼，增强自身抵抗力，也可以有效预防电磁辐射。

3. 高温危害及预防

生产过程中所处环境的空气的温度、湿度、风速、气压及热辐射，构成生产作业环境的气象条件。高温属于不良气候条件，高温作业是指工作地点具有生产性热源，当室外实际气温达到本地区夏季通风室外计算温度时，工作地点气温高出室外气温 2 ℃或 2 ℃以上的作业。夏季通风室外计算温度是按近十年本地区气象台正式记录的最热月 14 时的月平均温度的平均值确定的。

高温作业按其气象条件的特点可分为高温强热辐射作业，高温、高湿作业和夏季露天作业。其中，高温强热辐射作业的气象特点是气温高、热辐射强度大，相对湿度低，形成干热环境，常见于机械制造工业的铸造、锻造、热处理等车间，冶金工业的炼焦、炼铁、炼钢等车间，陶瓷、玻璃、砖瓦等工业的炉窑车间，火力发电厂和轮船等的锅炉车间等；高温、高湿作业的气象特点是气温高、相对湿度高、低气流而热辐射较弱，形成湿热环境，常见于印染、缫丝、造纸等工业车间，潮湿的深矿井等作业场所；夏季露天作业，受太阳照射和地面热辐射，常见于建筑工地、农业劳动、码头工作等露天作业。

劳动者在高温作业环境下工作一定时间后会对肌肉产生不良影响，容易出现头晕、头痛、乏力、口渴、多汗、心悸、注意力不集中、动作不协调等早期症状，体温正常或略有升高；如果出现此类症状后仍坚持在工作岗位，则会使人体热平衡和(或)水盐代谢发生紊乱，进而引起中枢神经系统和心血管系统发生功能障碍，由此引起的急性疾病称为中暑。用人单位和个人要采取相应措施预防员工中暑的发生，保证员工身心健康。首先，用人单位要加强作业场所的高温环境管理，避免工人直接接触生产性热源。如合理设计工艺流程、改进生产设备及劳动者的操作方式、利用机械通风或自然通风对工作场所进行空气对流降温、利用水或导热系数小的材料进行隔热等。其次，加强个人防护。用人单位要为高温作业工人配备防热面罩、工作帽服、防护眼镜等防护用品，同时为高温作业人员发放耐热保健饮料，个人应做好配合工作，当出现头痛、心慌等症状时应立即到阴凉处休息、饮水，并且掌握必要的对中暑病人的急救措施。再次，夏季工作时间应避开阳光最强烈的时段。用人单位可根据实际情况安排早晚作业，使劳动者尽量避开高温时段。最后，从业前对劳动者进行体检。凡是患有中重度高血压、活动性消化性溃疡、未控制的甲亢、慢性肾炎、糖尿病以及大面积皮肤疤痕等劳动者，不宜从事高温作业。

二、职业病

(一)定义

根据《中华人民共和国职业病防治法》规定，职业病是指企业、事业单位和个体经济组织等用人单位的劳动者在职业活动中，因接触粉尘、放射性物质和其他有毒、有害因素而引起的疾病。这里的职业病指的是法定职业病，它的构成要素为患病主体必须是用人单位或个体经济组织的劳动者，疾病必须是在从事职业活动过程中产生的，因接触粉尘、放射性物质或其他有毒、有害物质等职业危险因素而引起的疾病。

(二)分类

2013 年 12 月 23 日,由国家卫生计生委、人力资源社会保障部、安全监管总局、全国总工会 4 部门联合印发的《职业病分类和目录》,将我国法定职业病分为十大类计 132 种,包括职业性尘肺病及其他呼吸系统疾病(19 种)、职业性皮肤病(9 种)、职业性眼病(3 种)、职业性耳鼻喉口腔疾病(4 种)、职业性化学中毒(60 种)、物理因素所致职业病(7 种)、职业性放射性疾病(11 种)、职业性传染病(5 种)、职业性肿瘤(11 种)、其他职业病(3 种)。

我国法定职业病需由国家认定的有职业病诊断权的医疗卫生机构进行诊断,被确诊为职业病的患者,可根据国家社会保险法规的规定,享有相应的劳保待遇。当劳动者怀疑自己患上职业病时,首先要向当地卫生行政部门咨询,也可对照《职业病危害因素分类目录》,看所患疾病是否属于国家规定的法定职业病。其次,如确定疾病属于目录中所列职业病范畴,应及时到当地卫生行政部门批准的职业病诊断机构进行职业病诊断,如对诊断结论有异议,可以在 30 日内到市级卫生行政部门申请职业病诊断鉴定,鉴定后仍有异议的,可以在 15 日内向省级卫生行政部门申请再鉴定。再次,诊断为职业病的,应到当地劳动保障部门申请伤残等级鉴定,伤残等级分 10 级,依照《职工工伤与职业病致残程度鉴定标准》进行鉴定。最后,与所在单位联系,依照《工商保险条例》等法律申请职业病治疗、康复以及赔偿等待遇。用人单位不仅要按照相关规定支付相应的费用,还应当妥善解决职业病患者的工作岗位与津贴待遇问题,将国家规定的职业病待遇落到实处。作为受害者,除了享受法定的工伤保险外,还有权利从民事侵权的角度向用人单位索赔。

(三)职业病的特点

(1)病因明确,可以预防。职业性有害因素为其发病病因,当病因和作用条件控制后,职业病的发生就会减少甚至消除。

(2)病因可以检测,导致疾病必须达到一定阈值。职业性危害因素的接触量通常是可以检测的,而且必须超过一定限度才能使人得病。

(3)在接触同样职业危害因素的人群中,常有一定的发病率,很少单发。

(4)早发现,早治疗,易恢复。如能早期诊断,很多职业病是可以预防的;职业病发现越晚,治疗效果越差。

(5)很多职业病目前并没有特效治疗方法,除职业性传染病外,治疗个体无助于控制人群中的发病率。

(四)工作有关疾病

工作有关疾病是指由于受生产环境及生产劳动过程中某些不良因素的影响,导致机体的抵抗力下降,使某些常见病的发病率升高或促使潜在的疾病发作,或使现在患有的疾病加重、病程延长等。这类疾病由多种因素引起,职业危害因素只是其中之一,可在一般人群中发病,这类疾病统称为工作有关疾病或职业性多发病。常见的工作有关疾病包括职业紧张、工作相关性肌肉骨骼疾病、消化系统疾病、慢性非特异性呼吸道疾病、心血管疾病等。

第三节 常见典型职业病及其防治

根据国家卫健委发布的《卫生健康事业发展统计公报》显示(表 6-2),2017 年至今,我国各类职业病新发病例数呈逐年下降的趋势,截至 2020 年我国各类职业病新病例数为 17 064 例,同比下降 12.17%。法定职业病中,职业性尘肺病占我国法定职业病总数的 90%以上,目前仍是我国危害职工健康最主要的职业病;其次是职业性耳、鼻、喉、口腔疾病和职业性化学中毒。结合高职学生的职业类型和特点,详细介绍以下几种常见法定职业病。

表 6-2 2017—2020 年我国各类职业病新发病例数量情况 人

病种	2017 年	2018 年	2019 年	2020 年	2020 年增速
职业性尘肺病及其他呼吸系统疾病	22 790	19 524	15 947	14 408	-9.65%
职业性耳、鼻、喉、口腔疾病	1 608	1 528	1 623	1 310	-19.29%
职业性化学中毒	1 021	1 333	778	486	-37.53%
职业性传染病	673	540	578	488	-15.57%
物理因素所致职业病	399	331	264	217	-17.80%
职业性皮肤病	83	93	72	63	-12.50%
职业性眼病	70	47	53	24	-54.72%
职业性肿瘤	85	77	87	48	-44.83%
职业性放射性疾病	15	17	15	10	-33.33%
其他职业病	12	7	11	10	-9.09%
职业病发病总数	26 756	23 497	19 428	17 064	-12.17%

一、职业性尘肺病及其他呼吸系统疾病

(一)尘肺病概述

尘肺病(全称为肺尘埃沉着病),是指在职业活动过程中因长期吸入生产性粉尘而引起的以肺组织弥漫性纤维化为主的全身性疾病。目前,我国每年因尘肺病造成的直接经济损失达 100 亿元人民币以上,从事粉尘作业的人数估计接近 1 000 万,仅煤矿工人就有 500 万之多,居世界之首。

(二)引发尘肺病的主要因素

1. 与粉尘有关

作业场所的粉尘浓度越高,越容易引发尘肺病;粉尘径粒越小,越容易引起肺组织纤维病

变;与粉尘接触时间越长,吸入量越大,越容易引发尘肺病。

2. 与劳动强度有关

劳动强度越大,吸入空气量越多,肺泡中沉积粉尘的量越大。

3. 与个体因素有关

同样作业环境下,体质差的人易引发尘肺病;个体防护用具使用不当者,更易引发尘肺病。

(三)易患尘肺病的行业和工种

1. 矿山开采

各种金属矿山的开采、煤矿的掘进和采煤以及其他金属矿山的开采,是产生粉尘的主要作业环境,主要作业工种是凿岩、爆破、支柱、运输。

2. 金属冶炼

包括矿石的粉碎、筛分和运输。

3. 机械制造业

包括铸造的配砂、造型,铸件的洗砂、喷砂及电焊作业。

4. 建筑材料行业

如耐火材料、水泥、玻璃、石料生产中的开采、破碎、碾磨筛选、拌料,石棉的开采、运输和纺织等。

5. 交通运输业

如公路、铁路建设中的开凿隧道、爆破等。

(四)尘肺病的预防

通过做好防尘工作,使作业场所的粉尘浓度大幅度下降,达到国家规定的卫生标准,就基本上可以防止尘肺病的发生。防尘的主要措施有以下几种。

1. 改革工艺,革新生产设备

以低粉尘物料、不产尘设备、低产尘设备代替高产尘物料、高产尘设备,这是消除粉尘危害的主要途径。

2. 湿式作业

采用湿式碾磨石英、湿式矿山凿岩等方式防止粉尘飞扬,这是一种简单易行的有效措施。

3. 密封、抽风、除尘

对不能采取湿式作业的工作场所,应采取密闭吸风除尘的方法以防止粉尘飞扬。

4. 全面健康检查

包括接尘工人就业前健康检查和定期健康检查,脱离粉尘作业时还应做脱尘作业检查,若发现不适宜粉尘作业的工人,及时调离工作岗位。

5. 加强个人防护

佩戴防尘护具,如防尘安全帽、头盔、口罩等。

二、职业性耳、鼻、喉、口腔疾病

我国《职业病分类和目录》公布的职业病名单中，列出了职业性耳、鼻、喉、口腔疾病共有4种，分别为职业性噪声聋、铬鼻病、牙酸蚀病和爆震聋。铬鼻病是指由铬酐、铬酸、铬酸盐及重铬酸盐等六价铬化合物引起的鼻部损害，常见于从事开采、冶炼、镀铬、染料、颜料、油漆、橡胶、陶瓷、印刷等行业的劳动者。职业性牙酸蚀病是较长时间接触各种酸雾或酸酐所引起的牙体硬组织脱钙缺损，是生产和使用酸的工人一种较常见口腔职业病。爆震聋是指暴露于瞬间发生的短暂而强烈的冲击波或强脉冲噪声所造成的中耳、内耳或中耳及内耳混合性急性损伤所导致的听力损失或丧失，多见于矿山开采和化工行业，发生在爆破作业近距离暴露，或在工作场所中受到易燃易爆化学品、压力容器等发生爆炸瞬间产生的冲击波及强脉冲噪声的累及。职业性噪声聋是指人们长期接触职业性噪声而发生的一种缓慢的、进行性的感音神经性听觉障碍，也是职业性耳、鼻、喉、口腔疾病类中最常见、患病人数最多，与人的工作、生活息息相关的，我们将从以下几个方面详细介绍职业性噪声聋。

(一)噪声聋概述

在噪声的环境下工作，早期人容易感到烦躁、疲乏、注意力不集中、反应迟钝等，导致职工工作能力和效率降低，并且强噪声还会掩盖报警提示音响，容易导致工伤事故的发生。当职工长期接触强烈的噪声会引起噪声性疾病，首先是对听力系统的危害，可导致永久性听力下降，即职业性噪声聋；极强的噪声可致听力器官发生急性损伤，即爆震聋。

其次，噪声除了对听力系统造成直接损害，对神经系统的危害也很大，即长期接触噪声可导致大脑皮层兴奋和抑制功能的平衡失调，出现头晕、头痛、心悸、失眠多梦、情绪不稳定、易怒等症状；另外噪声也可导致心血管系统疾病加重、引起胃肠功能紊乱等。

(二)噪声的来源及分类

噪声按其来源可分为环境噪声和生产性噪声。环境噪声主要有3种来源：第一，交通噪声，主要指的是机动车辆、飞机、火车和轮船等交通工具在运行时发生的噪声；第二，建筑施工噪声，主要指的是建筑施工现场，由于大量使用各种动力机械，进行挖掘、打洞、搅拌以及频繁地运输材料和构件而产生的噪声；第三，社会生活噪声，主要指人们在商业交易、体育赛事、游行集会、娱乐场所等各种社会活动中产生的喧闹声。生产性噪声是指在生产过程中由于机器转动、气体排放、工件撞击与摩擦等所产生的噪声，也称为工业噪声。生产性噪声按其来源可大致分为3种：第一，机械性噪声，主要是由机械撞击、摩擦、转动而产生的噪声，如各种车床、纺织机、球磨机、轧钢机等；第二，空气动力性噪声，主要是由气体与其他物体相互作用引起压力突变或气体分子被干扰而产生的噪声，如各种风机、空气压缩机、燃气轮机等；第三，磁性噪声，主要是由磁场脉冲、磁致伸缩引起电气部件震动而产生的噪声，如变压器、电磁式振荡器等。

(三)噪声聋所涉及的行业和工种

存在噪声危害的行业和工种分布非常广泛。受强烈噪声作用的主要工种有：使用各种风动工具的工人（如机械工业中的铆工、铲边工、铸件清理工、开矿、水利及建筑工程的凿岩工等），机械工业中的铲边工、铸件清理工、铆工、矿工、凿岩工，发动机实验人员、钢板校正工、纺织工、拖拉机手、飞机驾驶员及炮兵等。

(四)职业性噪声聋的预防

噪声的控制应从噪声源、传播途径及噪声入耳三个环节采取措施。具体为：①控制和消除噪声源。工作环境进行噪音监测，凡噪音强度超过极限值的企业均应采取措施进行厂房改造，比如将强噪声的设备改为无声或低声设备、加强机械的维修，机器碰撞处采用弹性材料来代替金属材料以缓冲撞击力等。②控制噪声传播。工厂及工作场所可采用消声、隔声及吸声技术来控制噪声的传播。比如采用消声器、吸声材料、隔音墙及隔音罩等，另外可根据具体情况采取调换工种或缩短工作及接触时间等措施。③个体防护。当必须在某种特殊噪声的环境中工作时，或当某种特殊原因导致工作场所噪声强度暂时得不到解决时，个体可以采用戴耳塞、耳罩、隔音帽等措施。④健康监护。噪声作业工人就业前应进行健康体检，对于患有听觉器官疾病、心血管系统疾病及神经系统疾病等人员，不宜参加强噪声作业。对于已参加工作的人员，应定期检查听力，以便早期发现听力损伤从而采取有效措施；对于已经发现听力损伤者，要加以治疗和观察，重度损伤者及时调离工作岗位。

三、职业性化学中毒

(一)概述

毒物是指较小量进入人体即可引起人体健康损害（中毒）的化学物质。各种生产过程中产生或使用的毒物统称为生产性毒物。而职业性化学中毒是指接触生产性毒物的工人在劳动过程中吸收生产性毒物所引起的中毒，是职业病较常见的一种。导致职业性化学中毒的常见物质有重金属类、有机溶剂类、刺激性气体类、窒息性气体类、苯的氨基和硝基化合物等。

(二)致职业性化学中毒的主要方式

(1)在正常的生产过程中接触生产性毒物。如从装置内取样，样品可挥发溢出；在罐顶检查储罐储存量，进入装置设备巡检、清罐、加料、包装、储运和对原材料、半成品、成品进行质量检验分析时，均可接触到有关的化学毒物；另外，装置排污、污水处理等，也可增加接触毒物的机会。

(2)检修与抢修过程中接触生产性毒物。当工艺设备复杂，需要定期检修，或发生事故需要立即进行抢修时，如进入塔、罐检修前，应对设备进行吹扫置换，排出有害气体，此时毒物很容易通过呼吸道进入人体。

(3)意外事故。很多生产过程具有高温、高压、易燃、易爆、有毒、有害因素多的特点，一旦发生意外事故，往往会造成大量毒物泄漏引发急性中毒。

(三)常见职业性化学中毒所涉及的行业和工种

常见的职业性化学中毒主要有铅中毒、一氧化碳中毒、氯中毒和苯中毒 4 种。但近年来，随着各种新材料、新工艺的引进，新的职业中毒形式不断出现，例如正己烷中毒、三氯甲烷中毒、二氯乙烷中毒等。其涉及的主要行业和工种如下。

(1)铅中毒。交警、司机及工作在铅冶炼、蓄电池、油漆、颜料、印刷、石油、化工、电子等行业的工作人员。

(2)苯中毒。制鞋、箱包、玩具、电子等行业的生产者；以苯为化工原料生产香料、药物、合成纤维、合成橡胶、合成塑料、合成燃料等的相关岗位生产者；苯作溶剂和稀释剂等的相关岗位生产者。

(3)一氧化碳中毒。炼钢、炼铁、炼焦、采矿业、铸造、锻造车间生产者；以一氧化碳为原料的化工制造者；接触窑炉、煤气炉作业生产者等。

(4)氯中毒。从事氯气储运的工作者；以氯为原料生产氯化合物的生产者；颜料业的生产者；制造业的生产者；造纸、印刷工业的生产者；冶金工业的生产者等。

(四)常见职业性化学中毒的预防

1. 铅中毒

①用无毒物质或者低毒物质代替铅；②通过加强通风和烟尘的回收来降低空气中铅浓度；③定期测定车间空气中的铅浓度；④加强个人防护，建立定期检查制度，如作业人员必须穿工作服，戴过滤式防尘口罩，严禁在车间内吸烟、进食，班中吃东西或喝水必须洗手、洗脸及漱口，严禁穿工作服进食堂、出厂等；⑤定期检修设备。

2. 苯中毒

①加强宣传教育，充分认识到苯的危害性和中毒的可防性；②苯的制取及以苯为原料的工业，应尽量做到生产过程密闭化、自动化，防止管道“跑、冒、滴、漏”，生产车间应有良好的通风设备，加强通风；③涂料行业应尽可能用无毒或低毒物质代替苯作溶剂，改进喷漆作业方式，如静电喷漆；④在无法免除高浓度苯存在的场所时，必须佩戴有效的防毒口罩或送风面罩，以免毒气吸入；⑤加强有毒场所空气中的苯浓度检测；⑥做好个人的健康监护，上岗前应做体格检查，严格控制职业禁忌症，就业后应定期做体检，发现问题及时调离，积极诊治。

3. 一氧化碳中毒

①冬天屋内生煤炉取暖必须使用烟囱；②定期监测一氧化碳浓度变化；③定期检修煤气发生炉和管道及煤气水封设备；④对一氧化碳的生产过程要加强密闭通风，矿井放炮后必须通风20分钟以后，方可进入生产现场；⑤进入危险区工作时，需戴防毒面具，操作后，立即离开，并适当休息，作业时最好多人同时工作，便于自救、互救。

4. 氯中毒

①严格遵守安全操作规程，预防氯气“跑、冒、滴、漏”，保持管道负压；②定期检修设备管道及储存液氯的钢瓶，含氯废气净化排放；③作业、检修或现场抢救时必须佩戴防护面具；④使用场所通风良好，最高温度不超过40℃；⑤配备有效的防护用具和消防器材；⑥工作现场禁止吸烟、进食和饮水，工作后淋浴更衣。

四、职业性传染病

(一)概述

职业性传染病是指工作人员在职业活动过程中接触病原微生物而引起的传染性疾病。与非职业性传染病的主要不同点是传染源及流行病学特征均与职业因素有关,都是在职业活动中接触病原体而发病的。传染病都是有病原体的,包括微生物和寄生虫;传染病也都有传染性,它的病原体可以从一个人经过一定的传播途径传染给另外一个人,且有比较固定的传染期,可以预防、可以控制。

(二)职业性传染病按致病菌的不同分类

(1)布鲁氏菌病:是由布鲁氏菌引起的一种人畜共患传染病。在我国,发病人群主要分布在内蒙古及西北等牧区,大城市偶有散发病例。本病全年都可发生,但以春末夏初家畜繁殖的季节为多,且以青壮年为主,男多于女。

(2)炭疽:是由炭疽杆菌所致的一种人畜共患急性传染病。

(3)森林脑炎:又称蜱传脑炎,是以黄病毒属中蜱为传播媒介的中枢神经系统急性传染病。本病流行于我国东北地区,属于森林地区自然疫源性疾病,多发生于春夏季。

(4)莱姆病:是一种以蜱生物为媒介的螺旋体感染性疾病。

(5)艾滋病:职业性艾滋病仅限于从事医疗卫生方面的工作者及人民警察在职业活动或执行公务过程中,被艾滋病病毒携带者或病毒感染者的体液、血液、废弃物污染了的皮肤或黏膜组织,或被艾滋病病人的血液、体液污染了的医疗器械或其他锐利器械刺破皮肤等方式而感染的艾滋病。

(三)易患职业性传染病的行业和工种

(1)布鲁氏菌病和炭疽:青壮年因职业(农民、牧民、兽医、屠宰场和皮毛加工厂工人等)关系与病畜及其皮毛和排泄物、带芽孢的尘埃接触机会较多有可能患此病。

(2)森林脑炎:主要见于与森林作业有关的人员,例如森林调查队员、筑路工人、林业工人等。林业工人中采伐工、集材工的发病率高于其他工种,且多以20～40岁的青壮年男子为主。

(3)莱姆病:长期的林区工作者,手被叮咬后感染的发病率较高。

(4)艾滋病:仅限于医务工作者在医疗过程中或警察在执行任务过程中感染的艾滋病。

(四)职业性传染病的预防

预防职业性传染病的传播流行,可以将预防职业病和传染病的措施结合起来,如传染病的预防可以从消灭传染源、切断传播途径、增强易感人群抵抗力3个环节做起,具体措施有:

1. 布鲁氏菌病和职业性炭疽

它们都是人畜共患疾病,且都是接触感染,预防措施相似,主要是对疫源地的处理和对工厂的一些预防措施。其中对疫源地的处理包括:①隔离病畜。将病死动物尸体彻底进行焚烧,或洒下生石灰将尸体埋至两米深处,严禁屠宰病畜将其作为肉食和加工之用。②对被污染的畜舍、土壤及其他用品进行彻底消毒处理。如对土壤的处理可以铲除表土、深埋地下，对畜类饮食及饮水用具可以用高温或其他消毒措施进行处理，对畜舍四周可以用洒20%漂白粉溶液的办法进行消毒等。③注射免疫疫苗。对于流行地区的其他活畜可以注射免疫疫苗。④禁止流通传播。流行地区的皮毛、皮革等制品禁止外运。

2. 森林脑炎

①保持驻地的整洁卫生，如加强防蜱灭蜱，定期进行铲除杂草、灭蜱、防蜱等处理措施；②外出作业工人穿专门的防护服，如紧裤脚、紧袖口、紧领口防护服及高筒靴，戴防虫罩，戴用消毒药物浸泡涂擦的衣帽等，且定期更换；③接种灭活疫苗；④林区做好药物应急准备工作。

3. 医务人员职业感染的预防措施

①加强医院感染管理制度建设，建立医务人员健康档案，对新上岗人员进行健康体检，对在职人员进行定期体检，尤其对于高危人群定期防治和检查，对于职业暴露人员进行登记；②加强防护技术培训，增强执行规章制度的自觉性；③恪守标准预防观念、熟练掌握防护方法，如严格进行防护隔离、科学使用防护用品、正确洗手及使用消毒液、预防利器损伤等；④完善基础设施设备，如合理设计手术室、重症监护室、中心供应室、实验室等重点部门的布局，明确划分洁污三区，创造流动水洗手设备，洗手设备采用感应式或脚踏式，消毒和防护物资充足；⑤紧急科学处理职业暴露，及时进行局部处理和全身处理，并上报至医院及有关部门，组织专家会诊，分析暴露级别、危险程度、指导科学预防用药，服药时间越早越好，并随诊观察防治效果。

五、物理因素所致职业病

(一)概述

物理因素所致职业病是指由于气温、气湿、气流、气压、振动等物理因素所致的职业病，最常见的为职业性中暑，中暑是由高温等异常气候条件所致，在本书职业健康章节中有详细介绍，本节就不再一一阐述；次常见的职业病有手臂振动病、减压病、高原病。

(1)手臂振动病：是指在生产劳动过程中，由于长期使用振动工具而引起的以末梢循环障碍为主的全身性疾病。产生振动的机械设备主要有冲压机、压缩机、振动传送带、打夯机、收割机等。

(2)减压病：是指劳动者在高气压作业后减压不当，体内原已溶解的气体超过了过饱和极限，在血管内外及组织中形成气泡所致的全身性疾病。主要表现为急性发病和发生于四肢大关节并缓慢演变的缺血性骨或骨关节损害的减压性骨坏死。

(3)高原病：是指劳动者在高原低氧环境下从事职业活动所导致的一种疾病。高原低气压性缺氧是导致该病的主要原因，机体缺氧引起的器官受损是病变的基础。

(二)物理因素所致职业病的常见行业和工种

1. 手臂振动病

①操作捶打工具的职业工人，以压缩空气为动力，如凿岩机、搅拌机、选煤机、空气锤、筛选机、铆钉机、铆打机、风铲、捣固机等；②手持转动工具的工人，如电钻、风钻、手摇钻、喷砂机、金

刚砂抛光机、钻孔机等；③从事固定轮转工具的工人，如砂轮机、抛光机、球磨机、电锯等；④驾驶交通运输与农业机械设备的驾驶员，如汽车、火车、脱粒机、收割机等，此时手臂长时间把持操作把手，存在患手臂振动病隐患。

2. 减压病

高气压环境主要有潜水作业、沉箱作业、特殊的高空飞行等，涉及到的职业工种主要有潜水员、沉箱工、隧道工以及加压舱与高压氧舱内工作的医务人员、科技人员和潜艇脱险人员等。

3. 高原病

在医学上，高原是指使人体产生明显生物学效应的海拔 3 000 米以上的地域，本标准适用于在海拔 3 000 米以上地区从事职业活动的在职职工，或因体育竞赛和军事训练等大型活动所发生的高原病。

（三）物理因素所致职业病的预防措施

1. 振动病

①控制振动源。应在设计、制造机械设备及工具时采取减振措施，使振动降低到对人体无害水平，这是最根本的措施。②改革工艺，采用减振、隔振等措施。如设计自动或半自动的操作装置降低振动强度；以液压、焊接、粘结等新工艺手段代替铆接等；减少手持振动工具重量，以减轻肌肉负荷及静力紧张等。③加强个人防护。发放个人防护用品如防震手套、减振座椅等。④限制作业时间和震动强度。建立合理的劳动制度，坚持工间休息及定期轮班工作制度，避免长时间处于振动状态，这是预防振动病的重要措施。⑤加强健康监护。对振动作业工人进行就业前的健康检查，有职业禁忌证者避免从事振动作业；加强健康宣传教育，提高工人自我保健意识。早期发现振动病患，应及时诊治；定期监测振动工具的强度，加强日常卫生保健等。

2. 减压病

①严格遵守减压规则。由于减压过程中，吸入二氧化碳越多，减压病发病率也越高，因此降低环境中二氧化碳浓度十分重要；另外，做好潜水供气（高压管路系统、装备系统、检修、保养、配气）和潜水技术保证等工作。②对员工进行医学防护知识培训，使其了解减压病的发病原因、临床表现及预防方法。③定期对员工进行健康体检。凡患有听觉器官、心血管系统、消化系统、呼吸系统、神经系统及皮肤疾病的，均不宜从事高压环境工作；重病后、体力衰弱者、远期骨折者、嗜酒者及肥胖者也均列为就业禁忌；骨关节尤其四肢大关节每年应进行 X 线摄片检查，一直到停止高气压作业后 4 年为止。

3. 高原病

①阶梯适应。职工由平原地区进入高原地区时，每天的登高高度不宜太高，建议在 3 000 米以下，每天登高＜600 米；3 000～5 000 米，每天登高 150～300 米；若进驻海拔 5 000 米以上高原时，可在海拔 2 000 米、3 000 米、4 000 米高度以上各至少停留 1～2 周。②注意防寒、保暖，保证休息。进入高原后，要注意休息，保证睡眠，前三天避免剧烈活动和重体力劳动；一周后，可逐渐增加活动量。③合理安排饮食。暴饮暴食、大量酗酒常诱发急性高原病发生，高碳水化合物及多饮水有助于预防和减轻急性高原病的发生和症状。④严密巡查。对出入高原的人员，特别是大批人员同时进入者，医务人员应加强巡视，尤其是加大早晨和夜间的巡视次数，

发现患者，及时报告，切实做到早发现、早诊治。⑤进行上岗前、在岗期间、离岗时职业健康检查，必要时进行应急健康检查。对于患有各种器质性心脏病、慢性肺功能不全、严重的胃肠道疾病、内分泌系统疾病、肝肾功能不全、癫痫及严重的神经衰弱者，不宜从事高原作业。

六、职业性皮肤病

(一)概述

在生产劳动过程中，由于受物理、化学、生物等职业危害因素的影响，导致皮肤及毛囊等附属器发生病变，称为职业性皮肤病。据历年《我国卫生事业发展统计公报》显示，职业性皮肤病中近半数为接触性皮炎。研究还发现，在我国皮肤科门诊所有接触性皮炎患者中，职业性皮肤炎约占 1/5，发病率相当高。

(二)职业性皮肤病分类

按照国家颁布的《职业病分类和目录》规定，职业性皮肤病可分为 9 类，根据其发病率高低，主要介绍以下 3 种。

1. 职业性皮炎

职业性皮炎占所有职业性皮肤病的 90%左右。因影响因素的不同，职业性皮炎大致可分为接触性皮肤炎、光接触性皮炎、电光性皮炎、放射性皮炎、药疹性皮炎 5 种。接触性皮肤炎主要是指直接或间接接触刺激物或变应原引起的刺激性或变应性接触皮炎；光接触性皮炎主要是指接触光敏感物并受到日光或人工紫外线光源照射引起的光毒性或光变应性接触皮炎；电光性皮炎主要是由于接触人工光源(如电焊等)而引起的急性皮炎；放射性皮炎是指接触物理性放射线等物质引起的病变；药疹性皮炎是指接触三氯乙烯等化合物后引起的皮肤、黏膜炎性反应。

2. 职业性皮肤色素变化

职业性皮肤色素变化可分为色素沉着和色素减退两种类型，前者主要是职业性黑变病，后者为职业性白斑。职业性黑变病又称焦油黑变病，是由于长期接触煤焦油、石油及其分馏产品、橡胶添加剂、某些颜料、染料等物质引起的一种慢性皮肤色素沉着性疾病；职业性白斑是由于某些职业危害因素所致，以皮肤色素脱失为特点的疾病，多见于穿戴或生产含有氢醌、二羟甲苯、对叔丁酸、酚醛等化合物的橡胶、防腐清洁剂、胶水、鞋等工人。

3. 职业性痤疮

职业性痤疮是指在生产劳动中接触矿物油类或某些卤素及其化合物引起的皮肤毛囊、皮脂腺系统的慢性炎症损害。由煤焦油、页岩油、天然石油及其高沸点分馏产品等引起的称为油痤疮；由某些卤代芳烃、多氯酚及聚氯乙烯热解物等引起的称为氯痤疮。

(三)职业性皮肤病的预防

职业性皮肤病是由于皮肤直接或间接接触致病物质引起的，因此预防的关键是避免接触致病源。

(1)避免与有害物质的接触。生产厂家可提供完善的作业场所,通过改进生产设备,改善劳动条件,安装通风、排水、灭菌消毒及废弃物处理系统,避免员工直接暴露于导致职业性皮肤病的环境中。

(2)加强个人防护。根据工作性质配备防护用品,如防护服、帽子、手套、口罩等用具。

(3)搞好生产环境与个人卫生,建立健全卫生制度,积极开展卫生宣传教育工作。

(4)定期安排职工接受医师检查,早期发现皮肤异常,及早诊治,对于确诊患者安排休息,必要时脱离原来的生产环境。

(5)对于特殊敏感个体特殊处理,妥善安排。如对于光敏感者,不宜接触光敏物,不宜在日光及紫外线作业环境下工作,严重痤疮的患者不宜接触致痤疮的化学物质等。

七、职业性眼病

(一)概述

职业性眼病是指劳动者在职业活动过程中由于接触职业危害因素而引起的各种眼部病变。职业危害因素主要是化学因素和物理因素两大类。化学因素可以引起眼部的接触性损伤,即化学性眼部灼伤,也可以经机体的吸收而引起白内障,如三硝基甲苯白内障;物理因素所致的眼部损伤主要由电离辐射和非电离辐射所致,前者主要有 X 射线、Y 射线、中子等,后者主要有紫外线、红外线、微波激光等,如电光性眼炎。

(二)职业性眼病的分类

按照国家颁布的《职业病分类与目录》规定,职业性眼病共包括化学性眼部灼伤、电光性眼炎、职业性白内障(含放射性白内障、三硝基甲苯白内障)三大类。

1. 化学性眼部灼伤

在生产过程中,由于直接或间接接触化学原料、成品或化工废物等导致的眼部损伤。随着化学工业的发展,化学性眼部灼伤有逐年增加的趋势,约占眼外伤的 10%左右;化学物质包括固体、液体和化学烟雾,所致眼外伤中 17%为固体化学物引起,31%为液体化学物引起,52%为化学烟雾所致。

2. 电光性眼炎

电光性眼炎是由于眼部受到紫外线照射而引起的角膜和结膜炎症,又称“紫外线眼炎”“闪光眼”“弧光眼”。电光性眼炎是工厂常见的外伤性眼病,因电焊紫外线对眼结膜的直接损害,引起眼结膜充血、剧痛、畏光、流泪。电焊工中电光性眼炎的患病率高达 70%~80%,重复患电光性眼炎的次数从几次到数十次不等。

3. 职业性白内障

职业性白内障主要是指劳动者在生产劳动或其他职业活动过程中,因接触放射性物质、三硝基甲苯、高温、激光等危害因素所引起的以晶状体浑浊为主的疾病,可表现为不同程度的视力障碍。常见的职业性白内障有三硝基甲苯白内障、汞中毒性晶体炎(汞晶体)、放射性白内障,都可见晶体内或晶体囊上有灰白色混浊。

(三)职业性眼病的预防

根据美国预防失明组织提供的数据,90%的眼部伤害事故,可以通过佩戴合适的眼面护具得以预防或减轻伤害。面部防护用品种类很多,根据功能不同,大致可分为安全防护眼镜、激光护目镜、微波护目镜、焊接用眼面护具、防高温面屏、防化学面屏、防冲击面屏、防化学眼罩以及呼吸器全面罩等。因此,根据职业性眼病致病方式的不同,采取相应的预防措施。

1. 化学性眼部灼伤

①加强安全防护教育,杜绝工作中的粗心大意,严格执行操作规程;②在工业劳动过程中佩戴防护眼镜或防护面罩,以防止化学物质溅入眼内;③农业生产过程中比如施肥或者喷洒农药时,要戴防护眼镜,工作中不要揉眼;④对防护设备要进行改进并定期维修,防止化学物质泄漏。

2. 电光性眼炎

①电焊工电焊时应严格按照操作规程,戴好防护面罩,辅助工需戴辅助防护眼镜;②在有其他工作人员的场所或路旁电焊,须有防护屏,当出现电弧光时,应将脸部转向侧后方,电焊场所需通风,不可在密闭处电焊,操作者应在上风向,以防烟雾刺激或中毒;③改善工作环境,如室内同时几部焊机工作时,最好中间设有隔离屏障,以免互相影响,墙壁上涂刷锌白、铬黄等物质,以吸收紫外线;④加强宣传教育,使人们认识到电光性眼炎的危害性,做好预防工作。

3. 职业性白内障

①加强安全防护教育,增强眼部安全防护意识;②避免工作中直接或间接受到紫外线的强烈照射,室外或室内有强光时戴有色眼镜;③避免接触三硝基甲苯、汞等易导致晶体浑浊的化学物质;④加强生产过程眼部安全的防护,避免因眼部受伤造成外伤性白内障等。

八、其他工作相关性疾病

(一)工作相关性肌肉骨骼疾病(WMSD)

1. 概述

这是目前世界上较常见的工作有关疾病,多是由于从事职业活动过程中,因固定姿势或强迫体位、负荷过重、快节奏且单调的操作引起,通常发生在肩、颈、背、腕、手和下肢等部位,临床上常表现为肩颈痛、腕管综合征、腰痛等。

近几十年来,与职业有关的慢性肌肉骨骼疾病问题日益突出,其影响到半数以上的职业人群。据国外报道该病在职业有关疾病中排第二位,国内研究报道,我国机械工人的职业性慢性肌肉骨骼疾病患病率达到64%,严重影响职工的身体健康。世界卫生组织将2000—2010年确定为“骨与关节病十年”,目的是提高各国政府对此病的重视与认识,鼓励国内与国际间的研究工作,最终改善职员的生活质量。

2. 预防 WMSD 的主要措施

(1)改善作业环境,从源头预防做起。企业应创造舒适的工作环境,提供休息场所,按照人机工效学原则改进工作场所设施和设备，使工作台、座椅、键盘等的高度可以调节，设备的设计符合人体解剖结构及生理、心理特点。有研究者对某办公室进行了工效学干预，包括改进工作场所的设备及日常的培训及注意事项，发现干预后员工不同部位相关疾病较干预前均有所降低。

（2）调整作业制度，合理组织生产劳动。企事业单位在组织生产劳动时，应根据劳动强度、工作时间、工作任务及职工的生理和心理的适应和承受能力进行合理安排。例如调整作业制度、合理安排工作节奏、定期进行工种轮换、适量增加公休时间，以利于职工消除疲劳、恢复体力。经研究发现，心理负荷过重与工作时间过长均会增加发生 WMSD 的风险。

（3）加强体育锻炼，增强机体抵抗力和耐受力。缺乏体育锻炼是发生 WMSD 的危险因素之一。企业单位在常规的劳动安排中应适量设置工间操及工后操，劳动者个人也应形成自觉体育锻炼的意识，积极参加体育活动，增强机体耐受力和抵抗力。

（4）加强卫生宣传教育，开展职业技能相关培训。对职工实施 WMSD 相关的知识培训以及专业技能培训，可使劳动者充分了解工作相关性肌肉骨骼疾病发生的成因及防护知识，使职工形成防范意识以及自我保健意识，养成良好的作业习惯，掌握正确的作业方法、作业姿势，消除不良习惯带来的肌肉负荷。另外，企事业单位也应为劳动者提供足够的职业卫生防护咨询资源。

（二）职业紧张

1. 概述

职业紧张也称为职业应激，是指在某种职业环境下，客观需求与个人适应能力失衡导致的生理和心理压力。实际上，适度的职业紧张有益于激发劳动者工作潜能，但如果长时间处于高度紧张状态，并且无法获得及时修复，可能会诱发焦虑、神经衰弱、胃肠失调、心血管病等身心疾病，不仅降低工作绩效，甚至影响职业生命质量。

职业紧张的诱因有很多，分为人际关系、职业发展、组织结构、社会支持等。世界卫生组织称，职业紧张已成为全球范围的流行病。据统计，目前西方流行的疾病中，80%与职业紧张有关。我国重庆市卫健委也曾做过一项调查显示，国内汽车制造企业 54.89%的工人有中度以上职业紧张；供电企业职工高度职业紧张检出率为 52.9%；劳动密集型企业女工检出率为 19.4%～28.6%；互联网企业员工中 34.0%有职业紧张；工伤事故也与职业紧张有明显关系。还有研究表明，高强度的脑力紧张还可能引起情绪障碍和自杀等心理疾病。

2. 预防职业紧张的主要措施

（1）减少职业性紧张源。根本途径是控制和消除在生产环境和劳动过程中的紧张因素，提高职工适应和控制能力。对于管理者应制定及采取积极有效的措施，消除和减低工作压力对职工造成的不良影响。比如，可以根据员工的能力和经验，分配合适的工作及工作量；提供足够的资源，包括人手、资源、技术训练等；严格按照国家规定的八小时工作制执行，合理安排员工休假制度；促进单位内的和谐气氛及团队精神，适当处理内部冲突及投诉建议等。

（2）增强个体应对能力。当受到职业性紧张源的刺激后，劳动者可通过克制、忍耐、回避或抒发情感的方法，将职业紧张状态的影响降到最低。首先，员工应与领导保持良好沟通，合理安排工作，改善时间管理；其次，改善生活方式，保证充足睡眠和均衡饮食，多做运动，增强体魄；再次，强化社会支援网络，遇到困难及时向家人、朋友倾诉，帮助自己获得应对职业紧张的能力；最后，如果压力持续存在，而且症状较重，自我放松无效，务必就医或向专业机构求助。

（三）职业性消化系统疾病

1. 概述

消化性溃疡是职业性消化系统疾病最常见的类型之一，其发病与胃酸分泌过多、幽门螺杆菌感染、黏膜屏障破坏有关，职业精神因素及应激状态也是重要影响因素。

大量研究发现，警察、医生、银行工作人员、监狱管理人员等，都是由于工作高度紧张，导致消化系统疾病的发病率明显升高；另外渔民、轮班者也易患溃疡病，高温作业工人由于出汗较多，盐分丧失，也易导致溃疡病；在溃疡病患者中，精神紧张和劳累在发病病因中占30%～40%，居于首位。

2. 预防职业性消化系统疾病的主要措施

①避免职业过程中的精神紧张，合理安排作息时间，不过度透支身体，避免劳累过度；②规律饮食，不暴饮暴食；③身体出现不适及时就医，及时诊治，预防疾病加重。

思考题

1. 简述我国常见法定职业病的特点及预防措施。

2. 简述我国常见工作有关疾病的特点及预防措施。

3. 结合本专业的典型工作岗位，阐述生产工艺过程中、劳动组织过程中、生产环境中的职业危害因素有哪些。

4. 分组讨论常见的电磁辐射来源及电脑电磁辐射如何防护。

5. 请谈谈职业紧张的积极作用和消极影响，讨论如何发挥职业紧张的积极作用，消除职业紧张的消极影响。

第七章

传染病防治

教学目标： 通过对传染病防治知识的阐述，学生对传染病的概念和基本特征能有比较清晰的认识，提高对传染病知识的认知，养成良好的公共卫生观念。

教学重点： 对于非医学专业人员，学习本章节的重点在于掌握传染病区别于其他疾病的基本特征、法定传染病的分类及管理、临床针对传染病防治的基本措施和社会对于传染病预防的一般措施。

教学难点： 本章的学习难点在于对传染病流行过程的掌握、突发公共卫生事件的界定与分级以及如何应对与处置突发公共卫生事件。

第一节 传染病的特征

传染病是由各种病原体引起的在人与人、动物与动物或人与动物之间相互传播的一类疾病。病原体从感染者排出，经过一定的传播途径，侵入易感者机体而形成感染。病原体包括病原微生物和寄生虫，病原微生物有病毒、细菌、真菌、立克次体、衣原体、支原体、螺旋体等；寄生虫有原虫、蠕虫、医学昆虫。原虫和蠕虫感染人体后引起的疾病称为寄生虫病。

传染病是导致人类健康损害的主要原因之一，从人类诞生的那刻起，传染病就成为威胁人类健康的隐患。纵观历史，大规模的瘟疫暴发严重影响到历史的演进。随着社会经济的发展和人们生活水平的提高，传染病的发病率和死亡率得到有效的控制，但是一些古老的传染病死灰复燃，新的传染病不断发生，危害着人群的健康。

中华人民共和国成立以后，在“预防为主，防治结合”的卫生方针的指引下，天花已被消灭，脊髓灰质炎已接近被消灭；许多传染病，如乙型脑炎、麻疹、白喉、百日咳和新生儿破伤风等的发病率明显下降。但也有一些传染病，如病毒性肝炎、感染性腹泻、肾综合征出血热、结核病、狂犬病等仍广泛存在。新发传染病如新型冠状病毒肺炎（简称新冠肺炎）、艾滋病、传染性非典型肺炎（SARS）、人感染禽流感、手足口病等不断出现，尤其是 2019 年底以来直至现在，新型冠状病毒肺炎在全球不断肆虐，威胁人类健康，因而传染病的防治工作仍然任重道远。

一、传染病的基本特征

传染病与其他疾病的主要区别在于其具有以下 4 个基本特征。

（一）有病原体

每种传染病都是由特异的病原体引起的，包括微生物与寄生虫。例如，甲型肝炎的病原体是甲型肝炎病毒（HAV）、艾滋病的病原体是人免疫缺陷病毒（HIV）、细菌性痢疾的病原体是痢疾杆菌、疟疾的病原体是疟原虫、日本血吸虫病的病原体是日本血吸虫、新型冠状病毒肺炎病原体是新型冠状病毒。新型冠状病毒是一种新发现的病原体，人群普遍易感。临床上检出病原体对诊断有重要意义。但是在历史上，许多传染病（如霍乱、伤寒）都是先认识其临床表现和流行病学特征，然后认识其病原体的，且常常需要一个过程。

（二）有传染性

传染性是指病原体由宿主体内排出，经一定途径传染给另一个宿主的特性。各种传染病都具有一定的传染性，这是传染病与其他感染性疾病的主要区别。例如，耳源性脑膜炎和流行性脑脊髓膜炎在临床上都表现为化脓性脑膜炎，但前者无传染性，无须隔离；而后者有传染性，属于传染病，必须隔离。传染病患者具有传染性的时期称为传染期，传染期是决定患者隔离期限的重要依据。

(三)有流行病学特征

传染病的流行过程在自然因素和社会因素的作用下表现出各种特征。

1. 流行性

流行性是指传染病在一定条件下能在人群中广泛传播、蔓延的特性。传染病的流行性按其强度可分为散发、流行、大流行和暴发。散发是指某传染病在某地的常年发病水平。流行是指某种传染病的发病率显著高于当年常年发病率。大流行是指某传染病在一定时间内迅速蔓延,波及范围广泛,超出国界或州界。暴发流行是指传染病病例的发病时间分布高度集中于一个短时间内(通常为该病的潜伏期内),多由同一传染源或共同的传播途径引起。

2. 季节性

季节性是指某些传染病的发生和流行受季节的影响,在每年的一定季节里出现发病率升高的现象。例如,冬、春季节,呼吸道传染病的发病率增高;夏、秋季节,消化道传染病的发病率增高。虫媒传染病有明显的季节性,与媒介节肢动物活跃的季节相一致,如在蚊子活动的季节,流行性乙型脑炎的发病率增高。

3. 地方性

受地理、气候等自然因素或人们生活习惯等社会因素的影响,某些传染病仅局限在一定的地区内发生,这种传染病称为地方性传染病。例如,血吸虫病多发生于钉螺容易存在的长江以南地区。以野生动物为主要传染源的疾病称为自然疫源性传染病或人畜共患病,如流行性出血热、鼠疫、钩端螺旋体病、传染性非典型肺炎等。存在此类疾病的地区称为自然疫源地,人进入此地区就有被感染的可能,自然疫源性传染病属于地方性传染病。

此外,发病率在不同人群(年龄、性别、职业)中的分布特征也是传染病的流行病学特征。

(四)有感染后免疫

人体感染病原体后,无论是显性感染还是隐性感染,均能产生针对病原体及其产物(如毒素)的特异性免疫;且属于主动免疫,这种保持性免疫可通过抗体(抗毒素、中和抗体等)检测而获知。感染后免疫的持续时间在不同传染病有很大差异。一般来说,病毒性传染病(如麻疹、脊髓灰质炎、流行性乙型脑炎等)患者的免疫持续时间最长,往往保持终生,但也有例外(如流行性感冒)。细菌、螺旋体、原虫性传染病(如细菌性痢疾、阿米巴病、钩端螺旋体病等)患者的免疫持续时间较短,仅为数月至数年,但也有例外(如伤寒)。蠕虫病感染后通常不产生保护性免疫,因而往往发生重复感染(如血吸虫病、钩虫病、蛔虫病等)。

二、传染病的流行过程

传染病在人群中的流行过程,指病原体从感染者体内排出,经过一定的传播途径,侵入易感者机体形成新的感染,并不断发生、发展的过程。传染病的流行须具备 3 个基本环节:传染源、传播途径和易感人群。3 个环节同时存在、相互联系,才能构成传染病流行,如果缺少其中任何一个环节,新的传染不会发生,也不会形成流行。

(一)传染源

传染源是指体内有病原体生存、繁殖并能排出病原体的人或动物，包括患传染病的病人、病原携带者和受感染的动物。

1. 人作为传染源

传染病患者是重要的传染源。传染病患者体内存在大量病原体，其某些症状有利于病原体的排出，如麻疹、百日咳等呼吸道传染病患者通过咳嗽，细菌性痢疾、霍乱等消化道传染病患者通过腹泻等症状排出病原体，易感人群与之接触，增加了传染病的传播机会。病原体的数量和频率不同，作为传染源的意义也不同。

2. 受感染的动物作为传染源

人类罹患以动物为传染源的疾病统称为动物性传染病，又称人畜共患病。受感染的动物尤其是野生动物是人畜共患病的重要传染源，如受感染的猪、鸡、鸭等是人感染高致病性禽流感的重要传染源。动物作为传染源的意义取决于人与受感染动物接触的机会和密切程度、受感染动物的种类和数量，以及环境中是否有适宜该疾病传播的条件等。此外，与人们的卫生知识水平和生活习惯等因素也有很大关系。

(二) 传播途径

传播途径指病原体从传染源排出后，到达易感者所经历的途径。参与传播病原体的环境因素(媒介物)称为传播因素(传播媒介)。传染病可通过一种或多种途径传播。

1. 经空气传播

是呼吸系统传染病的主要传播方式，包括飞沫、飞沫核与尘埃 3 种。

经空气传播的传染病的流行特征为：①传播广泛，发病率高；②冬、春季节高发；③少年儿童多见；④在未经免疫预防的人群中，发病呈现周期性；⑤居住拥挤和人口密度大的地区高发。

2. 经水传播

包括经饮用水传播和接触疫水传播两种方式，一般肠道传染病经此途径传播。

(1)经饮用水传播的传染病：主要有霍乱、伤寒和细菌性痢疾及甲型肝炎等。

经饮用水传播的流行特征为：①病例分布与供水范围一致，有饮用同一水源史；②除哺乳婴儿外，无职业、年龄及性别的差异；③如水源经常受污染，则病例长期不断；④停用污染源或采取净化、消毒措施后，暴发或流行即可平息。

(2)经接触疫水传播的传染病：像血吸虫病、钩端螺旋体病等。

该类传染病的流行特征为：①病人有接触疫水史；②发病有地区、季节、职业分布特点；③大量易感人群进入疫区，可引起暴发或流行；④加强个人防护、对疫水采取措施等可控制疾病的流行。

3. 经食物传播

主要为肠道传染病、某些寄生虫病、少数呼吸系统疾病等。当食物本身含有病原体或受病原体污染时，易感者因为进食了这种被污染的食物，可引起传染病的传播。

1988 年上海发生的甲肝流行，就是由于生吃或半生吃受甲肝病毒污染的毛蚶所致。食物是病原微生物生存的良好环境，在其生产、加工、运输、储存及销售的各个环节均可被病原微生物污染，其中以鱼、肉类和乳制品污染最为重要。

经食物传播的传染病的流行特征：①病人有食用相同食物的历史，不进食者不发病；②患者的潜伏期短，一次大量污染可致暴发或流行；③停止供应污染食物，暴发或流行即可平息。

4. 接触传播

通常分为直接接触传播和间接接触传播两种。

（1）直接接触传播：是指没有外界因素参与下，易感者与传染源直接接触而导致的传播，如性病、狂犬病等的传播。

（2）间接接触传播：是指易感者接触了被传染源的排泄物或分泌物污染的日常生活物品，如毛巾、餐具、门把手、电话柄等所造成的传播，此种传播方式又称为日常生活接触传播。许多肠道传染病、某些人畜共患病均可以此方式传播。

5. 虫媒传播

又称经节肢动物传播，是以节肢动物作为传播媒介而造成的感染，病原体通过节肢动物、昆虫等媒介生物的携带或叮咬传至易感者，病原体通过机械携带或生物性（吸血）传播。经节肢动物传播的传染病的流行特征：①有明显的地区性，病例的分布与传播该病的节肢动物的分布一致；②多呈季节性分布，发病率升高与节肢动物的活动季节一致；③有职业及年龄分布特点，从事特殊职业的人群发病多，如森林脑炎多见于伐木工人；④一般无人与人之间的相互传播。

6. 经土壤传播

是指易感人群接触了被病原体污染的土壤所致的传播。

经土壤传播的疾病主要有蛔虫、钩虫等一些肠道寄生虫及能形成芽孢的细菌，如破伤风杆菌、炭疽杆菌。寄生虫卵或细菌的芽孢在土壤中的传染力可达数十年。有些寄生虫卵从宿主排出后，需在土壤中发育一段时间才具有感染力。经土壤传播传染病的意义取决于病原体在土壤中的存活时间、人与土壤的接触机会以及个人的卫生习惯和劳动条件等，如赤脚劳作容易患钩虫病，有破损的皮肤接触土壤易患破伤风等。

7. 医源性传播

指在医疗和预防工作中，因为未能严格执行规章制度和操作规程，使医疗卫生场所、医疗器械、生物制品和血液制品受到病原体的污染，使得易感者在就医或从事医疗工作等过程中人为地被感染，造成某此传染病的传播称为医源性传播。

医源性传播可分为两类：一是易感者在接受检查或治疗时由污染的器械导致的传播；二是由于输血或所使用的生物制品和药品遭受污染而造成的传播，如病人在输血时感染乙型肝炎、丙型肝炎或艾滋病等。

8. 垂直传播

是指病原体通过母体传给子代的传播，或称母婴传播。垂直传播是母体与子体两代之间的传播，主要方式包括经胎盘传播、上行性传播和分娩时传播 3 种方式。

（三）易感人群

人群作为一个整体对传染病的易感程度称为人群易感性。人群易感性的高低取决于该人群中易感个体占全部人口的比例。评价人群对某传染病的易感性的高低，可以从人群中该病既往流行情况、针对该病的预防接种情况以及人群进行该传染病抗体水平检测结果等进行判定。

三、影响传染病流行的因素

人类发展的历史，同时也伴随着新发的或复燃的传染病的暴发和流行。当今时代，随着全球化进程的加剧，科技的飞速发展，环境与资源的过度开发，使得世界各个地区传染病暴发和流行不断。传染病在人群中的流行过程依赖于传染源、传播途径及易感人群 3 个环节的连接和延续，3 个环节的连接往往受到很多因素的影响和制约，这些因素在不同时期、不同地点表现各异。

（一）自然因素

影响传染病流行过程的自然因素很多，包括地理、气候、土壤、动植物等，其中以地理因素和气候因素的影响较显著。

（二）社会因素

包括人类的一切活动，如人们的卫生习惯、防疫工作、医疗卫生条件、生活和营养条件、居住环境、社会制度、生产活动、职业、卫生文化水平、风俗习惯、宗教信仰、社会的安定或动荡等。社会因素主要通过促使人类与病原体的接触来影响传染病的流行与传播，近年来新发、再发传染病的流行，很大程度上受到了社会因素的影响。

四、传染病流行对社会的影响

传染病是对人类危害最大的一类疾病，也是引起人类死亡的主要原因之一。纵观历史上发生的传染病，不仅导致人员的伤亡，还产生以下严重的后果和影响。

（一）由于病因未明导致社会恐慌

1665 年伦敦发生的鼠疫流行，因为最初的病因未明，加重了疫情的神秘恐怖色彩，许多无辜者被指控传播鼠疫而被恐慌的市民处死，猫也被当作瘟疫之源被赶尽杀绝，以致老鼠泛滥，疫情流行更加肆虐，社会一度瘫痪。

（二）人口骤减危及生存

1518—1526 年的天花流行，导致有几千万人口的阿兹特克帝国（现墨西哥境内）消失。殖民者故意传播的天花病毒，导致北美几个印第安部落人口数目骤减，甚至完全灭绝。

（三）严重减员影响战斗力

1812 年拿破仑率领 50 万大军入侵俄国，正赶上伤寒、痢疾的暴发流行，因传染病死亡的官兵远远超过战死的士兵，一年后败退时部队仅剩 3 000 余人。第二次世界大战期间，疟疾在盟军中流行，致使大量的士兵死亡或丧失战斗力。

(四)促进公共卫生事业和医学发展

1865—1875年的霍乱第四次大流行,人们因此开始注意水源、食品、环境等的卫生状况,从公共卫生角度重新考虑城市规划,英国内科医生约翰·斯诺对伦敦霍乱流行进行的医学调查,开创了早期的流行病学现场调查工作。

五、传染病的疾病负担

疾病负担是指疾病、伤残和过早死亡对整个社会经济及健康的压力,包括病伤的流行病学负担和病伤的经济负担。

(一)传染病的流行病学负担

疾病的流行病学负担可利用传染病的发病率、患病率、死亡率、门诊和住院率、药品利用情况、健康调整寿命年数、伤残调整寿命年数以及与健康有关的生存质量、潜在减寿年数等指标来描述。人类历史经历的无数次传染病暴发流行当中,最严重的还数14世纪中叶的黑死病。虽然黑死病被认为是欧洲人的梦魇,但是黑死病对传统意义上的亚、欧、非洲大部分地区产生了巨大影响,黑死病是有史以来造成死亡人数最多的传染病。

法定监测系统和监测网络是传染病中防治的重大措施。对传染病的发病率、死亡率和病死率进行监测和统计,国家可以利用有限的资源预防和控制某段时期对人民生命安全和身体健康影响最大的传染病,预防突发公共卫生事件的发生。目前中国出台的肺结核免费检测和治疗,就是针对国家肺结核发病率居高不下的疫情所采取的重要政策。无法通过疫苗预防,感染持续时间较长的传染病可以开展早期筛查和早期干预项目,对提高传染病预防和控制的效果,降低卫生资源投入成本,具有重要意义。

(二)传染病的经济负担

世界全球化发展推动了各国经济与文化的交流,在缩短了国家与国家之间距离的同时,全球旅游业的发展使得传染病在国际间快速传播的可能性越来越明显。传染病的全球化趋势,使得人类又一次处于传染病发生和流行的威胁之中,面临新老传染病的双重威胁,传染病遇到的防治形势更为复杂和艰巨。滥用药物、性行为不检点、环境污染、城市拥挤和个人卫生习惯不好加速了传染病的传播和流行。

传染病引发的卫生安全触及个人的生命和经济安全、政治安全和社会群体安全。全球每年死亡人口中约有1/4死于传染病,在非洲这一比例达到60%以上。传染病暴发和流行对交通运输、旅游、贸易的影响极为明显,并通过人流、物流和资金流相继减损的链条传递,最终影响世界经济的发展。"因病致贫,贫病交加"是世界各地区的普遍规律。传染病的暴发和流行增加了对医疗资源的需求,加重了家庭和国家的经济负担。

传染病的发病率、死亡率和国内生产总值、人均GDP、城镇人均收入、农村人均收入、卫生总费用、政府卫生支出、社会卫生支持和个人卫生支出呈负相关。国家经济发展可以提高传染病的预防和控制率,降低其发病率;而传染病的病死率在一定程度上与患者是否及时就医、是否接受治疗有关。经济总量反映一个国家的经济实力,人均收入反映人民的富裕程度。进一步发展经济，提高人均收入，缩小贫富差距，提高农民收入，扩大对低收入人群的医疗保障，改善农村卫生设施，是降低传染病的发病率、死亡率和病死率的重要手段。中国的医疗体制改革和新农村合作医疗在传染病的预防控制和治疗中发挥了重大作用。

第二节 传染病的预防措施

尽管传染病对人类造成了严重的危害，但传染病仍然是可以预防和控制的。其中疫苗的使用对控制传染病流行起着关键性的作用。此外，制定和实施传染病的管理策略和措施，能有效地预防传染病的暴发和流行。

一、临床对传染病进行预防的措施

临床对传染病进行预防的措施是针对传染病流行 3 个基本环节采取的措施，主要包括管理传染源、切断传播途径和保护易感人群。

(一)管理传染源

传染病的传染源可为患者、接触者、病原携带者和动物传染源，故为了防止传染病的传播与流行，必须加强管理。

1. 对患者的管理

传染病有不同的种类，对不同种类传染病患者的管理要求不尽相同。

(1)传染病的种类。《中华人民共和国传染病防治法》(简称《传染病防治法》)规定法定传染病分为甲、乙、丙 3 类 39 种。

甲类传染病，共 2 种：鼠疫、霍乱。

乙类传染病，共 27 种：新型冠状病毒肺炎、传染性非典型肺炎、艾滋病、病毒性肝炎、脊髓灰质炎、人感染高致病性禽流感、甲型 H1N1 流感、麻疹、流行性出血热、狂犬病、流行性乙型脑炎、登革热、炭疽、细菌性和阿米巴性痢疾、肺结核、伤寒和副伤寒、流行性脑脊髓膜炎、百日咳、白喉、新生儿破伤风、猩红热、布鲁菌病、淋病、梅毒、钩端螺旋体病、血吸虫病、疟疾。

丙类传染病，共 11 种：流行性感冒(流感)、流行性腮腺炎、风疹、急性出血性结膜炎、麻风病、流行性和地方性斑疹伤寒、黑热病、棘球蚴病、丝虫病，除霍乱、细菌性和阿米巴性痢疾、伤寒和副伤寒以外的感染性腹泻病、手足口病。

(2)对不同种类传染病患者的管理要求。临床对传染病患者应尽量做到早发现、早诊断、早报告、早隔离、早治疗。传染病报告制度是早期发现传染病的重要措施，必须严格遵守。任何单位和个人发现传染病患者或者疑似传染病患者时，应当及时向附近的疾病预防控制机构或医疗机构报告。不同种类传染病的报告时间规定如下。

甲类为强制管理传染病，城镇要求于发现后 2 小时内上报，农村要求不超过 6 小时。

乙类为严格管理传染病，城镇要求发现后6小时内上报，农村要求不超过12小时。

丙类为监测管理传染病，要求发现后24小时内上报。

对乙类传染病中的新型冠状病毒肺炎、传染性非典型肺炎、炭疽中的肺炭疽和人感染高致病性禽流感采取甲类传染病的预防控制措施。

2. 对接触者的管理

接触者是指曾经与传染源发生过接触的人，他可能受到感染而处于疾病的潜伏期，即有可能是传染源。对接触者，应按具体情况采取检疫措施、密切临床观察措施、药物预防或预防接种措施等。

3. 对病原携带者的管理

在传染病的预防中，早期发现病原携带者十分重要。医护人员应对人群中检出的病原携带者进行治疗、教育、调整工作岗位和随访观察。接触者，有传染病病史者，流行区居民和服务性行业、托幼机构、供水行业的工作人员应定时普查，以便尽早检出病原携带者。

4. 对动物传染源的管理

对动物传染源，对有经济价值的家禽、家畜，应尽可能加以治疗，必要时宰杀后加以消毒；对无经济价值者则应设法消灭。

对传染病患者或病原携带者，相关部门和人员应按规定采取隔离措施。医护人员在传染病房内工作时应严格掌握清洁区、半污染区和污染区的相关制度、操作与注意事项，以防引起交叉感染。

(二)切断传播途径

切断传染病传播途径的措施包括一般卫生措施和消毒。

1. 一般卫生措施

临床可根据传染病不同的传播途径采取不同的预防措施。对消化道传染病，应着重做好水源、饮食、粪便的管理，搞好个人卫生和环境卫生；对呼吸道传染病，应着重保持室内空气新鲜，必要时进行空气消毒，提倡在呼吸道疾病流行季节戴口罩；对消化道、虫媒、寄生虫传染病，应大力开展除“四害”(老鼠、蚊子、苍蝇和臭虫)卫生运动。这些为重要的切断传播途径的一般卫生措施。

2. 消毒

消毒是指用物理、化学方法消除或杀灭环境中的病原微生物。广义的消毒包括消灭病原体的传播媒介即杀虫措施在内，狭义的消毒是指消灭污染环境的病原体。做好消毒工作是切断传播途径的重要措施，控制传染病的传播。

(1)消毒的种类。消毒可分为疫源地消毒和预防性消毒两个方面。

疫源地消毒是指对有传染源存在或曾经存在的地点所进行的消毒。①随时消毒：指随时对传染源的分泌物、排泄物、污染物品及所在场所进行的消毒。②终末消毒：指传染源离开疫源地后所进行的最后一次彻底的消毒，即患者出院、转科或死亡后对其所住病室和用物等进行的消毒。

预防性消毒是指对可能受到病原体污染的物品和场所进行的消毒。预防性消毒以预防传染病的发生为目的，包括病室的日常卫生处理、餐具消毒、粪便垃圾的无害化处理等。

（2）消毒的方法。常用的消毒方法主要包括物理消毒法和化学消毒法两种。

物理消毒法包括：①热消毒法。包括煮沸、高压蒸汽灭菌、焚烧等方法，可杀灭各种病原体。②辐射消毒法。包括日晒法、紫外线消毒、红外线消毒、微波消毒、X 射线消毒和高能电子束消毒等。其中，紫外线有广谱杀菌作用，但其穿透力差，对乙型病毒性肝炎无效；γ 射线可用于常温下不耐热物品的灭菌，有广谱杀菌作用，但设备较为昂贵。

化学消毒法利用某些化学消毒剂可作用于病原体蛋白、酶系统或核酸系统，使之氧化、变性、凝固、裂解，从而影响病原体的生理功能，甚至破坏其结构而使之被杀灭。

化学消毒法包括：①氧化消毒剂。如过氧乙酸、过氧化氢等，主要靠其强大的氧化能力来灭菌，但有较强的腐蚀性和刺激性。②含氯消毒剂。如 84 消毒液等，这类消毒剂可在水中产生次氯酸，具有强大的杀菌作用，杀菌谱广、作用快、毒性低、价格低廉，但对金属制品有腐蚀作用。③醛类消毒剂。常用的有戊二醛，具有广谱、高效、快速的杀菌作用，适用于精密仪器、内镜的消毒。④碘类、醇类消毒剂。如 2.5%碘酊、0.5%碘伏、75%乙醇、安尔碘等，具有广谱和快速的杀菌作用，可用于皮肤、食具和医疗器械的消毒。⑤杂环类气体消毒剂。主要有环氧乙烷、环氧丙烷等，为一类广谱、高效的消毒剂，可用于医疗器械、精密仪器及皮毛类物品的消毒。

（三）保护易感人群

预防传染病的发生、发展和流行对保护易感人群十分重要，其主要措施如下。

1. 提高非特异性免疫力

规律而健康的生活方式、加强体育锻炼、改善营养等均可增强人体的非特异性免疫力。

2. 提高特异性免疫力

人体可通过感染、预防接种获得对该种传染病的特异性免疫力，其中预防接种是预防传染病的非常重要的措施。

（1）人工主动免疫。人工主动免疫是指接种疫苗、菌苗及类毒素，使机体产生对病毒、细菌和毒素的特异性主动免疫。通过人工主动免疫获得的免疫力可保持数月或数年。根据规定的免疫程序对易感人群有计划地进行生物制品的预防接种称为计划免疫。实施儿童计划免疫是预防传染病的重要措施之一。我国已将多种传染病的预防接种列入了计划免疫项目。

（2）被动免疫。接种抗毒素、特异性高价免疫球蛋白和丙种球蛋白可使机体产生特异性免疫力。被动免疫常用于治疗及对接触者的紧急预防，通过被动免疫获得的免疫力仅能维持 2～3 周。

（3）药物预防。有些传染病可通过服药进行预防，如流行性脑脊髓膜炎密切接触者可口服磺胺类药物进行预防。

（四）其他

传染病的隔离是指将传染病患者或病原携带者安置在指定的地点，将其与健康人和非传染病患者分开，以便于集中治疗和护理，防止病原体传染和扩散的措施。为防止医院内一些对感染高度易感的患者受到来自其他患者、医护人员、探视者及病区环境中各种致病微生物的感染所采取的隔离措施称为保护性隔离。

隔离主要包括呼吸道隔离、消化道隔离、严密隔离、虫媒隔离、接触隔离和血液－体液隔离。

1. 呼吸道隔离(蓝色标志)

适用于经空气和飞沫传播的各种呼吸道传染病，如流行性感冒、麻疹、水痘、流行性腮腺炎、猩红热、百日咳、流行性脑脊髓膜炎、甲型 H1N1 流感等。

2. 消化道隔离(棕色标志)

适用于经粪－口途径传播的消化道传染病，如伤寒、细菌性痢疾等。

3. 严密隔离(黄色标志)

适用于由强毒力病原体感染、有高度传染性和致死性的疾病，包括肺鼠疫、肺炭疽、霍乱、传染性非典型性肺炎、新型冠状病毒肺炎等。

4. 接触隔离(橙色标志)

适用于病原体直接或间接接触皮肤或黏膜而引起的传染病，如狂犬病、破伤风等。

5. 血液-体液隔离(红色标志)

适用于由血液、体液及血制品传播的传染病，如乙型肝炎、丙型肝炎、梅毒、艾滋病等。

6. 虫媒隔离

适用于以昆虫为媒介的传染病，如流行性乙型脑炎、疟疾等。

二、社会对传染病的一般预防措施

(一)开展健康教育

通过健康教育可以改变人们的不良卫生习惯和行为方式以切断传染病的传播途径。健康教育的形式可以多种多样，针对不同教育背景的人群选择大众媒体、专业讲座等各种针对性手段，帮助他们获得有关传染病的预防知识。

(二)改善卫生条件

改善居民的居住环境、保护水源、提供安全饮用水、加强食品卫生监督和管理、加强垃圾、粪便的无害化处理等，有助于避免和减少传染病的发生和传播。

(三)国境卫生检疫

为了防止传染病由国外传入和从国内传出，在一个国家国际通航的港口、机场、陆地边境和国界江河口岸设立国境卫生检疫机关，对进出国境人员、交通工具、货物、行李和邮件等实施医学检查和必要的卫生处理，这种综合性措施即为国境卫生检疫。

第三节 突发公共卫生事件处置

人类在认识世界和改造世界的活动中，发现和创造了大量的物质和精神财富，同时也带来了诸多问题。当前，突发公共卫生事件已成为人类必须面对的严重问题。21 世纪以来，各种突发事件包括重大疫情、中毒、化学毒物泄漏、自然灾害等频繁发生。这些突发事件都造成了巨大的社会和个人的经济损失，影响着人类的健康和幸福，引起了社会动荡。如何避免突发事件的发生，或对已发生的突发事件进行处理从而减少损害，已成为许多国家重要的公共卫生问题。

回顾人类历史，从公元前几乎摧毁整座雅典城的“雅典瘟疫”到 2002 年冬始于广东最终波及 32 个国家和地区的 SARS，再到最早发现于 2019 年 11 月至今仍在全球肆虐的新型冠状病毒肺炎，这些严重危害人类健康和对人们生命构成严重威胁的事件在人类社会发展过程中频繁发生。但是在 SARS 暴发之前，许多人对“突发公共卫生事件”这一名词还很陌生。我国于 2003 年 5 月 7 日公布了《突发公共卫生事件应急条例》，《条例》对“突发公共卫生事件”给出了明确的定义：指突然发生，造成或者可能造成社会公众健康严重损失的重大传染病疫情、群体性不明原因疾病、重大食物和职业中毒以及其他严重影响公众健康的事件。该定义明确规定了突发公共卫生事件的特点和范畴。

一、突发公共卫生事件的特征

2003 年的 SARS 疫情、2008 年的四川汶川大地震以及如今仍在全球流行的新型冠状病毒肺炎疫情，都是突如其来、造成大量人员伤亡的事件。纵观人类社会上各种突发公共卫生事件包括重大传染病疫情、中毒、化学毒物泄漏、自然灾害等，其共同的特征是：在某一短时间内突然发生，造成众多伤亡或对人群的生命和身心健康构成严重的威胁，产生巨大的公共卫生影响。

（一）发生的突然性

突发公共卫生事件多为突然发生，往往事先没有预兆，人们没有防备，以致难以提前做出避免此类事件发生的应对措施，突发后要求人们必须在极短的时间内做出分析、判断。例如，SARS 突然出现，事先没有先兆，未能预料，直到患者突然发病，病情又紧急又严重。由于人们对其病因、病原、传播途径、治疗方法、预防方法等没有明确的认识，一时难以采取最有效的治疗措施。

（二）危害的严重性

突发公共卫生事件往往影响严重，常导致大量伤亡和妨碍居民的身心健康。主要表现为受影响人数多，死亡率较高。如 1984 年印度博帕尔事件，农药厂泄漏出来的异氰酸甲酯毒气在 4 小时内扩散到 40 平方公里范围内，波及 11 个居民区，受害者达 52 万人。

(三)影响的公共性

突发公共卫生事件并非仅仅影响少数几个人的健康,而是影响到广泛的社会群体,而且群体受害者之间都存在着一种已知或尚未查明的共同受害原因。如 1992 年在南亚发生的 O139 新型霍乱使数十万人发病;2008 年中国的三鹿奶粉事件累计报告患儿近 29.6 万人;新型冠状病毒肺炎至今已造成全球范围内超过 5 亿人感染,600 余万人死亡。

(四)处理的复杂性

突发公共卫生事件发生突然,人们没有防备,应对时间紧迫,有些疾病(如 SARS)甚至难以诊断或是没有特效药,给治疗带来很多困难。因此,在采取应急措施方面如现场抢救、控制和救治,原因的调查和善后处理涉及多系统、多部门,如卫生部门、生产部门、交通部门、公安部门、城建部门、环保部门等。突发公共卫生事件的处理必须统筹兼顾,科学决策,在政府领导下综合协调处理。

二、突发公共卫生事件的界定与分级

(一)突发公共卫生事件的界定

我国根据《突发公共卫生事件应急条例》对突发公共卫生事件进行界定。

1. 重大传染病疫情

重大传染病疫情是指传染病的暴发(在一个局部地区短期突然发现多例同一种传染病患者)和流行(一个地区某种传染病发病率显著超过该病历年的一般发病率水平),包括鼠疫、肺炭疽和霍乱的暴发,动物间鼠疫、布鲁氏杆菌病和炭疽等流行,乙、丙类传染病暴发或多例死亡,罕见或已消灭的传染病,新传染病的疑似病例等。

2. 群体性不明原因性疾病

群体性不明原因性疾病是指一定时间内(通常是指 2 周内),某个相对集中的区域(如同一个医疗机构、自然村、社区、建筑工地、学校等集体单位)内同时或者相继出现 3 例以上相同临床表现,经县级及以上医院组织专家会诊,不能诊断或解释病因,有重症病例或死亡病例发生的疾病。

3. 重大食物中毒和职业中毒

包括中毒人数超过 30 或出现死亡 1 例以上的饮用水和食物中毒,短期内发生 3 人以上或出现死亡 1 例以上的职业中毒。

4. 其他严重影响公众健康的事件

包括医源性感染暴发,药品或免疫接种引起的群体性反应或死亡事件;严重威胁或危害公众健康的水、环境、食品污染和放射性、有毒有害化学性物质丢失、泄漏等事件;生物、化学、核辐射等恐怖袭击事件;有毒有害化学品、生物毒素等引起的集体性急性中毒事件;地震、海啸、山体滑坡、台风和森林火灾等自然灾害;有潜在威胁的传染病动物宿主、媒介生物发生异常和学生因意外事故自杀或他杀出现 1 例以上的死亡以及上级卫生行政部门临时规定的其他重大公共卫生事件。

(二)突发公共卫生事件的分级

根据突发公共卫生事件性质、危害程度、涉及范围，突发公共卫生事件分为特别重大(Ⅰ级)、重大(Ⅱ级)、较大(Ⅲ级)和一般(Ⅳ级)四级(表7-1)。

表7-1 突发公共卫生事件的分级

级别	分级依据
Ⅰ级	1. 一次事件出现特别重大人员伤亡，而且危重人员多，或者核事故和突发放射事件、化学品泄漏事故导致大量人员伤亡，事件发生地省级人民政府或有关部门请求国家在医疗卫生救援工作上给予支持的突发公共事件。 2. 跨省(区、市)的有特别严重人员伤亡的突发公共事件。 3. 国务院及其有关部门确定的其他需要开展医疗卫生救援工作的特别重大突发公共事件。
Ⅱ级	1. 一次事件出现重大人员伤亡，其中死亡和危重病例超过5例的突发公共事件。 2. 跨市(地)的有严重人员伤亡的突发公共事件。 3. 省级人民政府及其有关部门确定的其他需要开展医疗卫生救援工作的重大突发公共事件。
Ⅲ级	1. 一次事件出现较大人员伤亡，其中死亡和危重病例超过3例的突发公共事件。 2. 市(地)级人民政府及其有关部门确定的其他需要开展医疗卫生救援工作的重大突发公共事件。
Ⅳ级	1. 一次事件出现一定数量人员伤亡，死亡和危重病例超过1例的突发公共事件。 2. 县级人民政府及其有关部门确定的其他需要开展医疗卫生救援工作的重大突发公共事件。

三、如何应对与处置突发公共卫生事件

突发公共卫生事件不仅给人们的健康和生命安全造成了极大危害，也对经济发展和社会稳定构成了巨大威胁，如何应对与处置突发公共卫生事件已成为国际社会广泛关注的世界性问题。中国在应对与处置2003年“SARS”事件过程中，将SARS列入法定传染病的管理范围，组建了中国防治非典型肺炎指挥部，统一领导中国防治工作，制定和颁布了《突发公共卫生事件应急条例》和《传染性非典型肺炎的管理办法》，表明中国已将突发公共卫生事件应对与处置工作纳入依法、科学、规范、有序的管理轨道。应对与处置突发公共卫生事件应做好应急准备、提高现场应急处理能力、信息发布和公众引导及善后处理4方面工作。

(一)应急准备

突发公共卫生事件应急准备包括制订应急预案、人力的准备和物力的准备。

1. 制订应急预案

2006年1月8日起实施的《国家突发公共事件总体应急预案》是国务院应对特别重大突发公共事件的规范性文件，是全国应急预案体系的总纲。《国家突发公共事件总体应急预案》与各类专项预案、部门预案、地方预案、企事业单位根据相关法律法规制定的应急预案以及各种大型活动组织方制定的应急预案等，形成了中国性的应急预案体系。在此框架下，原卫生部

依据《中华人民共和国传染病防治法》制定了《国家突发公共卫生事件应急预案》并于2006年2月26日发布实施，该预案是应对突发公共卫生事件的指导性文件。

制订应急预案是为有效预防、及时控制和消除突发公共卫生事件及其危害，指导和规范各类突发公共卫生事件的应急，国家突发公共卫生事件应急预案处理工作，最大限度地减少了突发公共卫生事件对公众健康造成的危害，保障公众身心健康与生命安全。当突发公共卫生事件发生或即将发生时，以应急预案为基础，依据应急预案中的组织机构、应急响应程序、有关部门职责分工等科学、快速、有序、高效地应对和处置突发公共卫生事件。

2. 人力的准备

组织人员培训，学习有关防护手册，了解并掌握重大传染病、常见中毒的临床表现和处理原则。特别应当了解本地疾病监测的有关资料、本地既往发生突发公共卫生事件的背景资料，增强认识，逐步积累经验。

3. 物力的准备

一般器材的准备，如交通工具、专业人员自身防护器材、通信联络工具、消毒杀菌的药品与器械等；专用仪器设备的准备，如现场实验室仪器设备、检测仪器设备、采样工具等；专用药品试剂的准备，如消毒药品、治疗药品、诊断药品和试剂等。

(二)现场应急处理

1. 现场应急处理的方法和措施

(1)突发公共卫生事件现场指挥与组织。突发公共卫生事件发生后，地方卫生行政部门应当组织专家对突发公共卫生事件进行综合评估，初步判断突发事件的类型，并向地方人民政府提出是否启动突发公共卫生事件应急预案的建议。地方人民政府根据突发公共卫生事件发生的范围、危害程度、事件的性质及变化等，决定是否启动相应的突发公共卫生事件应急预案，并向上一级卫生行政部门与人民政府报告。应急预案启动后，突发事件发生地的人民政府有关部门，应当根据预案规定的职责要求，服从突发事件应急处理指挥部的统一指挥，立即到达规定岗位，做好本区域、本系统和本单位的突发公共卫生事件应急处理工作，支持配合对突发公共卫生事件应急处理工作进行的督查和指导。

(2)突发公共卫生事件现场监测与报告。地方卫生行政主管部门应当指定卫生监督机构、疾病预防控制机构负责突发公共卫生事件的日常监测，确保监测与预警系统的正常运行，及时发现潜在的隐患以及可能发生的突发公共卫生事件，并依照相关法律法规规定的报告程序和时限及时报告。并建立各级突发公共卫生事件信息报告体系，确保信息畅通。

(3)调查与控制。突发公共卫生事件发生后，卫生行政主管部门负责组织卫生监督机构、疾病预防控制机构或者其他有关部门指定的突发公共卫生事件应急处理机构，立即对突发公共卫生事件进行调查、现场监测与勘验，做出评价报告，采取相应控制措施。

(4)救援与救治。突发公共卫生事件发生后，公共卫生事件应急处理指挥部及当地医疗卫生机构应当立即对突发公共卫生事件所致的患者提供现场救援与医疗救护。

2. 现场应急处理的一般程序

突发公共卫生事件现场应急处理按如下程序(图7-1)。

(1)及时报告。发生重大疫情和中毒事故的单位以及收治患者的医疗机构，应及时向疾病

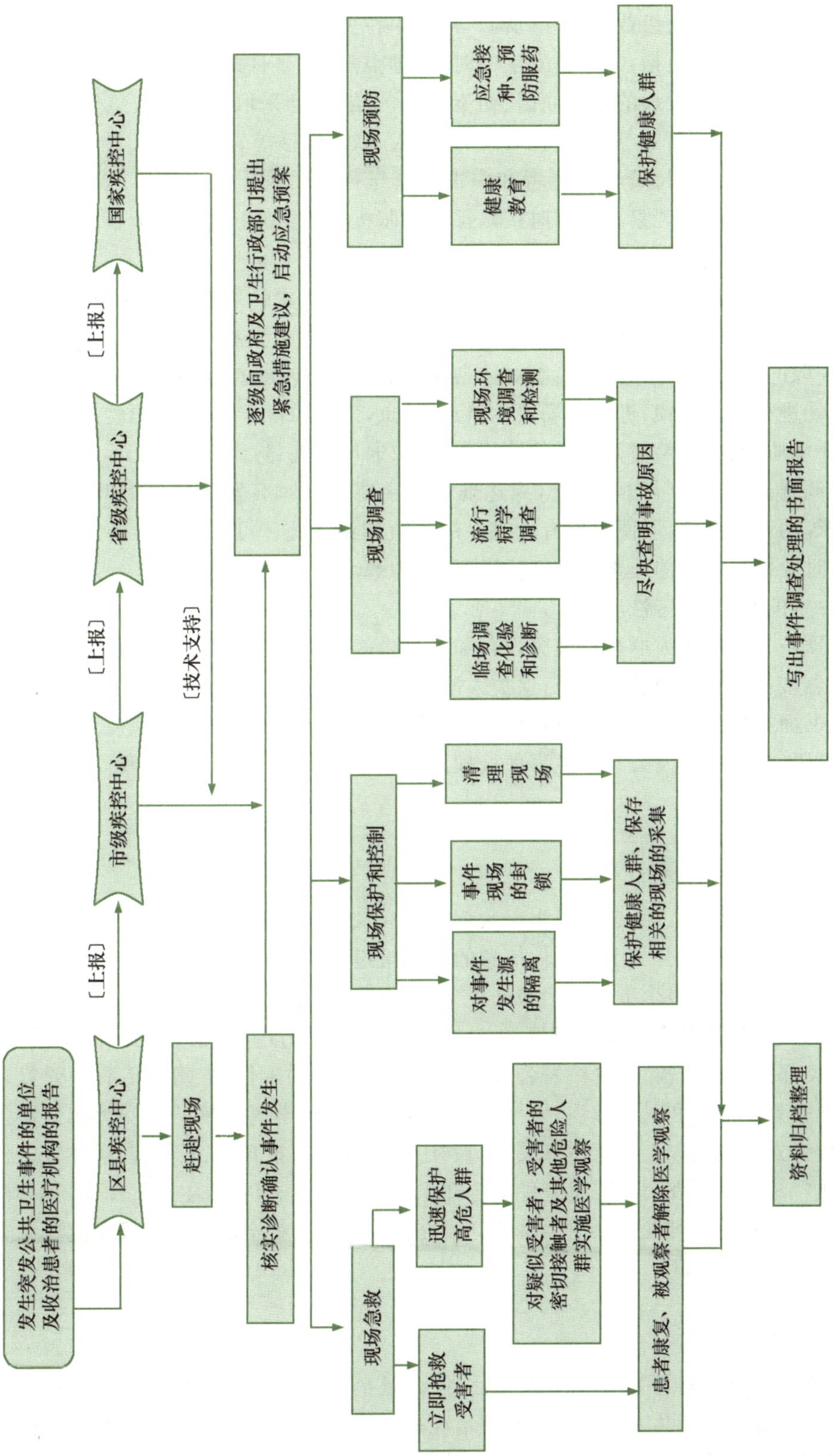

图7-1　突发公共卫生事件现场应急处理的工作流程

预防控制机构和卫生监督机构报告。疾病预防控制机构和卫生监督机构接到报告后，要及时报告上级卫生行政部门和上级业务指导机构。接报单位要详细询问疫情和事故发生情况，并做好核报记录。记录内容包括：①事件发生的时间、地点等；②事件的可能性质，受威胁人数、发病人数、死亡人数等；③发病的可能原因、初步分析的结果、已采取的初步应急措施、尚需要上级有关部门解决的疑难问题等；④报告时间、报告人、联系电话等。

(2)现场急救。应及时将传染病患者和中毒患者送往有关医疗单位就诊；或就地进行隔离、抢救、治疗；或进行医学观察等。同时疾病预防控制机构要发挥自身的专业特长，向有关医疗单位提出抢救治疗的意见和建议。

(3)现场控制。发生疫情和中毒事故的单位及调查人员有责任对现场采取保护和控制措施。如停止饮用受污染的水并保存水样；封存患者使用过的剩余食物等。根据疫情和事故的性质、特点，采取的主要控制措施包括：①对传染源的隔离：对传染病接触者的检疫、留验，疏散相关人员等；②进行疫区封锁：进行现场卫生消毒、杀虫，采样和留样，销毁有毒食品等；③改善卫生条件和环境质量：如供给清洁卫生的饮用水，采取通风换气、防泄漏措施。

(4)现场调查。开展流行病学调查，到达现场后主要开展对突发公共卫生事件的发病情况、分布特征等的调查分析，以便提出有针对性的预防控制措施。可以采用现场访问、采样检验等方式，同时要根据疫情的线索对传染病患者、疑似患者及其密切接触者进行追踪调查，以期查明事件发生的原因，确定性质。

(5)现场预防。对健康人群进行健康教育和卫生防病知识宣传，提高公众自我保护意识和能力、采取应急接种和预防服药等措施，保护人群健康。

(6)写出书面报告。为了准确及时地向卫生行政部门和上级疾控机构反映疫情处理信息，便于今后进行研究分析，突发公共卫生事件处理过程中或结束时，需要及时书写阶段性或总结性调查报告。

(三)信息发布与公众引导

突发公共卫生事件发生后，各级卫生行政部门和有关单位要积极主动配合新闻宣传主管部门和新闻媒体，规范突发公共卫生事件信息的宣传报道工作。通过新闻宣传和舆论引导，推动传染病疫情和突发公共卫生事件防治和处置工作的顺利开展。加强正面宣传和舆论引导，大力宣传党中央、国务院对人民身体健康和生命财产安全的高度负责态度，及时宣传各级党委、政府和有关部门妥善防控、处置突发公共卫生事件所开展的工作，准确宣传有关处置突发公共卫生事件的具体措施和科普知识，引导群众正确认识和科学应对传染病疫情和突发公共卫生事件。县级人民政府以上要组织有关部门利用广播、影视、报刊、互联网、新媒体等多种形式对社会公众广泛开展突发公共卫生事件应急知识的普及教育，宣传卫生科普知识，指导群众以科学的行为和方式对待突发公共卫生事件。要充分发挥有关社会团体在普及卫生应急知识和卫生科普知识方面的作用。

(四)善后处理

(1)后期评估。突发公共卫生事件结束后，各级卫生行政部门应在本级人民政府的领导下，组织有关人员对突发公共卫生事件的处理情况进行评估。评估内容主要包括事件概况、现场调查处理概况、患者救治情况、所采取措施的效果评价、应急处理过程中存在的问题和取得的经验及改进建议。评估报告上报本级人民政府和上一级人民政府卫生行政部门。

(2)奖励。县级以上人民政府人事部门和卫生行政部门对参加突发公共卫生事件应急处理作出贡献的先进集体和个人进行联合表彰;民政部门对在突发公共卫生事件应急处理工作中英勇献身的人员,按有关规定追认为烈士。

(3)责任。对在突发公共卫生事件的预防、报告、调查、控制和处理过程中,有玩忽职守、失职、渎职等行为的,依据《突发公共卫生事件应急条例》及有关法律法规追究当事人的责任。

(4)抚恤和补助。地方各级人民政府要组织有关部门对因参与应急处理工作的致病、致残、死亡人员,按照国家有关规定,给予相应的补助和抚恤;对参加应急处理一线工作的专业技术人员应根据工作需要制订合理的补助标准,给予补助。

(5)征用物资、劳务的补偿。突发公共卫生事件应急工作结束后,地方各级人民政府应组织有关部门对应急处理期间紧急调集、征用有关单位、企业、个人的物资和劳务进行合理评估,给予补偿。

四、机制建设与国际合作

突发公共卫生事件是随着人类社会的发展而发生,且随着社会和经济的发展,突发事件发生越来越频繁,SARS 事件后,中国及世界各国认识到,突发公共卫生事件是全球当前乃至今后相当长一段时期重要的公共卫生问题。

(一)加强突发公共卫生事件应急管理机制建设

应对突发公共卫生事件,既要从经济、立法、行政等各个方面采取一系列行之有效的战略措施,又要迫切提升应急管理的能力。2003 年 5 月 7 日出台的《突发公共卫生事件应急条例》是中国的第一部有关应急管理的法规,也是中国突发公共卫生事件危机管理的起点。《条例》着重解决突发公共卫生事件应急处理工作中存在的信息渠道不畅、信息统计不准、应急反应不快、应急准备不足等问题,旨在建立统一、高效、有权威的突发公共卫生事件应急处理机制。虽然中国突发公共卫生事件应急管理还需进一步完善,但目前中国已经建立了突发公共卫生事件应急处理的组织机构和体系、应急队伍、监测预警、物资储备等体制和系统。随着社会经济的发展和技术的进步,中国应对突发公共卫生事件体制和措施不断完善、预警监测能力不断增强,使其能够保护人民健康,促进经济发展,维护社会稳定。

(二)全球化时代突发公共卫生事件应急处置的国际合作

日趋严重的环境污染和资源匮乏、原有生物病原体的耐药性变异、新发传染病的出现、经济欠发达地区和国家薄弱的公共卫生服务能力、城市地区人口的过度密集、国家和地区间交流日益频繁,以及部分地区极端民族主义和宗教势力的增长,使得全球逐渐进入了一个突发公共卫生事件的高发时期,人类的健康和生命安全受到了严重威胁。据 WHO 统计,近几十年来,世界新发现的传染病有 30 多种,如埃博拉出血热、艾滋病、疯牛病、SARS 等。新型冠状病毒肺炎的出现表明,传染病仍然是全球性威胁。突发公共卫生事件一旦发生,其影响可能超出国界,需要国际间的合作。WHO 于 2005 年通过了专门修订的《国际卫生条例》,包括一系列全面和经验证的规定和程序,更有助于使世界更充分地避免全球卫生威胁。

思考题

1. 传染病有哪些基本特征？

2. 传染病实现流行的 3 个基本环节有哪些？

3. 结合生活举例说明常用的消毒方法有哪些。

4. 突发公共卫生事件的特征有哪些？

5. 突发公共卫生事件如何分级？

6. 应对与处置突发公共卫生事件应做好哪几方面的工作？

第八章

意外伤害与急救

教学目标：通过向高职学生普及救护知识，培养学生的自我保护意识，并使其初步掌握现代先进的基本救护理念和技能，使学生成为“第一目击者”。当学生遇到急危重症或意外伤害时，能在现场及时、有效、安全地开展救护，从而达到“挽救生命、减轻伤残”的目的。

教学重点：院前急救的目的与原则；现场心肺复苏术、球囊-面罩通气术、海姆立克手法、创伤急救（止血、包扎、固定、搬运）等急救技术的操作要点；常见意外灾害（中暑、溺水、中毒、电击伤等）的识别与抢救要点；灾害事故（地震、火灾等）发生时有效自救与他救的方法。

教学难点：现场救护的要点；各种常用急救技术的正确有效实施；各种意外灾害（中暑、溺水、中毒、电击伤等）的临床表现和急救措施。

第一节 急救基本常识

日常生产生活中,时常会有一些突发事件或意外事故发生,会对人体造成严重伤害甚至威胁生命,在这些意外发生后如能及时采取恰当的自救互救,往往能大大减轻伤害造成的后果。掌握基本的急救知识与技能是在遭遇急危重症或意外伤害时正确开展紧急救护的前提。

一、急救的定义

急救是指当意外事件或急症发生时,在医护人员未到达前,根据医学原则,利用现场人力、物力对伤病员施行初步援助及护理。

二、急救的目的

(1)挽救和延续伤病员的生命;
(2)改善病情,减少伤病员的痛苦;
(3)防止病情恶化,预防并发症、减少后遗症。

三、急救的一般原则

(1)先复苏后固定;
(2)先止血后包扎;
(3)先重症患者后轻症患者;
(4)先抢救后运送;
(5)边呼救边抢救。

四、急救的任务

(一)现场评估

1. 环境及病因评估

首先迅速判断事发现场是否存在对伤病员或救援者造成伤害的危险因素,如现场仍存在危险,应立即脱离危险区域或消除可能造成危险的因素,以确保伤病员及救援者的安全。例如,在地震救援现场,应先将伤病员搬离摇晃的建筑物;在触电救护现场,应先立即切断电源;在溺水事件救护现场,应迅速先将伤病员救离水面。在排除险情后,再快速评估伤病发生的原因并实施抢救。

2. 病情评估

采用交谈及护理体检的方法，迅速准确地判断哪些是直接威胁伤病员生命的症状，在进行评估时，尽量不要移动伤病员的身体，尤其是暂时不能确定病因的创伤病人。

（1）判断意识。成人可通过呼唤、拍击肩部、指掐人中等方法，婴幼儿可通过拍打足底或掐捏上臂观察是否哭泣等方法，以上方法均可判断伤病员有无反应，是否有意识丧失。

（2）观察瞳孔。观察瞳孔的大小、形状、对光反射。正常瞳孔呈圆形，两侧正大等圆，直径为2～5毫米。病理状态下，瞳孔的大小可出现变化。若双侧瞳孔直径＜2毫米，多见于有机磷农药、吗啡、氯丙嗪等药物中毒；若双侧瞳孔直径＞5毫米，多见于颅脑损伤、颅内高压及颠茄类药物中毒；若病人瞳孔大小不随光线刺激而变化时，则表示瞳孔对光反射消失，常见于危重或深昏迷的病人。

（3）判断呼吸。首先应确保病人呼吸道通畅，然后通过观察其胸廓有无起伏、口鼻有无气流等来判断病人是否存在自主呼吸。若无呼吸，则立即进行人工呼吸。

（4）触摸脉搏。成人可通过触摸桡动脉或颈动脉来判断有无脉搏波动，婴幼儿可触摸肱动脉。若病人出现面色苍白、脉搏细数、皮肤湿冷，则提示有循环功能障碍；若脉搏、呼吸消失，应立即施行心肺复苏术。

（5）躯体评估。快速进行全身系统的检查，自头部开始，依序检查颈部、胸部、脊柱、腹部、骨盆、四肢，判断躯体有无外伤、骨折、出血、充血、压痛、肿胀及形态异常。

（二）紧急呼救

1. 快速实施救护并请求支援

在完成快速现场评估和病情判断后，立即对伤病员实施现场救护，同时应紧急拨打“120”急救电话或在现场大声呼救。如果现场只有一位目击者，并且伤病员呼吸、脉搏消失，应先拨打“120”电话呼救，再行心肺复苏；如果现场有多位目击者，则应呼救与抢救同时进行。

2. 拨打呼救电话时应说明的情况

（1）伤病员的身份（姓名、性别、年龄）及电话号码。

（2）伤病员所在的确切地点，并尽可能说明周围的明显建筑物。

（3）伤病员目前的病情状况，尤其是最危急的情况，如呼吸消失、脉搏消失、大出血、昏迷等，同时可汇报已做何种处理或征询专业急救人员现场急救的方法。

（4）如为灾难事故，有多名伤病员，应说明伤害性质、发生原因、受伤总人数及严重程度。

（5）呼救人应留下有效的姓名及电话号码，以便急救医务人员与呼救人随时保持联系。

目前，“120”急救电话是我国统一的急救呼叫电话，遇到意外事件或急危重症时，拨打“120”急救电话是向急救中心呼救最简便、最有效的方法。拨打电话时，语言必须精炼、准确、清楚。

（三）现场救护

在完成对伤病员的快速评估判断后，急救人员应立即按照病情轻重缓急实施救护。

1. 体位安置

在不影响抢救的情况下，根据病人病情，为其安置安全舒适的体位。

(1)意识、呼吸、心跳均丧失者。将伤病员仰卧位置于坚硬的地面或木板上,立即进行现场心肺复苏。

(2)意识不清但有呼吸、心跳者。将伤病员置于侧卧位,防止呕吐物、分泌物堵塞气道导致窒息。

(3)特殊病情体位要求。急性左心衰竭病人取端坐位;头、颈及胸腹部外伤病人取半卧位;腹痛病人取屈膝仰卧位;足部扭伤者则应抬高患肢。

2. 松解伤病员衣物

为了便于紧急救护伤病员,常需适当松解或脱去伤病员的衣物,操作时要掌握一定的方法,避免因操作不当加重伤情。

(1)脱上衣法。解开衣扣,将衣服向肩部方向推,背部衣服向上平拉。若为一侧上肢受伤者,脱衣袖时应先健侧后患侧,托起一侧手臂,使其屈曲,将肘关节、前臂及手从腋窝部位拉出,再将衣服从颈后平推至对侧,拉起衣袖,使另一侧上臂脱出。若遇情况紧急或穿套头衣服,可直接用剪刀剪开衣物。

(2)脱长裤法。伤病员采取平卧位,解开腰带及裤扣,从腹部将长裤推至髋下,保持双下肢平直,不可随意抬高或屈曲,将长裤平拉脱去。

(3)脱鞋袜法。托起并固定脚踝部,向下、向前顺着脚型方向脱去鞋袜。

3. 维持呼吸功能

清除伤病员口、鼻腔分泌物,保持呼吸道通畅,有条件时给予氧气吸入;呼吸停止者,立即实施口对口人工呼吸或球囊-面罩通气。

4. 维持循环功能

密切监测伤病员呼吸、脉搏、血压等基本生命体征,若发现心脏骤停,立即施行心肺复苏术。

5. 紧急对症处理

对创伤病人给予紧急止血、包扎、固定(详见本章第二节常用急救技术)。

第二节 常用急救技术

一、现场心肺复苏

心肺复苏(CPR)是指在心搏、呼吸停止时所采取的抢救措施,即应用胸外心脏按压或其他方式形成暂时的人工循环以恢复心脏自主搏动和血液循环,用人工呼吸替代自主呼吸以恢复自主呼吸,达到恢复意识和挽救生命的目的。

现场心肺复苏又称为初期复苏处理或基础生命支持(BLS),其主要目标是:①迅速准确判断患者心、肺功能衰竭或停止。②立即实施现场心肺复苏术,从体外支持患者的循环和呼吸功能。③通过 BLS,至少能维持人体重要脏器的基本血氧供应,直致延续到建立高级心血管生命支持或患者恢复自主循环、呼吸活动,或延长机体耐受临床死亡的时间。关键步骤包括:立即识别心搏骤停和启动急救反应系统、早期心肺复苏、快速除颤终止室颤。

(一)现场心肺复苏的基本程序

心肺复苏的基本程序是C、A、B,分别指循环支持(胸外按压)、开放气道、人工呼吸。基础生命支持(BLS)具体操作如下:

1. 在确定环境安全的情况下,快速识别和判断心搏、呼吸骤停

(1)判断患者意识。通过"轻拍重喊"的方式来判断患者有无意识,可轻拍或摇动患者双肩,靠近其耳边大声呼叫:"喂,你怎么了?"若患者无言语应答、无肢体活动可判断意识丧失(图8-1);婴幼儿可通过拍击足底来判断。

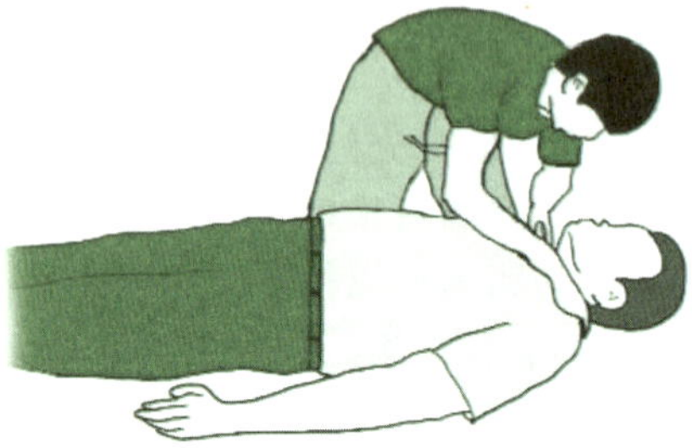

图8-1 轻拍重喊判断意识

(2)启动急救反应系统。如果确定患者无意识,应立即呼救,启动急救反应系统,拨打"120"并获取体外自动除颤仪(AED)。迅速使患者仰卧于硬质平面上,患者头颈部、躯干应位于同一轴面上,将双上肢放置在身体两侧,解开衣服,暴露胸壁。

(3)判断大动脉搏动和呼吸。成人可通过检查颈动脉来判断,方法是将右手的示指和中指并拢,从患者的气管正中部位向旁滑移2~3厘米,在胸锁乳突肌内侧轻触颈动脉搏动。儿童可检查其股动脉,婴儿可检查其肱动脉或股动脉。在触摸大动脉搏动的同时,施救者面部贴近患者口、鼻处,眼睛视线观察患者胸、腹部,通过聆听有无呼吸音、感受面部有无气流刺激和观察患者胸廓、腹部有无起伏等情况判断有无呼吸或是否为无效呼吸,时间控制在10秒内。如果不能触及大动脉搏动,发现患者呼吸停止或无效呼吸则立即实施CPR(图8-2)。

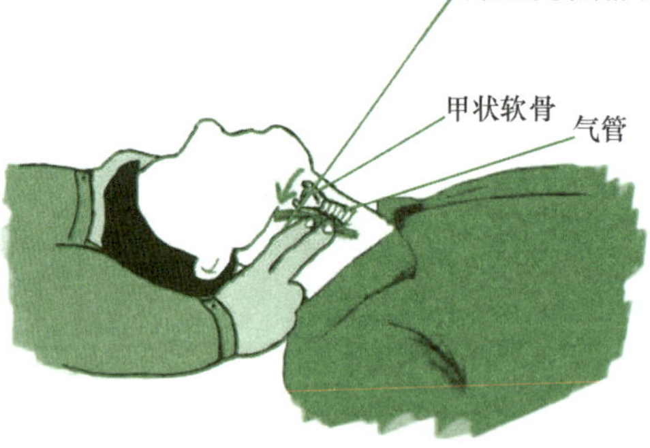

图8-2 触摸颈动脉搏动方法

2. 循环支持(C)

循环支持又称为人工循环,是指用人工的方法通过增加胸内压或直接挤压心脏产生血液流动,旨在为心脏、脑和其他重要器官提供血液灌注。胸外按压是建立人工循环的主要方法,是对胸骨下段进行有节律地按压,通过胸外按压产生的血流能为大脑和心肌输送少量但却至

关重要的氧气和营养物质。

按压时患者应保持平卧位，头部位置尽量低于心脏，使血液容易流向头部。如果患者躺卧在软床上，可在患者身下放置硬木板，以保证按压的有效性，但不要为了找木板而延误抢救的时间。为保证按压时力量垂直作用于胸骨，施救者可根据患者所处位置的高低，采取跪式或垫脚凳等不同体位进行按压。

(1)按压部位的确定。成人和儿童的按压部位在胸部正中，胸骨的下半部，两乳头连线中点的胸骨处；婴儿按压部位在两乳头连线中点下一横指处。

(2)胸外按压方法。按压者位于患者近胸部一侧，一只手的掌根部放在两乳头连线中点胸骨处，另外一只手掌根叠加在其上，两手手指交叉紧紧相扣，手指尽量上抬，避免触及胸壁和肋骨，减少按压时发生肋骨骨折的可能性。按压者身体稍前倾，双肩在患者胸骨正上方，肩、肘、腕关节呈一条直线，按压时以髋关节为支点，应用上半身的力量垂直向下用力快速按压(图 8-3)。儿童可用一手手掌按压，婴儿可用环抱式双拇指重叠下压或一手示指、中指并拢下压。

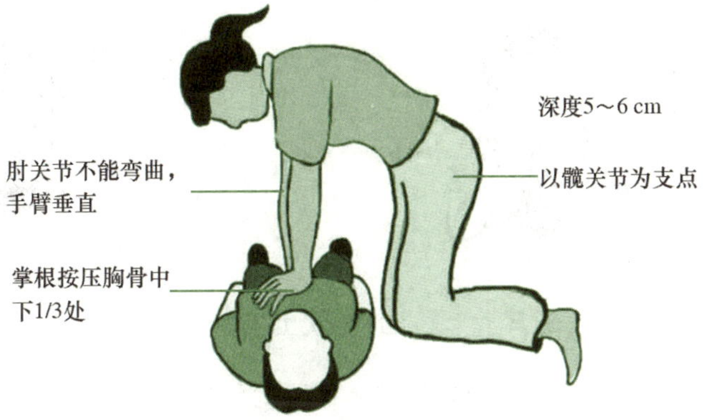

图 8-3 胸外按压方法

(3)按压的频率和深度。成人按压频率为每分钟 100～120 次，胸骨下陷 5～6 厘米；8 岁以下儿童按压深度至少达到胸廓前后径的 1/3，儿童大约为 5 厘米，婴儿大约 4 厘米，按压频率和成人一样。

(4)按压和放松的时间。胸骨下压时间和放松时间基本相等，要保证每次按压后胸部回弹到正常位置，按压者不能倚靠在病人身上，放松时手掌根部不能离开胸壁。

(5)尽量减少胸外按压间断，或尽可能将中断控制在 10 秒内。

(6)在现场连续给予 30 次胸外按压后可进入开放气道环节。

3. 开放气道(A)

在开放气道之前，首先需检查并清除口腔中分泌物、呕吐物、义齿等异物，然后按照以下手法打开气道。

(1)仰头提颌法。适用于无头、颈部创伤的患者。施救者将一手的小鱼际置于患者前额，用力下压使头部后仰，另一手的示指与中指置于患者下颌处，抬起下颌，注意手指不要用力压迫下颌软组织处，防止造成气道阻塞。

(2)仰头抬颈法。同样适用于无头、颈部创伤的患者。施救者一手抬起患者颈部，另一手的小鱼际置于患者前额，使其头部后仰，颈部上托。

(3)双手托颌法。此法适用于疑似头、颈部创伤者。施救者站在患者头部位置，双手放置在患者头部两侧并紧握下颌角，双肘支撑在患者平躺的地面上，用力向上托起下颌，如患者紧闭双唇，可用拇指把口唇分开。

4. 人工呼吸(B)

如果患者没有呼吸或无效呼吸，应立即采用口对口(鼻)、口对面罩、口咽通气管、球囊-面罩、球囊对高级气道通气等人工呼吸方法。无论采用何种方法，每次通气时间应在1秒钟以上，使胸廓明显起伏，保证有足够的气体进入肺部。如果患者有自主循环存在，但需要呼吸支持，应每5～6秒钟给予人工呼吸1次，即10～12次/分钟，婴儿和儿童12～20次/分钟。

(1)口对口人工呼吸。为避免交叉感染，吹气前可在患者口鼻盖一单层纱布或隔离膜。施救者用仰头提颏法使患者头部后仰，保持气道通畅，用压前额手的拇指、示指捏紧病人的鼻孔，防止吹气时气体从口鼻逸出。施救者正常呼吸，用双唇包住病人口部，吹气，连续缓慢吹气2次，使病人胸廓抬起。吹气毕，松开捏鼻孔的手指，施救者头稍抬起，侧转换气，观察患者胸廓回弹的情况(图8-4)。

图 8-4　口对口人工呼吸

(2)口对鼻人工呼吸。适用于口周外伤或牙关紧闭的病人。用仰头提颏法保持气道畅通的条件下，施救者于深呼吸后用双唇包住病人鼻孔周围，用力向鼻孔内吹气，吹气时应用提颌的手将病人颌部上推，使病人口唇紧闭，呼气时放开。其他要点同口对口人工呼吸。婴幼儿可口对口鼻人工呼吸。

(3)球囊-面罩通气。施救者站于患者头端，将头后仰，并托牢下颌使其朝上，以保持气道通畅，施救者一手将面罩紧扣于患者口鼻，另一手挤压呼吸囊，将气体送入病人肺中，成人挤压频率为10～12次/分钟。

《2021年美国心脏协会心肺复苏及心血管急救指南》指出，在没有高级气道支持的情况下，无论单人或双人抢救，成人的按压通气比率均为30∶2；婴儿与儿童在单人施救时，按压通气比率为30∶2，双人施救时按压通气比率为15∶2。持续完成5个循环或2分钟后对患者进行再次评估。

(二)心肺复苏效果的判断

1. 神志

复苏有效，可见患者有眼球活动，出现睫毛反射与对光反射，甚至手脚开始抽动，发出呻吟，肌张力增加等。

2. 瞳孔

复苏有效时，可见散大的瞳孔开始回缩。如果瞳孔由小变大、固定，则说明复苏无效。

3. 面色及口唇

复苏有效时，可见面色及口唇由发绀转为红润。如若变为灰白，则说明复苏无效。

4. 颈动脉搏动

按压有效时，每一次按压可以摸到一次搏动，如若停止按压，搏动亦消失，此时应继续进行心脏按压。若停止按压后，脉搏仍然存在，则说明患者心跳已恢复。

5. 自主呼吸出现

自主呼吸的出现并不意味着可以停止人工呼吸，若患者出现较强的自主呼吸，说明复苏有效；若自主呼吸微弱，仍应坚持人工辅助呼吸。

（三）注意事项

1. 按压者的更换

若同时存在多个施救者，可以每 2 分钟更换一下按压和通气的角色，以避免按压者疲劳导致胸部按压质量降低，换人操作时间应在 5 秒钟内完成，以减少胸部按压间断的时间。

2. 预防胃胀气

胃胀气不仅会导致患者膈肌抬高，影响肺通气量；还会引起胃扩张导致呕吐、反流和误吸，严重时引起窒息。为了防止胃胀气的发生，每次吹气以胸部隆起为宜，避免呼吸次数太多，呼吸用力过度。如果患者已发生胃胀气，施救者可用手轻按上腹部，以利于胃内气体的排出，如有反流或呕吐，要将患者头部偏向一侧防止呕吐物误吸，也可放置胃管，抽出胃内气体。

3. 心肺复苏的终止

（1）恢复有效的自主循环和自主呼吸。

（2）由更专业的生命支持抢救小组接手。

（3）施救者处于对自身产生危险的环境中或者继续复苏将使其他人员处于危险境地时。

（4）医生确认已死亡。临床死亡判断标准：①患者对任何刺激无反应；②无自主呼吸；③无循环特征，无脉搏，血压测不出；④心肺复苏 30 分钟后心脏自主循环仍未恢复，心电图呈一条直线（3 个以上导联）。

二、球囊-面罩通气术

球囊-面罩又称简易呼吸器，是进行人工通气的简易工具，主要用于现场、转运途中或临时替代呼吸机的人工通气。比口对口呼吸供氧浓度高，操作简便；与气管插管相比在改善组织缺氧方面效果相同，所以在病情危急、来不及行气管插管时，可通过球囊-面罩直接给氧。简易呼吸器由一个有弹性的球囊、三通呼吸活门、衔接管和面罩组成。

（一）球囊-面罩通气操作方法

1. 物品准备

选择合适的面罩并检查其性能，正确连接球囊、面罩、储氧袋，打开安全阀，确保能有效送气。如有氧气条件连接氧气，氧流量调至 10～15 升/分钟，使储氧袋充满氧气。

2. 患者准备

解开衣领，去枕、头后仰体位。

3. 操作方法

开放气道，摘除假牙，清除口腔与咽喉部任何可见的异物。操作方法分为单人操作法和双人操作法，双人操作法通气效果优于单人。

（1）单人操作法（EC 手法）。操作者位于患者头后方，将面罩扣在患者口鼻处，使三角形面罩底边位于下颌，用一手拇指和示指呈“C”形按压面罩，中指和无名指放在患者下颌下缘，小指放在下颌角后面，呈“E”形，两组手指相向用力，保持面罩的适度密封，用另外一只手均匀地挤压球囊，将气体送入肺中，每次送气时间为 1 秒以上，待球囊重新膨胀后再开始下一次挤压，保持适宜的吸气/呼气时间（图 8-5）。

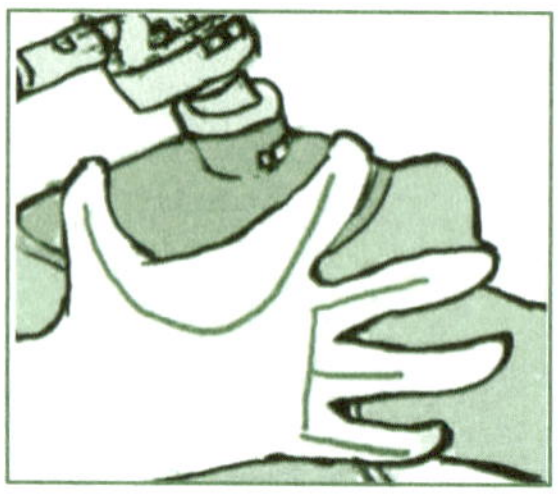

单人“EC”

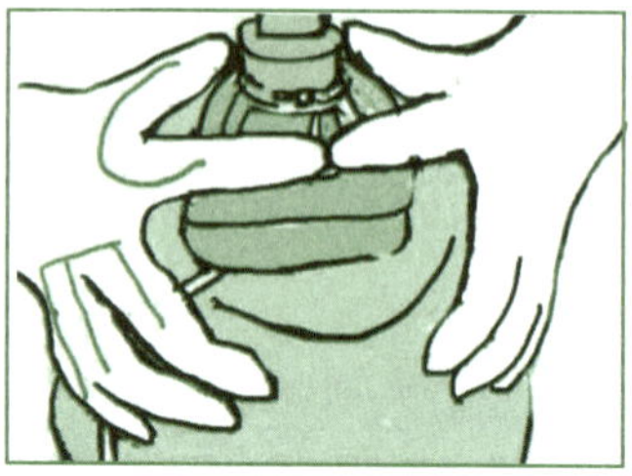

双人“EC”

图 8-5 EC 手法

（2）双人操作法。方法是由一人双手“EC 手法”固定面罩，即分别用双手的拇指和示指放在面罩的主体，中指和无名指放在下颌下缘，小指放在下颌角后面，将患者下颌向上提拉开放气道，由另一个人挤压球囊。

（二）注意事项

1. 选择适宜通气量

挤压球囊时潮气量应适中，通气量以见到胸廓起伏即可，400～600 毫升/次（1 升球囊的 1/2～2/3）。

2. 选择适当呼吸频率

美国心脏协会 2021 年建议，在复苏过程中，如果患者存在脉搏无呼吸，按照 10～12 次/分钟的频率送气；如果没有脉搏并且无高级气道建立，使用 30∶2的比例进行按压-通气，如果患者建立了高级气道，施救人员则以 100～120 次/分钟的速率持续按压的同时，每 5 秒给予 1 次呼吸（10 次/分钟）；如果患者尚有微弱呼吸，应注意挤压球囊的频次和患者呼吸的协调，尽量在患者吸气时挤压气囊，防止在患者呼气时挤压气囊。

3. 监测病情变化

使用简易呼吸器过程中，应密切观察患者生命体征、神志、呼吸形态、胸廓起伏、口唇及皮肤颜色。

三、气道异物清除术——海姆立克手法

气道异物阻塞在日常生活中非常多见，常在进食时发生。异物进入呼吸道后，大的异物停滞在气道口，小的异物嵌于支气管，严重时病人可因缺氧迅速出现发绀，最终引起意识丧失和心跳、呼吸骤停。海姆立克手法是一种简便有效的，针对食物、异物卡喉所致窒息的抢救方法。通过给膈肌下以突然向上的压力，驱使肺内残留的空气形成冲击性、方向性的直入气管的气流，从而将堵在气管、喉部的食物或异物排除。

（一）海姆立克征象

异物阻塞气道的判断：

（1）气道部分阻塞。患者突然出现咳嗽，呼吸困难，张口吸气时声音呈高调犬吠音或鸡鸣音，面色苍白、口唇青紫。

（2）气道完全阻塞。患者出现不能说话、不能呼吸、不能咳嗽，面色、口唇发绀，甚至失去知觉，昏迷倒地。

以上情况中，如患者出现特有的"窒息痛苦样表情"（手掐咽喉部呈现"V"形手势），此即海姆立克征象，应立即施行海姆立克手法抢救。

（二）海姆立克手法

1. 自救法

主要是用于神志清楚的成人。

（1）咳嗽法。适用于异物仅造成部分呼吸道阻塞，患者尚能发声、说话、有呼吸和咳嗽时，可鼓励患者自行咳嗽和尽力呼吸，做任何可以促进异物排出的动作。自主咳嗽所产生的气流压力比人工咳嗽高 4～8 倍，可用于排出呼吸道异物。

（2）腹部手拳冲击法。让患者一手握拳，拇指在外，拳眼位于脐和剑突之间，另一手紧握该拳，用力向内、向上做 4～6 次快速连续冲击。

（3）上腹部倾压椅背法。患者靠在固定物体上，如椅背、桌角、扶手铁杆等，用物体边缘压迫自己的上腹部，快速向上冲击，以造成人工咳嗽，重复以上动作，直至异物排出（图 8-6）。

图 8-6　上腹部倾压椅背法

2. 他救法

（1）1 岁以上儿童或成人。①当患者神志清醒时，患者取立位或坐位，施救者站于患者身后，用双臂环抱其腰部（图 8-7）。手握拳，以拇指侧对腹部，拳眼放于脐上两横指处，另一手紧握该拳，快速向内、向上冲压腹部 4～6 次，以

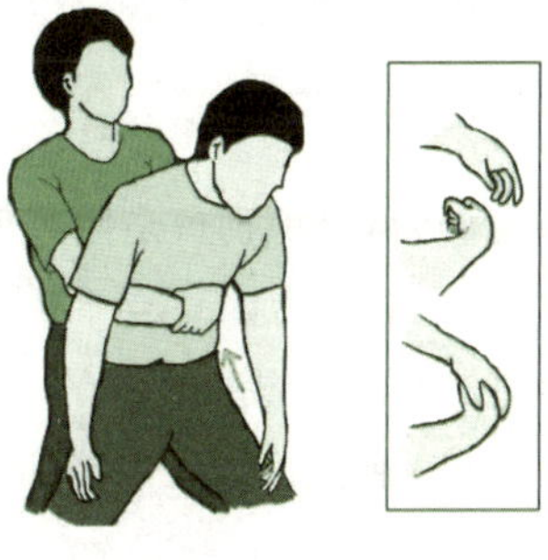

图 8-7　清醒病人他救法

此造成人工咳嗽，重复此动作直至异物排出。在施救过程中应注意施力方向，不要挤压胸廓，防止胸部和腹内脏器损伤。②当患者神志不清时，可将患者放置于仰卧位，使头后仰，开放气道。施救者以双膝骑跨在其大腿外侧，一只手的掌根置于患者脐上两横指，另一只手交叉重叠其上，借助身体的重量，连续向上快速冲击腹部 4～6 次，直至异物排出，切勿偏斜或移动，以免损伤肝、脾等脏器（图 8-8）。

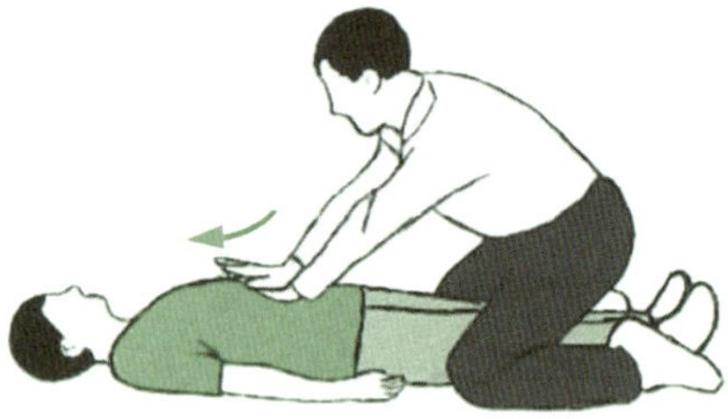

图 8-8　昏迷病人他救法

（2）1 岁以下婴幼儿。①倒提拍背法，将患儿面朝下，头低于身体，放在施救者的前臂上，施救者将自身前臂支撑在大腿上方，用同一只手握住患儿下颌固定头部，然后用另一手的掌根部用力拍击患儿两肩胛骨之间的背部 4～6 次，使呼吸道内压力骤然升高，促进异物松动和排出体外（图 8-9）。②胸部手指冲击法，如果通过上述方法异物还没有排出，立即将患儿翻转过来，面朝上，头低于身体，施救者将患儿放在大腿上，用一只手托住其背部，另一只手用中指和示指，放在患儿两乳头连线中点，快速向上冲击压迫，重复 4～6 次，直至异物排出（图 8-9）。③意识丧失的患儿，可以按照心搏骤停 BLS 救治流程施救，但每次给予人工呼吸前，需要观察口腔有无可见异物，直至异物排出。

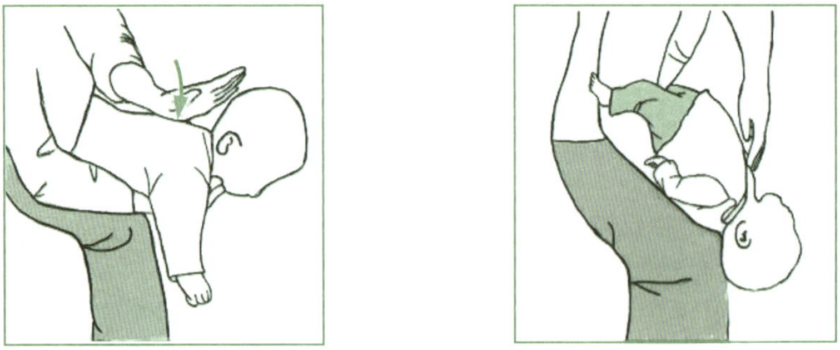

图 8-9　倒提拍背法和手指冲击法

（3）孕妇或肥胖者。由于肥胖或妊娠后期无法环抱患者腰部时，可采用胸部手拳冲击法。让患者站立，施救者站在患者身后，双臂经患者腋下环抱其胸部，一手握拳，拳眼位于胸骨中下部，另一只手紧握该拳，然后连续、快速、用力向患者胸部后方冲击 4～6 次，直至异物排出。注意不要偏离胸骨，以免造成肋骨骨折。

（三）注意事项

（1）尽早识别气道阻塞是抢救成功的关键。

（2）施行海姆立克手法急救操作时，应突然用力才有效，并且用力方向和位置一定要正确，否则有可能造成内脏损伤或骨折。

（3）饱餐后的病人实施海姆立克急救时可能会出现胃内容物反流，应及时清理口腔，防止误吸。

（4）抢救的同时应及时呼叫“120”求助，或请别人给予帮助，配合抢救。

(5)各种手法无效时,应根据现场的条件采用合适的方式先开放气道,现场可采用气管切开后再用小管(如饮料吸管、笔帽等)插入气管紧急解决通气障碍,并尽快送往医院。

(6)在施救过程中,应密切观察患者的意识、面色、瞳孔等变化,如患者神志由清醒转为昏迷或面色发绀、心跳、呼吸停止,应停止排除异物,迅速施行心肺复苏术。

四、创伤急救技术

随着社会的不断进步和医学的迅速发展,不少疾病已经得到控制,但创伤却日益增多,这对人类的生存和健康构成了很大的威胁。创伤是指机械性致伤因素作用于人体所造成的组织结构完整性受损或功能障碍。严重创伤不仅会有局部伤区损伤,还可能导致大出血、休克、窒息及意识障碍等严重的并发症。因此,急救时应在维持生命体征,防止休克的前提下,对患者伤口进行止血、包扎、固定,再将其迅速、安全地转运至医院接受进一步治疗。

(一)止血

止血是现场救护的一项重要技术,凡出血的伤口均需止血,若不及时止血,伤口可能继续出血而危及病人的生命或发生严重的并发症。止血的主要方法有指压迫止血法、加压包扎止血法和止血带止血法等。常用的止血材料有创可贴、无菌敷料、绷带、三角巾,在事故现场可用毛巾、布料、衣物等替代。

1. 指压迫止血法

用手指、手掌或拳头压迫出血部位的近心端,将出血动脉压迫闭合在骨骼表面,阻断血液流通,达到临时止血的目的。适用于头面部及四肢中等或较大动脉的出血,以及较大范围的静脉或毛细血管出血。指压法止血属于应急止血措施,因动脉有侧支循环,故效果有限,应及时根据现场情况改用其他止血方法。实施指压法止血时,应正确掌握按压的部位。常用按压方法如下:

(1)头顶部出血。手指对准伤侧下颌关节处,用拇指压迫颞浅动脉搏动点止血(图 8-10)。

(2)颜面部出血。压迫伤侧下颌骨下缘与咬肌前缘交界处的面动脉搏动点,将面动脉压向下颌骨,用拇指向内向上压迫面动脉止血(图 8-10)。

(3)头颈部出血。用拇指或其他四指压迫伤侧气管外侧与胸锁乳突肌前缘中点之间的颈总动脉搏动点,将颈总动脉用力压向颈椎体横突处。禁止同时压迫双侧颈总动脉,以免引起大脑缺氧(图 8-10)。

(4)头后部出血。压迫伤侧耳后乳突下稍后方的枕动脉搏动点,将动脉压向乳突(图 8-11)。

(5)肩部、腋部出血。压迫同侧锁骨上窝中部的搏动点(锁骨下动脉),将动脉压向第 1 肋骨(图 8-12)。

(6)上臂出血。外展上肢 90°,在腋窝中点用拇指将腋动脉压向肱骨头(图 8-12)。

(7)前臂出血。用拇指压迫肱二头肌内侧沟中部的肱动脉搏动点,将动脉压向肱骨止血(图 8-12)。

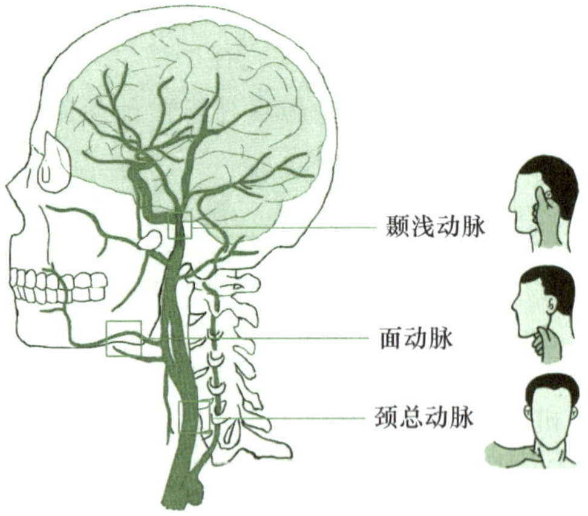

图 8-10　头颈部出血指压法

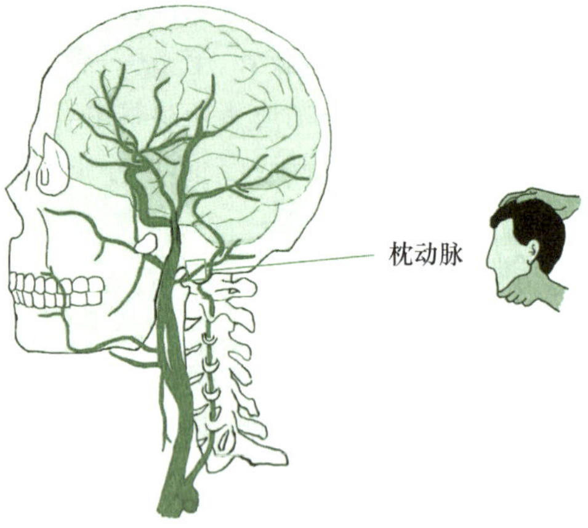

图 8-11　头后部出血指压法

(8)手部出血。压迫手掌腕横纹稍上方的内外侧尺、桡动脉搏动点，将动脉分别压向尺骨和桡骨(图 8-12)。

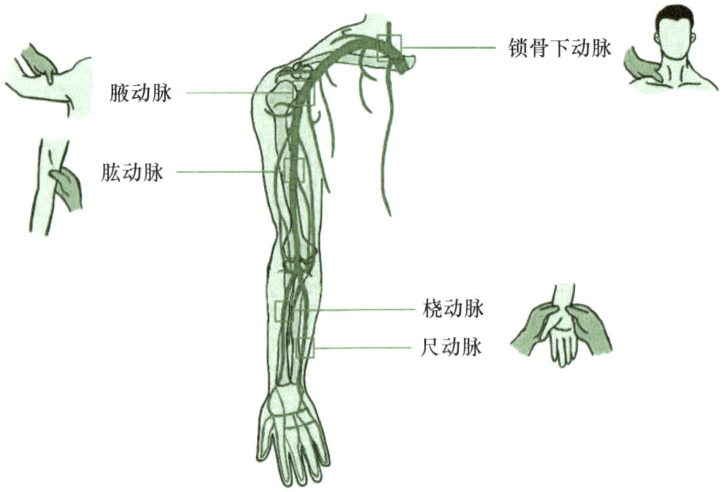

图 8-12　上肢出血常用指压部位

(9)大腿出血。压迫腹股沟中点稍下部的股动脉搏动点，可用双手拇指交叠用力将动脉压向耻骨上支(图 8-13)。

(10)小腿出血。在腘窝中部压迫腘动脉(图 8-13)。

(11)足部出血。压迫足背中部近脚腕处的胫前动脉搏动点和内踝与跟腱之间的胫后动脉搏动点(图 8-13)。

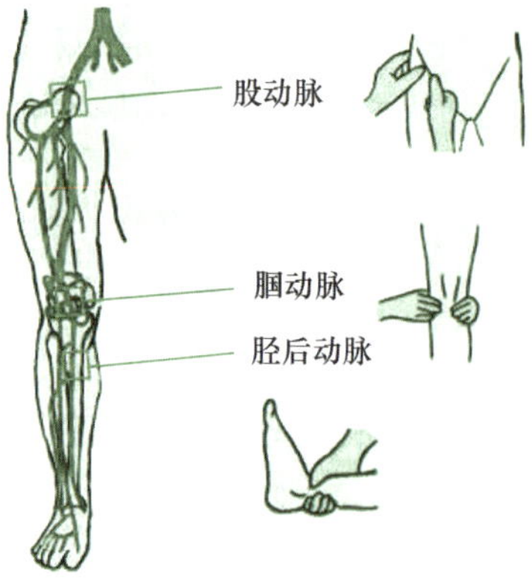

图 8-13　下肢出血常用指压部位

2. 加压包扎止血法

此方法适用于四肢、头颈、躯干等体表血管损伤时的止血，关节脱位或骨折时不宜使用。先将无菌纱布或洁净敷料覆盖在伤口上，再用手或其他物品(绷带、三角巾)在包扎伤口的敷料上施加压力，力量以能止血但肢体远端仍有血液循环为宜，一般需要持续5～15分钟才可奏效，还可将受伤部位抬高以利于止血。

3. 止血带止血法

此方法适用于四肢较大动脉的出血，用加压包扎或其他方法不能有效止血且有生命危险时才选用，如果使用不当会造成更严重的出血甚至肢体缺血坏死。目前常用的止血带有橡皮止血带、表带式止血带、充气止血带等，其中以充气止血带效果较好。在紧急情况下，也可用绷带、三角巾、布条等代替止血带用绞紧止血法。在使用止血带前，应先在止血带下放好衬垫。常用的止血带止血方法如下：

（1）橡皮止血带止血法。在肢体伤口上方用棉垫、纱布、毛巾或衣物等作为衬垫，用左手的拇指、示指和中指持止血带的头端，用右手将长的尾端绕肢体一圈后压住头端，再绕肢体一圈，然后用左手示指和中指夹住尾端后，将尾端从两圈止血带下拉出，打成一个活结。放松止血带时，只需将尾端拉出即可（图8-14）。

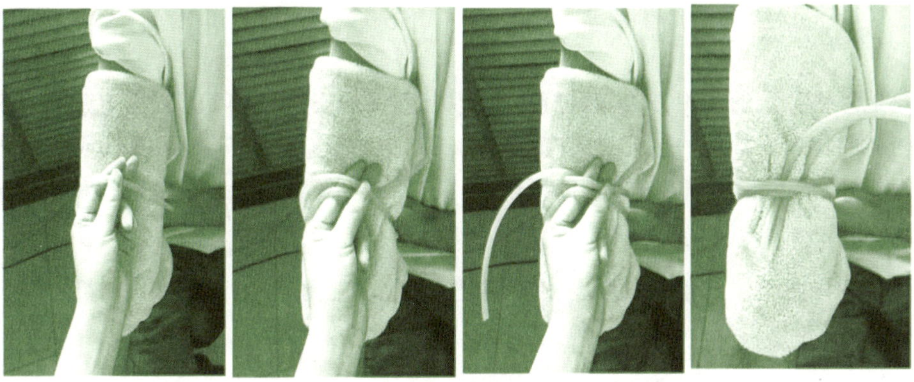

图8-14　橡皮止血带止血法

（2）表带式止血带止血法。将止血带绕肢体一圈，然后将一端穿进环扣内，拉紧止血带，直到不出血为止，解开时按压开关即可。

（3）充气止血带止血法。此法是根据血压计设计原理，有压力表指示压力的大小，压力均匀，止血效果较好。将袖带绑在伤口的近心端，充气后起到止血作用。

（4）绞紧止血法。在事故现场，救护员可根据现场情况，就地取材，利用三角巾、围巾、衣服、领带、毛巾等作为止血带进行止血，但禁止用电线、绳索、细铁丝等。由于布带缺乏弹性，止血效果差，如果过紧还容易造成肢体损伤或缺血性坏死，因此，尽可能在短时间内使用。首先将布料折叠成平整的条带状，宽约5厘米，然后在垫好衬垫的部位，先加压缠绕肢体一周，两端向前拉紧，打一个结，再将一短棒、筷子、铅笔等插入活结的外圈，并旋转绞紧至伤口停止出血为度，再将短棒、筷子、铅笔的另一端插入活结的内圈固定，将活结拉紧即可，最后注明开始时间。

（二）止血带止血法的注意事项

止血带止血法具有潜在的不良后果，可导致止血部位神经和血管的暂时性或永久性损伤，以及肢体局部缺血导致的系统并发症，因此使用止血带时要特别注意以下几点：

（1）部位准确。止血带止血的部位应在伤口的近心端，并尽量靠近伤口，有利于最大限度地保存肢体。

(2)下垫衬垫。止血带不可直接扎在皮肤上,应先用平整的衬垫垫好,以免勒伤皮肤。

(3)松紧适宜。止血带松紧要适度,以恰好达到远端动脉搏动消失、伤口停止出血、止血带最松状态为度,过紧容易造成肢体损伤或缺血坏死,过松使静脉回流受阻反而加重出血。

(4)标记明显。使用止血带后要在明显部位做好标记,注明扎上止血带的时间,应精确到分,以便后续救护人员继续处理。

(5)控制时间。止血带使用的总时间一般不能超过 5 小时(冬季可适当延长)。为了防止肢体缺血坏死,应每隔 30~60 分钟放松止血带一次,每次松开 2~3 分钟。放松期间可用指压迫止血,然后在比原来结扎部位稍低的位置重新结扎止血,不可在同一平面反复结扎。

(6)做好松解。解除止血带应在采取输液、输血等其他有效的止血措施后进行,若止血带以下组织已经出现明显广泛坏死,在截肢前不宜松解止血带。

(三)包扎

包扎是外伤急救的常用方法,通过包扎可以起到保护伤口、减少污染、固定敷料、压迫止血及减轻疼痛的作用。常用的包扎材料有绷带或三角巾,在事故现场,如无绷带或三角巾,可就地取材,用洁净的毛巾、衣服、被单等撕开代替。包扎的主要方法有三角巾包扎和绷带包扎。

1. 三角巾包扎

适用于现场急救。三角巾的用途较多,可叠成带状、燕尾状、双燕尾状、蝴蝶形等用于不同部位的包扎(图 8-15)。

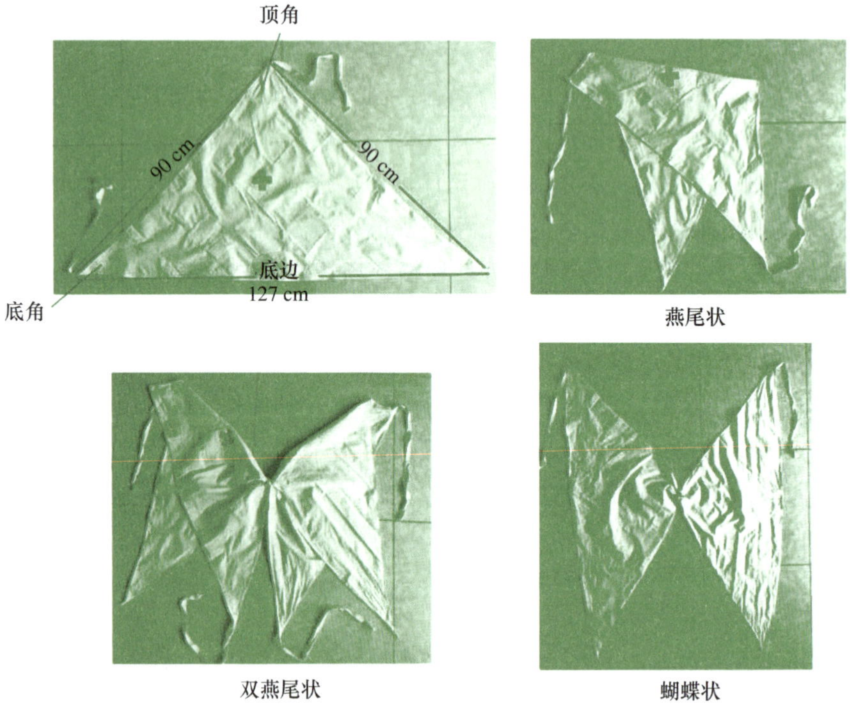

图 8-15 三角巾常用规格及用法

(1)头面部包扎

①头顶部包扎法：三角巾底边向上翻折3厘米，约两指宽，正中置于伤员前额处，高度齐眉，顶角经头顶垂于后脑勺，然后将两底角经耳上向后拉紧，在后脑部交叉再经耳上绕到前额打结，最后将顶角向下拉紧后向上塞入(图8-16)。

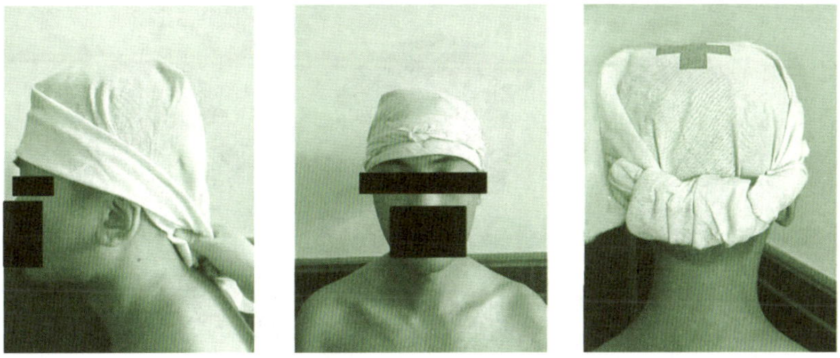

图8-16　三角巾头顶部包扎法

②风帽式包扎法：将三角巾对折后，在顶角、底边中央各打一结构成风帽状，顶角在上将风帽由前额向后脑包裹头部，折叠风帽两边的前缘避免遮挡伤员视线，然后将风帽两边在下颌角处反折沿下颌骨向前在颌部交叉向后，在预先做成的底边结上打结(图8-17)。

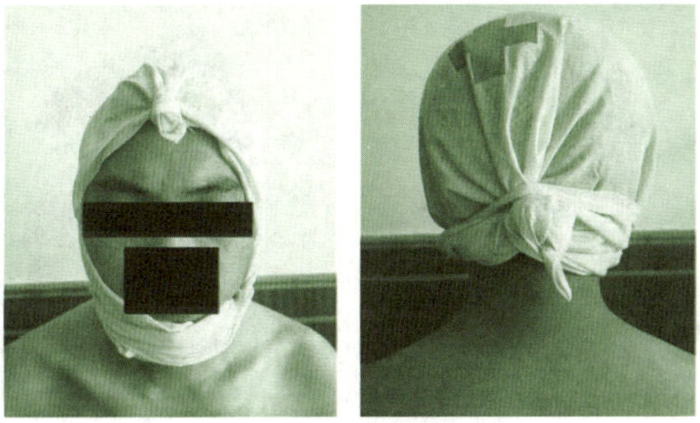

图8-17　风帽式包扎法

③面具式包扎法：三角巾对折后将顶角打结，打结处套在下颌部，由下向上罩住面部及头部，在后脑拉紧三角巾底边收紧整个三角巾，三角巾底边在枕骨粗隆(脑后最高的部位)下交叉至前额，在前额眉弓稍上方打结，最后在口、鼻、眼部各剪一小口(图8-18)。

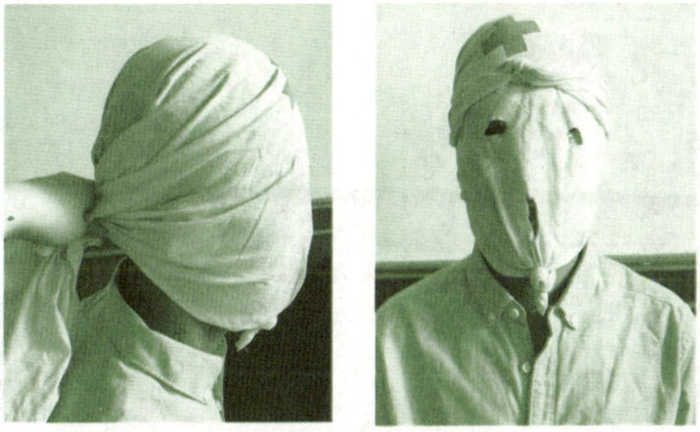

图8-18　面具式包扎法

④眼部包扎法：包扎单眼时，首先将三角巾折成约 4 指宽的带状，一手托住三角巾，将其压在健侧额头，另一手将三角巾向下斜压在伤眼处，从耳下沿后脑绕至对侧耳上方，另一端三角巾向下反折，沿健侧耳朵上方经后脑绕至患侧耳上方打结固定（图 8-19）。包扎双眼时，可将上端向下反折，盖住另一伤眼，再经耳下绕至对侧耳上打结。

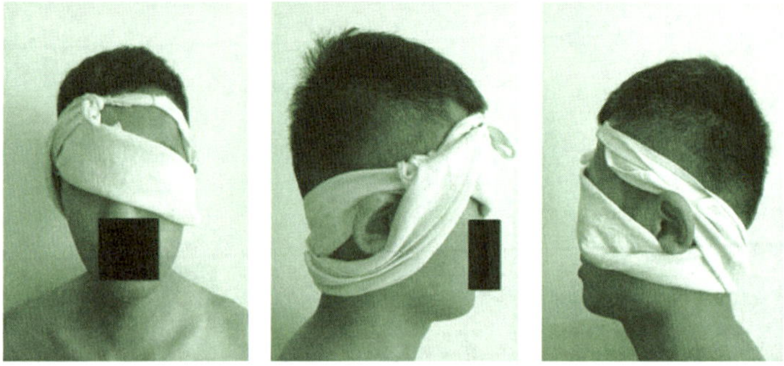

图 8-19　单眼包扎法

⑤下颌部包扎法：将三角巾折成约 4 指宽的带状，留系带一端，从颈后绕前方包住下颌，与另一端在颊侧面交叉后在耳前向上绕过头顶，另一端反折回颌下经对侧耳拉向头顶，两端在头顶打结固定（图 8-20）。

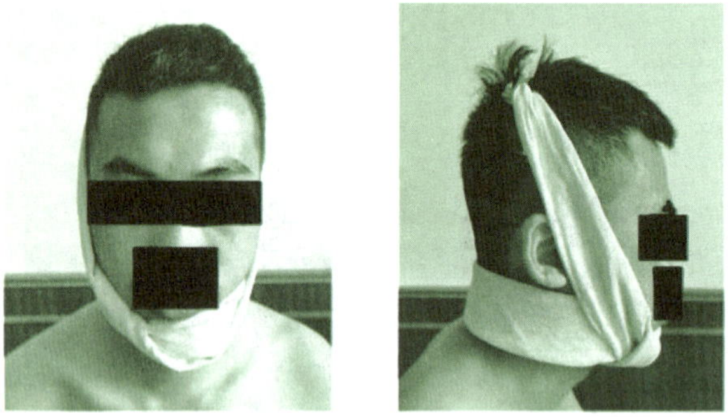

图 8-20　下颌部包扎法

（2）肩部包扎法

①单肩燕尾巾包扎法：将三角巾对折，逐步将底角错开成两底角相等的燕尾式，将夹角朝上放于伤侧肩上，燕尾底边包绕上臂上部打结，将三角巾两底角分别经胸部和背部拉向健侧腋下，在腋下偏后方打结（图 8-21）。

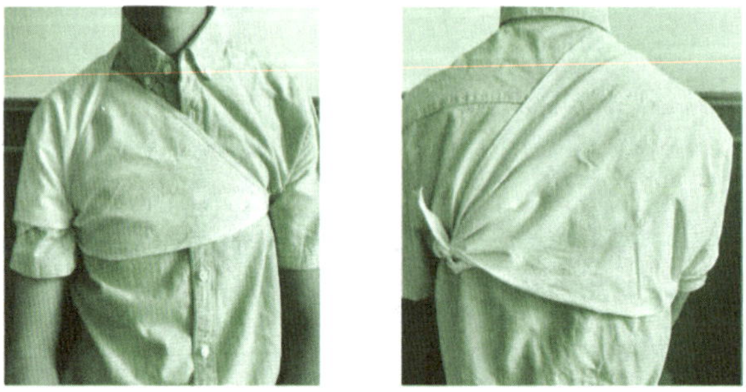

图 8-21　单肩燕尾巾包扎法

②双肩燕尾巾包扎法：将三角巾折成燕尾巾，将夹角朝上对准伤员颈后正中，披在双肩上，右侧底角包肩，经腋下至腋后与右侧燕尾底边打结固定，左侧底角包肩，经腋下至腋后与左侧燕尾底边打结固定(图 8-22)。

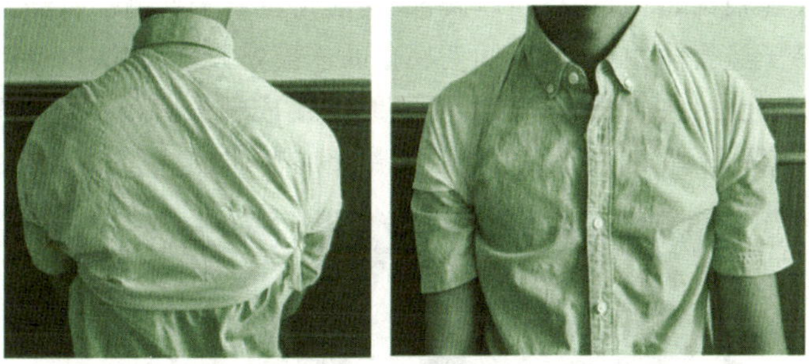

图 8-22　双肩燕尾巾包扎法

(3)胸(背)部伤的包扎

①单侧胸部三角巾包扎法：将三角巾顶角放于伤侧胸部的肩上，垂于背后，使三角巾底边中央位于伤处下方，底边向上反折约 2 横指，两底角拉至背后打结，最后再将顶角的带子与底角结打在一起(图 8-23)。

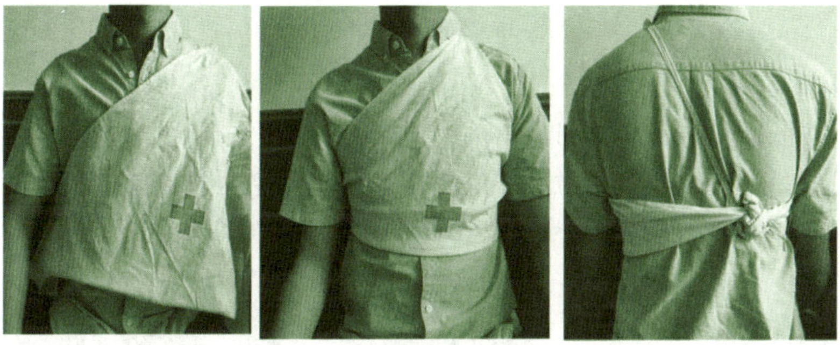

图 8-23　胸部三角巾包扎法

②双侧胸部燕尾巾包扎法：将三角巾折成燕尾式，三角巾底边平放系于腰间后翻转，将两燕尾角分别搭于双肩，向上提拉从两肩拉至背后，将一燕尾角系带拉紧，绕横带后上提，与另一燕尾角打结固定(图 8-24)。

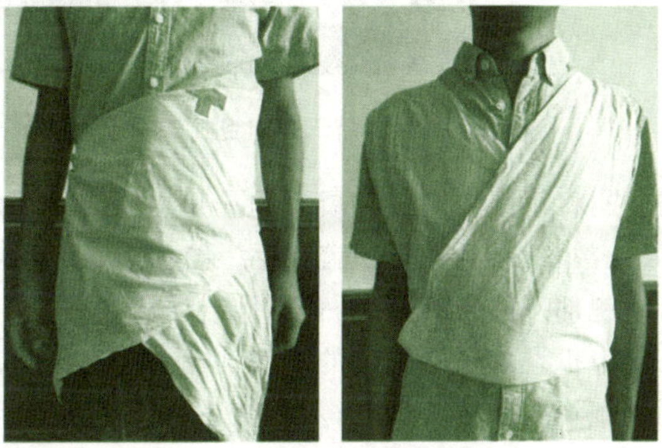

图 8-24　胸部燕尾巾包扎法

包扎背部的方法与胸部相同，只是位置相反，结打在胸前。

(4)腹部、臀部伤的包扎

①腹部三角巾包扎法：将三角巾展开，底边向上，顶角朝下横放于上腹部，顶角对准两腿之间，斜边平对两侧大腿根部，将底边反折至腰部，两底角拉紧于腰侧部打结，在会阴部放一布垫防止勒伤，将顶角带子经会阴拉至后面，同两底角的连接处打结，此法也可用于双臀包扎。

②双臀蝴蝶式包扎法：将两块三角巾顶角打结连接成蝴蝶式，将打结部位放在腰骶部，底边的上端在腹部打结后，下端由大腿后方经会阴部绕向前，与各自的底边打结(图 8-25)。

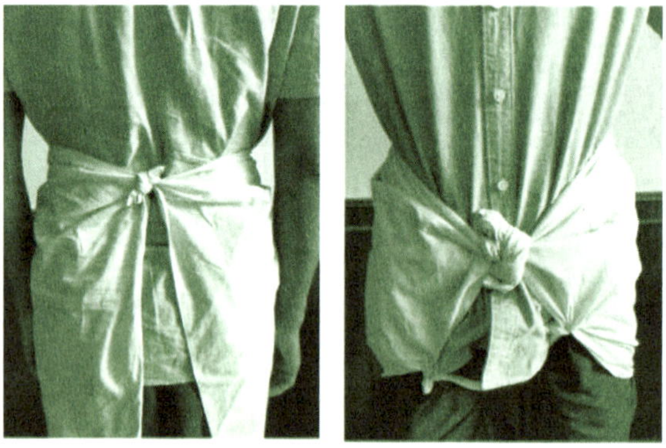

图 8-25 双臀蝴蝶巾包扎法

(5)四肢伤的包扎

①上肢三角巾包扎法：将三角巾一底角打结形成手套状，将三角巾套在伤侧手上，结的余头留长备用，提住另一底角向肩部拉紧三角巾，在肘关节水平拉起顶角包裹伤肢，顶角系带缠绕肘窝打结，将伤侧前臂屈至胸前，患手放置于对侧肩部，拉紧两底角打结(图 8-26)。

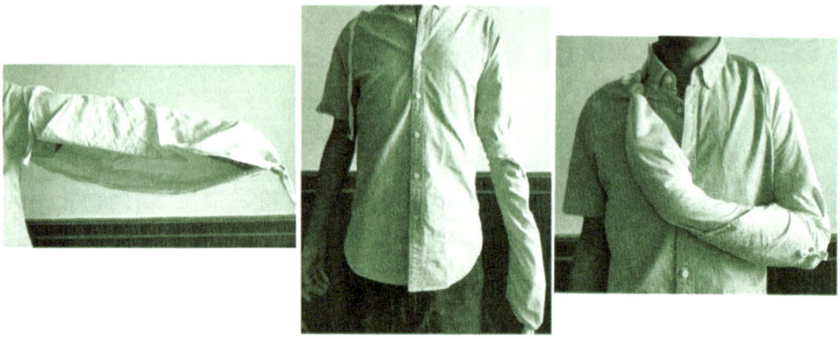

图 8-26 上肢三角巾包扎法

②手(足)三角巾包扎法：将手(足)平放在展开的三角巾中央，手指尖(或脚趾)对准顶角，可在患者伤指(趾)缝间放入敷料，将顶角折回盖在手(足)背上，然后将三角巾的两个底角经手(足)背左右交叉到腕部，绕腕部一圈，在腕部的背侧打结(图 8-27)。

③膝部包扎法：将三角巾折叠成适当宽度的带状(以能覆盖住全部膝盖为宜)，将宽带的中央部分斜放在伤处，将两端缠绕至膝关节后方，左右交叉分别压住上下两边，包绕膝部后在膝关节外侧打结，此方法也适用于肘部。

④小腿三角巾包扎法：将三角巾展开，有系带的底角在远端，将伤肢放在三角巾中央，脚趾

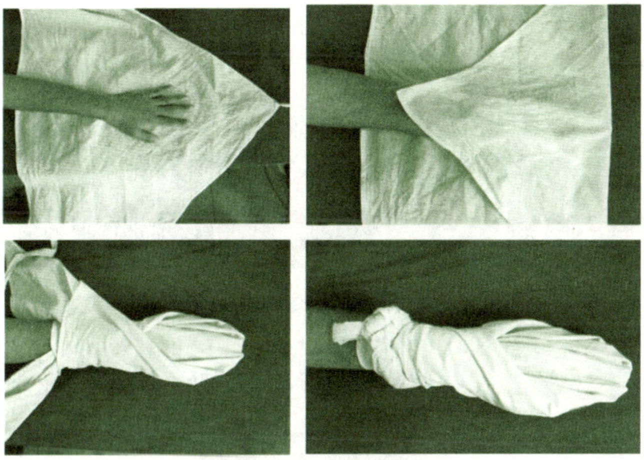

图 8-27　手(足)三角巾包扎法

对准三角巾有系带的底角，提起三角巾顶角和近端底角对折包裹伤肢，将顶角系带缠绕肢体后与底角打结固定，再用三角巾远端部分包绕脚部，底角多余部分在足趾端反折、扭紧于脚踝处用系带缠绕肢体打结(图 8-28)。

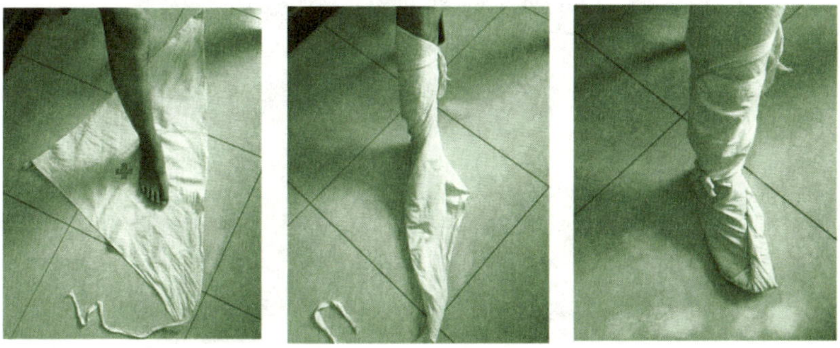

图 8-28　足与小腿三角巾包扎法

⑤上肢悬吊包扎法：将三角巾展开，三角巾顶角对向伤侧的肘关节，然后将三角巾的一个底角置于健侧肩部，底边垂直向下，将伤肢屈肘 80°置于三角巾中央，然后将三角巾的另一个底角包绕伤肢反折至伤侧肩部，两底角在健侧颈后打结，最后将三角巾顶角向后拧紧掖入肘部，或将系带向后绕背部一周至健侧腋前线与底边相系打结，此为大悬臂带。也可将三角巾叠成条带状，悬吊伤肢，两端于颈后打结，即为小悬臂带(图 8-29)。

2. 绷带包扎

绷带包扎是外伤现场应急处理的重要措施之一，是包扎技术的基础，有制动、固定敷料和夹板、加压止血等作用。常用的绷带种类有棉布、纱布、弹力及石膏绷带等。在缠绕绷带时，应一手拿绷带的头端并将其展平，另一手握住绷带卷，由伤员肢体远端向近端包扎，缠绕过程中用力要均匀；为防止绷带在肢体活动时逐渐松动滑脱，可以在开始包扎时先环绕肢体两圈，并将绷带头折回一角在绕第二圈时将其压住(图 8-30)，包扎完毕后应再在同一平面环绕 2～3 圈，然后将绷带尾端剪开分成两股打结，或用胶布固定。

绷带包扎的基本方法及适用范围如下：

大悬臂带

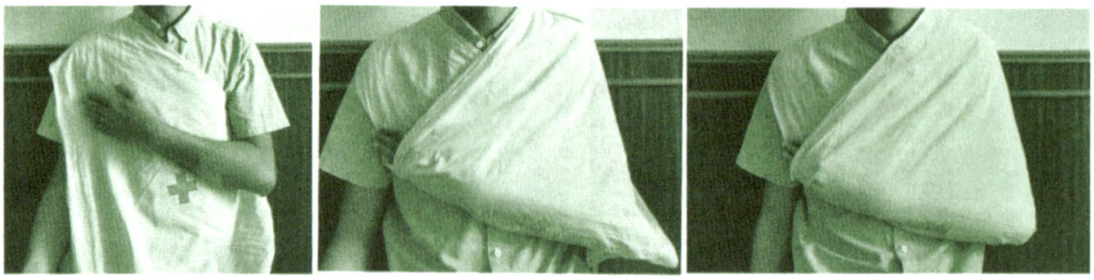

小悬臂带

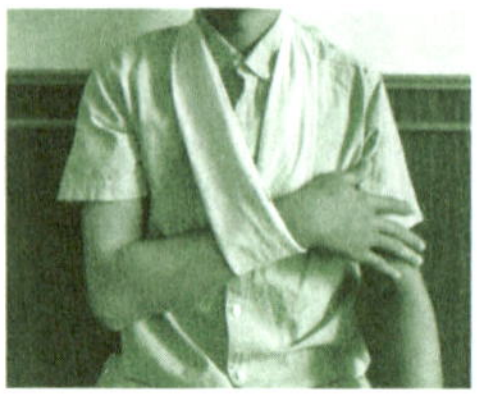

图 8-29 上臂悬吊包扎法

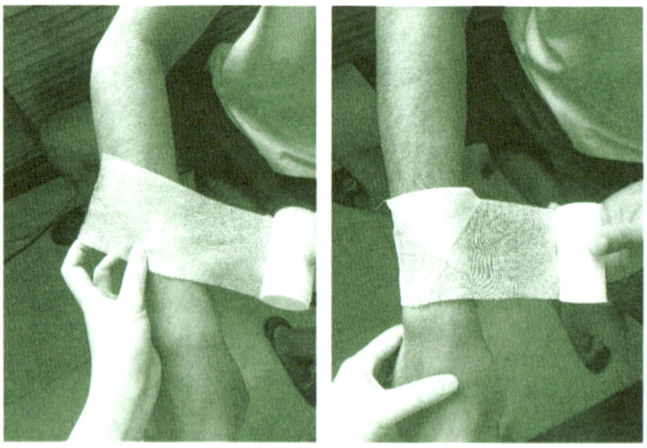

图 8-30 绷带包扎起始法

(1)环形包扎法。适用于包扎躯体粗细均匀部位的伤口,如颈、腕、胸、腹等处,是绷带包扎法中最为常用的一种方法。直接将绷带做环形重叠缠绕(图 8-31A)。

(2)蛇形包扎法。适用于需由一处迅速延伸至另一处或做简单的固定。先用绷带从伤口远心端以环形法缠绕两圈,然后以绷带宽度为间隔,斜行上缠,各周互不遮盖(图 8-31B)。

(3)螺旋形包扎法。适用于包扎直径基本相同的上臂、手指、躯干、大腿等部位的伤口。先用在伤口远心端环形缠绕两圈,然后稍微倾斜螺旋向上缠绕,每圈遮盖上一圈的 1/3～1/2(图 8-31C)。

(4)螺旋反折包扎法。适用于包扎直径大小不等部位的伤口,如前臂、小腿等。每圈缠绕压住上一圈 1/3～1/2 的同时将绷带向下反折,反折部位应位于相同部位,使之成一直线,反折时避开伤口或骨隆突处(图 8-31D)。

(5)"8"字形包扎法。适用于直径不一致的部位或屈曲的关节部位,如手掌、踝部、肩、膝等。先在伤口远心端环形缠绕两圈,然后在伤处上下,将绷带自下而上,再自上而下,重复做"8"字形旋转缠绕,每周遮盖上一周的 1/3～1/2(图 8-31E)。

（6）回返式包扎法。适用于头部、肢体末端或断肢部位的包扎。先将绷带以环形法缠绕两周，然后将绷带垂直中央与肢体之间并将其拉紧，确保拉紧后，把绷带以断肢中央为中心向两侧呈扇形回返折叠于断肢与肢体之间，每一来回均覆盖前一次的 1/3～1/2，直至将断肢全部包裹，最后将绷带再环绕数周把反折处压住固定（图 8-31F）。

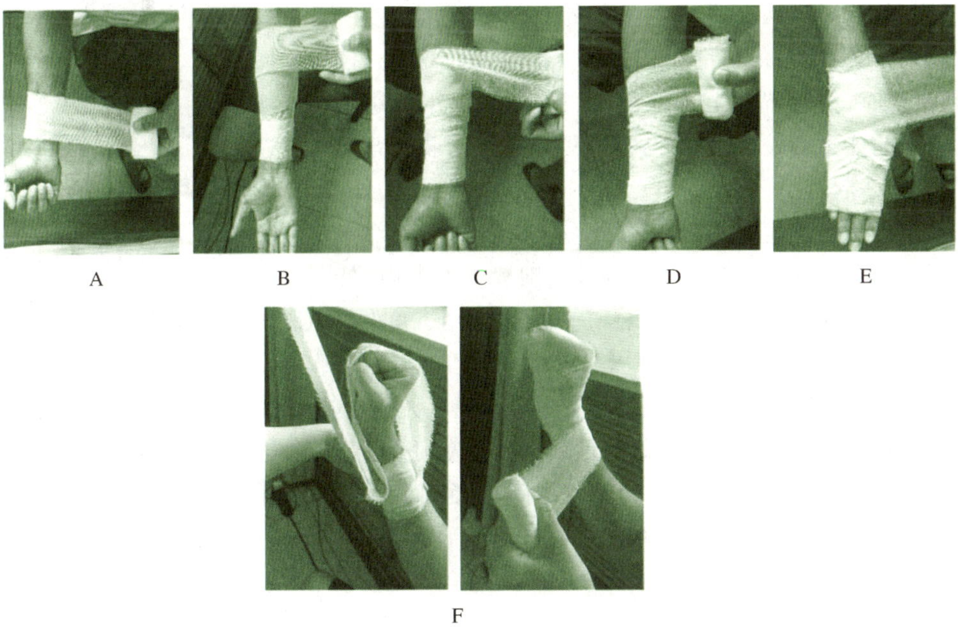

图 8-31　绷带包扎的基本方法

3. 包扎的注意事项

（1）现场抢救时，在包扎伤口前，先简单清创并盖上消毒纱布或洁净的毛巾、衣物后再行包扎，操作时应小心谨慎，以免加重疼痛或导致伤口出血感染。

（2）包扎要牢固，松紧适宜，过紧会影响局部血液循环，过松易致敷料脱落或移动。

（3）包扎时使伤员处于舒适体位，保持伤肢功能位。皮肤皱褶与骨隆突处要用棉垫或纱布做衬垫。需要抬高肢体时，应给予适当的扶托物。

（4）包扎方向应从从远心端向近心端，以帮助静脉血液回流。四肢包扎时，应将指（趾）端外露，以便观察末梢血液循环。

（5）包扎结束时打的结应放在肢体外侧面，严禁在伤口上、骨隆突处或易于受压的部位打结。

（6）解除绷带时，先解开固定结或取下胶布，然后以两手互相传递松解。紧急时或绷带已被伤口分泌物浸透干涸时，可直接剪开。

（四）固定

固定技术是对骨折或怀疑骨折的伤员所采取的局部或全身的制动措施。通过固定不仅可以限制受伤部位的活动，减轻疼痛，避免进一步损伤，也有利于防治休克，便于伤员的搬运。最常用的固定材料是夹板，根据材质可以分为木制夹板、塑料制品夹板、充气式夹板等。如果在抢救现场一时找不着夹板，可就地取材用竹板、木棒、镐把等代替，紧急情况下，还可直接借助健侧肢体或躯干等进行临时固定。

1. 固定方法

（1）上臂骨折固定。用两块夹板，分别置于上臂的后外侧和前内侧，然后用两条带子在骨折的上、下端固定，使肘关节屈曲90°，再用三角巾将上肢悬吊于胸前（图8-32）。仅有一块夹板时，夹板置于上臂外侧；无夹板时，可用两块三角巾，一条将上臂呈90°悬吊于胸前，另一条将伤肢上臂与胸部固定在一起。

图8-32 上臂骨折夹板固定

（2）前臂骨折固定。协助伤员将伤肢屈曲90°，手部一端稍微抬高，拇指在上。取两块夹板，分别置于前臂内、外侧，用三条带子固定骨折的上、下端和手掌部，再用三角巾将上肢悬吊于胸前；仅有一块夹板时可置于前臂外侧。

（3）大腿骨折固定。用长、短两块夹板分别置于大腿的外侧和内侧，长夹板的长度从腋下到足跟，短夹板的长度从大腿根部到足跟。在骨隆突处、关节和空隙处加衬垫，然后用带子分别在骨折两端、腋下、腰部和关节上下打结固定，足部用“8”字形固定，使脚与小腿处于直角功能位（图8-33）；若无夹板，也可将伤员健肢与伤肢并紧，中间加衬垫，分段固定在一起（图8-34）。

图8-33 大腿骨折固定

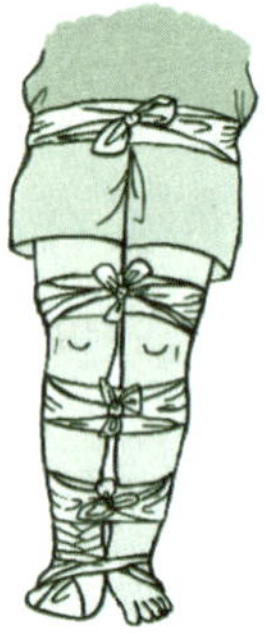

图8-34 下肢骨折健肢固定

（4）小腿骨折固定。取两块长度由大腿根部至足跟的夹板，分别置于小腿的内、外侧，在骨隆突处、关节和空隙处加衬垫，然后用带子分别在骨折两端和关节上下打结固定，足部用“8”字形固定，使脚与小腿处于直角功能位（图8-35）；无夹板时，也可用大腿无夹板固定的方法（图8-34）。

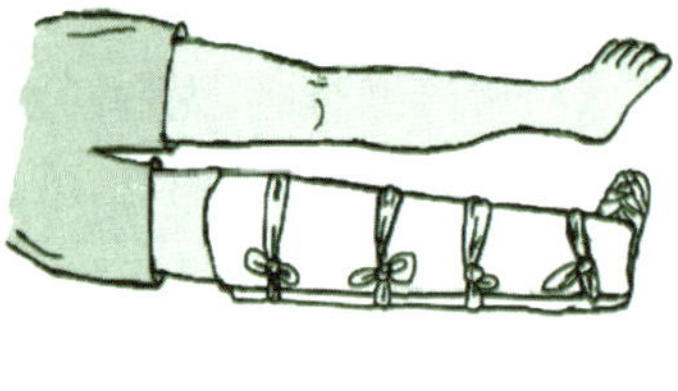

图8-35 小腿骨折固定

2. 固定注意事项

（1）固定之前如有伤口和出血，应先止血、包扎，再行骨折固定。若有休克，应先行抗休克处理。

（2）在处理开放性骨折时，如有骨折断端刺出皮肤，在清创前不可将刺出的骨端送回伤口,以防感染。

(3)夹板固定时,其长度与宽度要与骨折的肢体相适应。下肢骨折夹板长度必须超过骨折上、下两个关节;固定时除骨折部位上、下端外,关节上、下也要固定。

(4)夹板不可直接与皮肤接触,其间要加衬垫,尤其在夹板两端、骨隆突处和空隙处应加厚垫,以防局部组织受压或固定不稳。

(5)固定要松紧适度,不影响血液循环。肢体骨折固定时,一定要将指(趾)端露出,以便随时观察末梢血液循环情况,如发现指(趾)端苍白、发冷、麻木、疼痛、水肿或青紫,说明血运不良,应重新固定。

(6)固定后避免不必要的搬动,不可强制伤员进行各种活动。

(五)搬运

搬运伤员的方法是创伤急救的重要技术之一。其目的是尽快使伤员脱离危险地带,改变体位或地点便于现场施救以及尽快将伤员送至医院,防止再次损伤或延误治疗。搬运伤员的方法应根据当地、当时的器材和人力而选定。

1. 常用搬运方法

(1)担架搬运法。担架搬运方便省力,是最常用的搬运方法,适用于病情较重、转运路途较长的伤病员。常用的担架类型有帆布折叠担架、板式担架、铲式担架、四轮担架、船式担架以及自制的临时担架(如绳索担架、被服担架)等。担架搬运的方法为:由 3～4 人组成一组,将伤员平稳托起移上担架,妥善固定;伤员头在后,脚在前,以便后面的担架员能随时观察伤员的病情变化;抬担架时步调要一致,平稳前进;向高处抬时,前面的担架员要放低,后面的担架员则要抬高,使伤员身体保持水平状态;向低处抬时则相反,如有病情变化,应先放脚后放头,立即停下抢救。

(2)徒手搬运法。适用于现场无担架、转运路途较近,伤员病情较轻的情况。

①单人搬运法。a.扶持法:适用于伤情较轻、能够行走的伤员。搬运者站在伤员一侧,使伤员靠近并用其手臂揽住自己的颈部,搬运者用外侧的手牵伤员的手腕,另一手扶持伤员的腰背部,扶其行走。b.抱持法:适用于体重较轻的伤员。搬运者站于伤员一侧,将伤员抱起,一手托其背部,一手托其大腿。能配合的伤员可抱住搬运者的颈部。c.背负法:搬运者站在伤员前侧,侧弯背部,将伤员背起。此法不适用于胸部损伤者。d.牵拖法:适用于不能移动、体重较重的伤员。将伤员放在油布或雨衣上,将两个对角或双袖结扎固定伤员的身体,用绳子牵拉油布或雨衣前行(图 8-36)。

②双人搬运法。a.椅托法:两救护者分别以左、右膝跪地于伤员两侧,各用一手伸入伤员的大腿下并互相握紧,另一手彼此交叉支撑伤员的背部,慢慢将伤员抬起(图 8-37)。b.拉车法:一人站在伤员的头侧,以两手插到其腋下,将伤员抱在胸前,另一人跨在伤员两腿之间,两臂环抱伤员双膝,两人同方向步调一致前行(图 8-38)。c.平抬法:两人一左一右或一前一后将伤员平抬起。此法不适用于脊柱损伤者。

③三人或多人搬运法。三人并排将伤员抱起,步调一致向前(图 8-39),第四人可负责固定头部。多于四人时,可面对面从两侧将伤员平抱进行搬运。

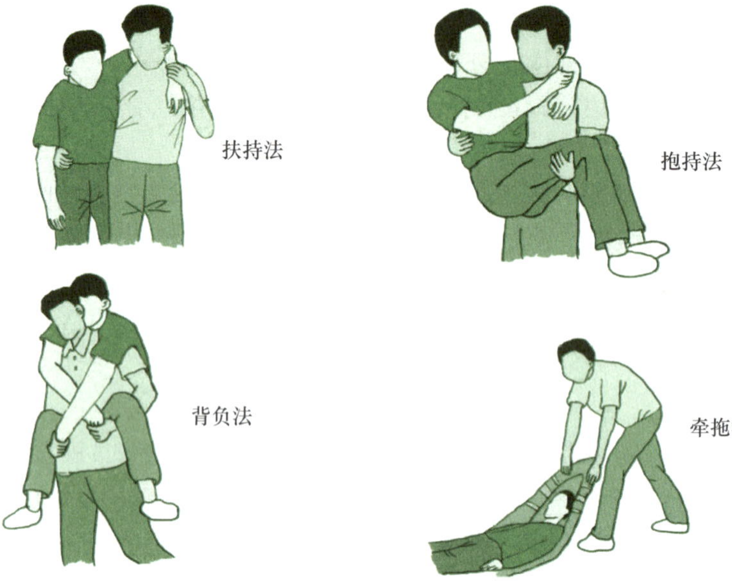

图 8-36　单人搬运法

图 8-37　椅托式搬运法

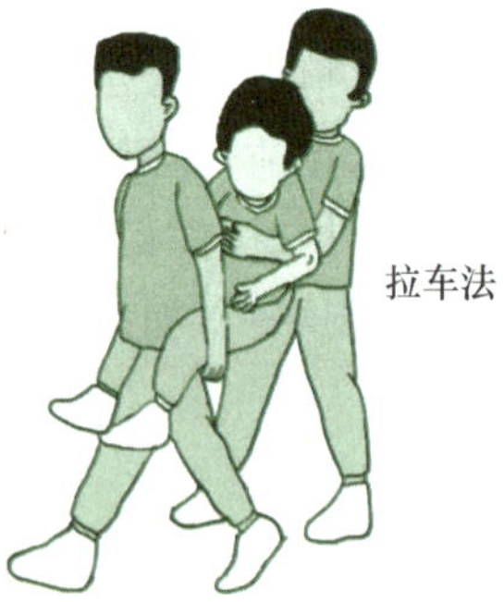

图 8-38　拉车式搬运法

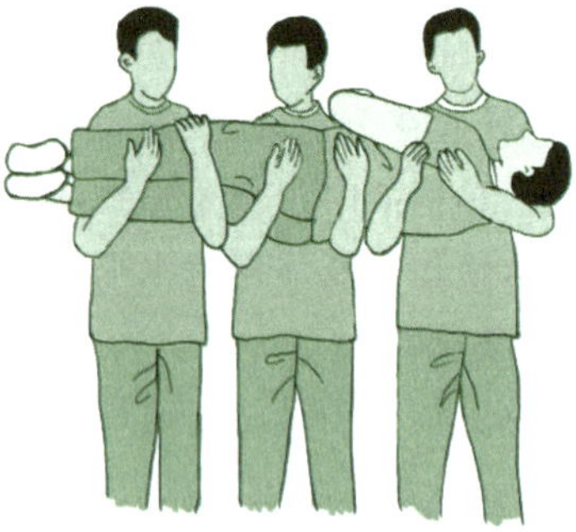

图 8-39　三人搬运法

2. 特殊伤员的搬运方法

(1)腹部内脏脱出的伤员。将伤员双腿屈曲，腹肌放松，仰卧位于担架上，防止内脏继续脱出。已脱出的内脏严禁回纳腹腔，以免加重污染。可用清洁的碗盆或其他合适的替代物扣住内脏，然后用腹部三角巾包扎法包扎固定后搬运(图 8-40)。

(2)昏迷伤员。使伤员侧卧或俯卧于担架上，头偏向一侧，以利于呼吸道分泌物的流出(图 8-41)。

(3)骨盆损伤的伤员。先将骨盆用三角巾做环形包扎后，让伤员仰卧于硬质担架或硬板上，双膝略弯曲，膝下加垫(图 8-42)。

(4)脊柱损伤的伤员。搬运此类伤员时，应使脊柱保持伸直，严禁颈部与躯干前屈或扭转。对于颈椎损伤的伤员，最好先用颈托固定，无颈托时可用衣服卷或沙袋填塞头、颈两侧，防止头部晃动，再用布条固定。需由 4 人一起搬运，1 人负责头部的牵引固定，保持颈部与躯干在同

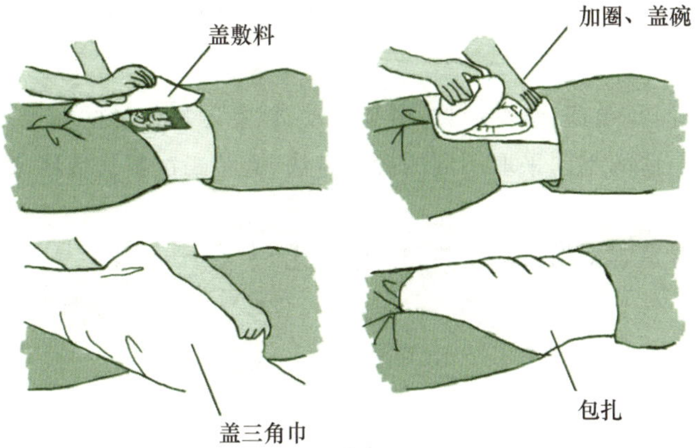

图 8-40 腹部内脏脱出伤员的搬运法

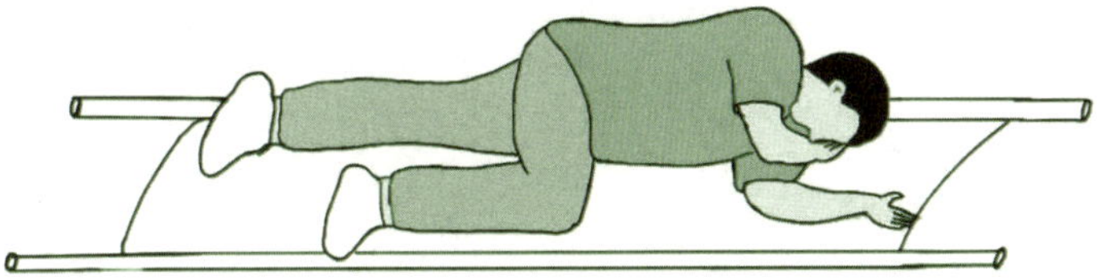

图 8-41 昏迷伤员的搬运法

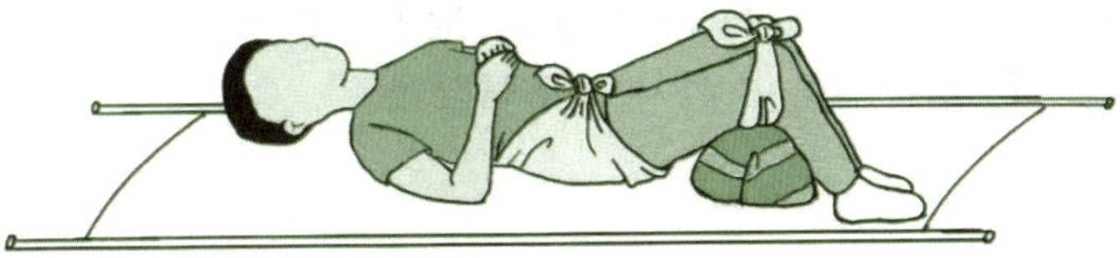

图 8-42 骨盆损伤伤员的搬运法

一轴线，其余 3 人蹲于伤员的同一侧，2 人托躯干，1 人托下肢，4 人一起将伤员抬起放在硬质担架上，并用带子分别将伤员胸部、腰部、下肢与担架固定在一起（图 8-43）。对于胸、腰椎伤的伤员，可由 3 人于伤员身体一侧搬运，方法与颈椎伤伤员的搬运法相同。

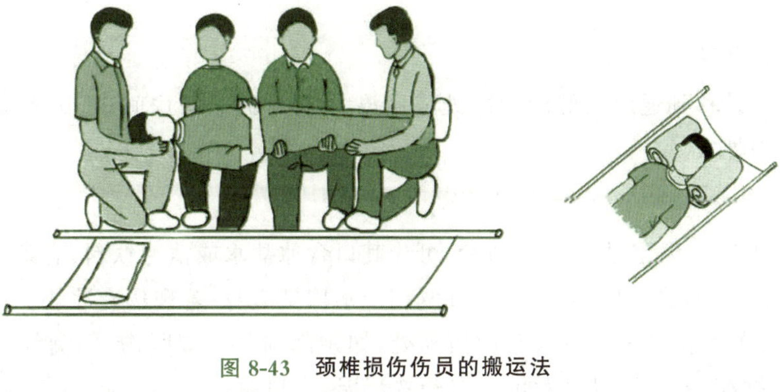

图 8-43 颈椎损伤伤员的搬运法

（5）身体带有刺入物的伤员。应先包扎好伤口，妥善固定好刺入物后，方可搬运。搬运途中避免挤压、碰撞，防止刺入物脱出或继续深入。刺入物外露部分较长时，应有专人负责保护。

3. 搬运注意事项

(1)搬运动作应轻巧、敏捷、步调一致，避免震动，以免增加伤员的痛苦。

(2)根据环境和伤情的不同采取不同的搬运方法，避免二次损伤或因搬运不当造成的意外伤害。

(3)搬运途中应注意观察伤员的伤势与病情变化。

第三节　常见意外事故及灾害急救

一、中暑

中暑是指在温度或湿度较高、不透风的环境下，由于体温调节中枢功能障碍或汗腺功能衰竭，以及水、电解质丢失过多而发生的以中枢神经和(或)心血管功能障碍为主要表现的急性临床综合征。临床上依照症状轻重可分为先兆中暑、轻度中暑和重度中暑。中暑的急救原则为尽快使患者脱离高温环境、迅速降温和保护重要脏器功能。

(一)中暑的症状表现

先兆中暑为在高温环境下工作一定时间后，出现头痛、口渴、乏力、多汗、头晕、心慌、注意力不集中等表现；轻度中暑在先兆中暑症状的基础上，同时表现出面色潮红、皮肤灼热、胸闷，甚至出现面色苍白、四肢湿冷、大汗、脉率增快、恶心呕吐等早期周围循环衰竭的表现；重度中暑除上述症状外，还可有高热、呼吸困难、血压下降、肌肉痉挛、烦躁不安、昏迷，甚至危及生命。

(二)中暑的现场救护

1. 脱离高温环境

迅速将患者转移到通风良好的阴凉处或室温为20～25℃的房间内，患者取平卧位，帮助患者解开或脱去外衣。

2. 降温

首选物理降温方式，若患者意识清楚，可让其口含冰盐水或清凉饮料；有条件的情况下，可用扇子、电风扇或空调辅助降温；还可以反复用冷水擦拭全身；若现场有冰块，可制作冰帽进行头部降温，或制作冰袋置于全身大动脉搏动处，如颈部、腋窝、腹股沟、腘窝等，直至体温低于38℃。体温持续在38.5℃以上者可采取药物降温，多口服水杨酸类解热药物，如阿司匹林、布洛芬等。降温程度以患者感到舒适凉爽为宜。

3. 转运

一般先兆中暑和轻度中暑的患者经现场救护后均可恢复正常，但对疑为重度中暑的患者，应立即转送医院。

二、淹溺

淹溺又称溺水，是人淹没于水或其他液体中，因液体、杂草、泥沙等物堵塞呼吸道，或发生反射性喉、气管、支气管痉挛引起窒息和缺氧，导致肺泡失去通气、换气功能，使机体处于危急状态。淹溺后窒息合并心脏停搏者称为溺死，如心脏未停搏则称近乎溺死。淹溺是意外死亡的常见原因之一。在我国，淹溺是伤害致死的第三位原因。约90%淹溺者发生于淡水，其中50%发生在游泳池。

(一)淹溺的症状表现

淹溺者一般表现为意识丧失、呼吸停止及大动脉搏动消失、处于临床死亡状态。近乎淹溺病人的临床表现个体差异较大，与淹溺时间长短、吸入水量的多少、吸入水的性质及器官损害范围有关。有明确的淹溺史并(或)伴有颜面肿胀、皮肤青紫、四肢厥冷、呼吸和心跳微弱或停止、口鼻内充满泡沫或泥沙、腹部膨隆，胃内充满水，呈胃扩张，即可确定为淹溺。

(二)淹溺的现场救护

缺氧的时间和程度是决定淹溺预后最重要的因素。如果现场无及时有效的复苏，组织缺氧将导致患者呼吸、心搏骤停和多器官功能障碍。因此，在现场尽快对淹溺者进行开放气道和供氧是最重要的紧急抢救措施。

(1)迅速将溺水者救离出水。一旦发现有人溺水，应先进行呼救求援，再实施抢救。若施救者不会游泳，可以就地取材打捞溺水者，如将木板、救生圈、竹竿、绳索等物品抛给溺水者，再将其拖至岸边；若施救者会游泳，应先保持镇静，尽可能脱去衣物，迅速游到溺水者附近，若溺水者为清醒状态，为避免被慌乱挣扎的溺水者缠住，施救者应从其背后接近，一手托住溺水者头颈，将其面部托出水面，或抓住其腋窝仰游，将溺水者救上岸；若溺水者已经昏迷，则可以正面靠近溺水者。

(2)保持呼吸道通畅。将溺水者救出水面后，应立即清除其口、鼻腔内的水、泥、杂草等异物，牙关紧闭者设法撬开口腔，有假牙者取出假牙，松解领口、内衣和腰带，畅通呼吸道，快速判断病人的意识、呼吸和心跳等情况。

(3)心肺复苏。对无意识，呼吸、心跳停止者，应立即实施心肺复苏术。

(4)若溺水者有呼吸心跳、意识不清，则采取侧卧位，使口鼻自动排出液体，同时做好保暖，防止低体温。

(5)迅速转运。经现场初步处理后应迅速将溺水者转送至医院，转运途中继续进行监护和救治。

三、电击伤

电击伤是指一定量的电流通过人体引起全身或局部的组织损伤和功能障碍，严重者甚至发生心搏呼吸骤停，俗称触电。超过 1 000 伏的高压电还可引起灼伤，雷雨天气的闪电损伤就属于此范畴。

（一）电击伤的症状表现

电击伤局部主要表现为电灼伤，低压电灼伤伤口小，呈椭圆形或圆形，色焦黄或灰白色，边缘整齐，与正常皮肤分界清楚，为无痛的干燥创面，一般不损伤内脏，如衣服被点燃，可出现与触电部位无关的大面积皮肤烧伤；高压电灼伤伤面不大，但可深达肌肉、血管、神经甚至骨骼，有“口小底大、外浅内深”的特征。触电者在遭到电击时轻者仅有瞬间感觉异常，如精神紧张、头晕、心悸、表情呆滞、面色苍白、四肢软弱、呼吸及心跳加速。敏感的病人可发生晕厥、短暂意识丧失；重者可由于心搏骤停导致死亡。

（二）电击伤的现场救护

电击伤的救护原则为迅速将触电者脱离电源，分秒必争，尽快实施有效抢救。

（1）迅速脱离电源。根据触电现场情况，采用最安全、最迅速的办法脱离电源。

①切断电源：拔除电源插头或拉下电源闸刀。

②挑开电线：可用干燥的木棒、竹竿等绝缘物工具将电线挑开。

③拽开触电者：抢救者可戴上手套或在手上缠绕干燥的衣物等绝缘物品拖拽触电者；还可以穿上胶鞋，或站在干燥的木凳上，用一只手拉开触电者。

④切断电线：如在野外或远离电源闸以及存在电磁场效应的触电现场，施救者不能接近触电者，不便将电线挑开时，可用干燥绝缘的木柄刀、斧或锄头等物将电线斩断，中断电流，并妥善处理残端。

注意事项：①避免给触电者造成其他伤害。如人在高处触电时，为防止触电者脱离电源后，从高处坠下导致骨折或死亡，应事先采取适当的安全措施。②抢救者必须时刻注意自身安全，严格保持自己与触电者的绝缘，在未断离电源前绝不能用手触摸触电者。可在脚下垫干燥的木块、厚塑料块等绝缘物品，使自己与地面绝缘。

（2）防止感染。保护好烧伤创面，防止感染。

（3）轻型触电者。就地休息，观察 1～2 小时，以减轻心脏负荷，促进恢复。

（4）重型触电者。对心搏骤停或呼吸停止者，应立即行心肺复苏术，不能轻易终止复苏。

（5）合并伤的处理。触电者可因触电后弹离电源或自高空跌下，常伴有四肢与骨盆骨折、气胸、血胸、颅脑伤、内脏破裂等合并伤，在现场应迅速评估并做好相应急救措施，在搬运过程中注意保护颈部、脊椎和骨折处。

四、急性中毒

急性中毒是指有毒的化学物质短时间内或一次性超量经皮肤、黏膜、呼吸道、消化道等途径进入人体，造成组织、器官器质性或功能性损害。急性中毒起病急骤、症状严重、病情变化迅速，如不及时救治，常危及生命。因此，医护人员必须争分夺秒地进行有效救治。

急性中毒现场救护时主要救治方法如下。

(一)立即终止接触毒物

(1)迅速脱离有毒环境。在评估环境安全的情况下，对吸入性中毒者，应迅速将患者搬离有毒环境，移至空气清新的安全地方，并解开衣扣；对接触性中毒者，立即将患者撤离中毒现场，除去污染衣物和肉眼可见的毒物。

(2)维持基本生命体征。若患者出现心搏、呼吸骤停，应立即进行心肺复苏，尽快采取相应的救治措施。

(二)清除尚未吸收的毒物

1. 吸入性中毒的急救

将患者搬离有毒环境后，移至上风或侧风方向，使其呼吸新鲜空气。保持呼吸道通畅，及时清除呼吸道分泌物，防止舌后坠。尽快吸氧，必要时可使用呼吸机或采用高压氧治疗。

2. 接触性中毒的急救

用大量清水(已明确的特殊毒物也可选用肥皂水、酒精、碳酸氢钠、醋酸等)冲洗接触部位的皮肤、毛发、指甲。清洗时切忌用热水或用少量水擦洗，防止促进局部血液循环，加速毒物的吸收。若眼部接触到毒物，不应使用药物中和，以免发生化学反应造成角膜、结膜的损伤，应选用大量清水或等渗盐水冲洗。皮肤接触腐蚀性毒物时，冲洗时间应达到 15～30 分钟，并可选择相应的中和剂或解毒剂冲洗。

3. 食入性中毒的急救

常用催吐、洗胃、导泻、灌肠、使用吸附剂等方法清除胃肠道尚未吸收的毒物。毒物清除越早越彻底，病情改善越明显，预后越好。

现场救护唯一能做的是催吐，因此及早将患者转送至医院接受进一步治疗抢救极为重要。催吐主要应用于神志清楚的患者，常在洗胃之前进行，可尽早将胃内大部分的毒物排出，达到减少毒素吸收的目的。催吐时，患者应采取左侧卧位，头部放低，面向左侧，臀部略抬高；幼儿则应俯卧，头向下，臀部略抬高，以防止呕吐物被吸入气管发生窒息或吸入性肺炎。

催吐的方法可采用压舌板、匙柄或指甲不长的手指等刺激咽后壁或舌根以诱发呕吐，催吐过程中动作要轻柔，避免损伤咽部。如果胃内容物过于黏稠，不易吐出，可先让患者喝适量温水、盐水或其他解毒液体，然后再进行催吐，如此反复，直至吐出清亮液体为止。但是要注意以下情况不宜采用催吐：

(1)误服强酸、强碱及其他腐蚀性毒物。

(2)昏迷、惊厥。

(3)食管胃底静脉曲张、主动脉瘤、消化性溃疡、年老体弱、妊娠、高血压、冠心病、休克者。

五、地震

地震，又称地动、地振动，是地壳快速释放能量过程中造成的地面振动，导致灾害发生的一种自然现象。地震常常造成严重的人员伤亡，能引起水灾、火灾、毒气泄漏、细菌及放射性物质扩散等，还可能造成海啸、滑坡、崩塌等次生灾害。

地震引发的损伤多为机械性损伤，以骨折、软组织损伤最为常见，其次还有坠落伤、挤压伤等。在急救过程中要考虑救治环境和伤员病情的复杂性，在现场急救时，首先要迅速使伤员脱离险境，先近后远，先易后难，先挖后救，先救命后治伤，先救活人后处置遗体。在保证自身安全的前提下，协助医务人员对骨折的伤员就地取材进行固定；对出血的部位进行止血包扎；观察病人的生命体征和局部受压情况。

(一)地震自救

(1)地震发生时，要立即在室内选择合适的地方躲避，如躲到床、书桌、工作台等坚固的家具底下。

(2)要选择空间小的卫生间、厨房、储藏室、室内墙角等易形成三角空间的地方躲避。

(3)地震时如果条件许可能够外逃时，最好头顶被子、枕头或安全帽。

(4)地震发生后，必须抓住时机拉断电源、关闭煤气、熄灭炉火，以防火灾和煤气泄漏等次生灾害。

(5)一旦被建筑物掩埋，不要慌张地不停大声呼救，可以间断呼救，或用硬物敲打暖气管路或水管，以保存体力。

(6)体表如有外伤出血，最好进行简单处理，防止失血过多；如有骨折，就地取材进行固定。

(二)地震互救

(1)对埋在瓦砾废墟中的幸存者，要先建立通风孔道，以防窒息。

(2)挖出伤病员后，应立即清除口鼻异物，蒙上双眼，避免强光刺激。

(3)在救出伤病员过程中，不可强拉硬拽，应保持伤病员脊柱呈中立位，以免损伤脊髓。

(4)在救出伤病员后，立即判断意识、呼吸、循环、生命体征等。

(5)根据伤病员的情况给予对应的处理。

(6)要避免伤病员情绪过于激动，给予必要的心理援助。

(7)正确处理挤压综合征的伤员：挤压综合征是指如果肌肉长时间遭受重物挤压，在挤压解除后，会出现肢体肿胀、肢体坏死、肌红蛋白尿、高钾血症以及急性肾损伤为特点的一组临床综合征。在救护过程中要注意以下几点：①力争尽早解除重物压迫，减少本病发生的机会；②伤肢制动，以减少组织分解、毒素吸收及疼痛；③伤肢用凉水降温或暴露在凉爽的空气中，禁止按摩与热敷，以免加重组织缺氧；④伤肢不要抬高，以免降低局部血压，若有开放性伤口和活动性出血应立即止血，但避免使用加压包扎和止血带止血。

(8)对一时难以救出的伤病员，可在保持通风的前提下，做好标记，等待专业救援人员前来救治。

六、火灾

火灾是指在时间或空间上失去控制的燃烧所造成的灾害，能严重威胁人们的生命财产安全，影响经济发展和社会稳定。全球每年发生火灾约600万起，造成数以万计的死亡和经济损伤。

火灾的救援包括救人和灭火两个方面，“救人第一”是火灾救援的总原则。火灾可通过直接伤害和间接伤害造成人体损伤，最主要的直接伤害是火焰烧伤和热烟灼伤，间接的伤害就是浓烟中的有毒气体会引起窒息或中毒性死亡，另外被倒塌的建筑物砸伤、刺伤以及割伤的也多见。救援人员在火灾现场必须先评估环境，保护自身，避免伤亡。

(一)火灾自救

(1)当发生火灾时，如果火势不大，并且周围有可用的消防器材，应奋力将小火控制、扑灭，千万不要惊慌失措，以免酿成更大的火灾。

(2)若发生家用电器着火，应先断电后灭火，用湿地毯或棉被等盖住电器，达到灭火和防爆双重目的；油类、酒精等起火，不可用水去扑救，可用沙土或浸湿的棉被迅速覆盖；煤气起火，可用湿毛巾或衣物盖住火点，迅速切断气源。

(3)如果火势过大，首先要保持镇静，迅速判断安全的逃跑方向，可以用湿毛巾、口罩捂住口鼻，放低身子，沿楼梯快速撤离，不可乘坐电梯。

(4)如果楼道中烟雾非常重，可以躲入没有着火的、靠近外界的房间，关紧门，封闭门缝，不停地用水淋洒房间，等待救援。

(5)发射求救信号，除了拨打“119”报火警之外，在暂时无法逃离时，可待在阳台、窗口等易被发现的地方，向窗外挥动鲜艳的衣物及时发出有效的求救信号以引起救援者注意。

(二)火灾互救

1. 火焰烧伤的伤员

(1)脱离热源。迅速脱离火场，脱去燃烧的衣服，用水喷洒着火的衣服，切勿奔跑、大声呼喊，更不宜用手扑打以防手部烧伤。

(2)开放气道。要检查呼吸道是否通畅，是否有呼吸道烧灼伤，清除口腔异物，给氧。

(3)对烧伤的创面，在现场不做处理，保护好创面；如遇化学性烧伤，迅速脱掉污染的衣裤，并用清水持续冲洗创面30分钟以上。

2. 中毒窒息伤员

迅速将伤员转移至通风良好处，保持呼吸道通畅，给予吸氧，呼吸、心跳停止者，立即行心肺复苏。

3. 其他

高处坠落伤、砸伤或刺伤的病人可能合并多发性创伤，按创伤急救原则进行救治。

4. 转运

对于现场急救处理后的伤员，都应尽早转送至医院接受治疗。转送途中做好病情观察，尤其关注大面积烧伤的病人，防止低血容量性休克的发生。

思考题

1. 患儿，女性，2 岁，边吃果冻边和同伴奔跑玩耍，突然停住不动，不能言语，脸色发绀，呼吸困难，请讲述对该患儿施行的急救方法。

2. 患者，男性，36 岁。自驾旅游途中与对向车辆发生相撞事故，当时感到双下肢疼痛、畸形、活动受限，伤口出血不止。如果你在现场，在救护车到达之前，可对该患者进行哪些处理？处理时应注意哪些问题？

3. 患者，男性，20 岁，在池塘里游泳时意外溺水，被他人发现后救起。当时患者剧烈咳嗽、呼吸急促，咳出粉红色泡沫痰，全身皮肤发紫，腹部膨隆，如果你在现场，你会如何对该患者进行救护？

附 录

附录一　高职学生身体健康评测

附录二　高职学生心理健康评测

附录一　高职学生身体健康评测

一、身体形态方面的评价（BMI）

身体形态方面的评价常用人体肥胖程度来衡量，国际上也常用人体肥胖程度来衡量人体健康状况。但体重的绝对值是不能用于直接判断肥胖程度的，身高也是判断肥胖程度的重要参数。因此，国家采用身体质量指数（BMI）又称体重指数作为衡量标准。BMI 是通过人体体重和身高两个数值获得的相对客观的参数，根据所得参数所处范围来判断高职学生体质健康状况、体型匀称度、生长发育水平及营养状况。体重指数 BMI＝体重（千克）/身高（米）的平方，评价标准见下表。

体重指数（BMI）单项评分表　　千克/米^2

等级	单项得分	男	女
正常	100	17.9～23.9	17.2～23.9
低体重	80	≤17.8	≤17.1
超重		24.0～27.9	24.0～27.9
肥胖	60	≥28.0	≥28.0

注：数据来源于 2018 年《国家学生体质健康标准》（节选大学部分）。

二、身体机能方面的评价（肺活量）

肺活量是指在最大吸气以后尽力呼气的气体量。肺活量的高低受到性别、年龄、身高、体重、胸围等因素的影响。一般情况下，男性明显高于女性，身体越强壮，肺活量越大。肺活量能直接反映人体心肺功能，是评价高职学生生长发育水平，身体机能的重要指标，评价标准见下表。

肺活量单项评分表 毫升

等级	单项得分	男		女	
		大一大二	大三大四	大一大二	大三大四
优秀	100	5 040	5 140	3 400	3 450
	95	4 920	5 020	3 350	3 400
	90	4 800	4 900	3 300	3 350
良好	85	4 550	4 650	3 150	3 200
	80	4 300	4 400	3 000	3 050
及格	78	4 180	4 280	2 900	2 950
	76	4 060	4 160	2 800	2 850
	74	3 940	4 040	2 700	2 750
	72	3 820	3 920	2 600	2 650
	70	3 700	3 800	2 500	2 550
	68	3 580	3 680	2 400	2 450
	66	3 460	3 560	2 300	2 350
	64	3 340	3 440	2 200	2 250
	62	3 220	3 320	2 100	2 150
	60	3 100	3 200	2 000	2 050
不及格	50	2 940	3 030	1 960	2 010
	40	2 780	2 860	1 920	1 970
	30	2 620	2 690	1 880	1 930
	20	2 460	2 520	1 840	1 890
	10	2 300	2 350	1 800	1 850

注：表中数据来源于 2018 年《国家学生体质健康标准》(节选大学部分)。

三、身体素质方面的评价

(一)50 米跑

50 米短跑是国际通用的测评项目，通过短距离、高强度短跑测试高职学生的速度素质、灵敏素质及神经系统灵活性的发展水平，评价标准见下表。

50 米跑单项评分表 秒

等级	单项得分	男		女	
		大一大二	大三大四	大一大二	大三大四
优秀	100	6.7	6.6	7.5	7.4
	95	6.8	6.7	7.6	7.5
	90	6.9	6.8	7.7	7.6
良好	85	7.0	6.9	8.0	7.9
	80	7.1	7.0	8.3	8.2
及格	78	7.3	7.2	8.5	8.4
	76	7.5	7.4	8.7	8.6
	74	7.7	7.6	8.9	8.8
	72	7.9	7.8	9.1	9.0
	70	8.1	8.0	9.3	9.2
	68	8.3	8.2	9.5	9.4
	66	8.5	8.4	9.7	9.6
	64	8.7	8.6	9.9	9.8
	62	8.9	8.8	10.1	10.0
	60	9.1	9.0	10.3	10.2
不及格	50	9.3	9.2	10.5	10.4
	40	9.5	9.4	10.7	10.6
	30	9.7	9.6	10.9	10.8
	20	9.9	9.8	11.14	11.0
	10	10.1	10.0	11.3	11.2

注：表中数据来源于 2018 年《国家学生体质健康标准》(节选大学部分)。

(二)坐位体前屈

坐位体前屈是评价人体柔韧性的测试项目。目的在于测量高职学生在静止状态下的躯干、腰、髋等关节可能达到的活动幅度，主要反映这些部位的关节、韧带和肌肉的伸展性和弹性及学生身体柔韧素质的发展水平，评价标准见下表。

坐位体前屈单项评分表　　厘米

等级	单项得分	男		女	
		大一大二	大三大四	大一大二	大三大四
优秀	100	24.9	25.1	25.8	26.3
	95	23.1	23.3	24.0	24.4
	90	21.3	21.5	22.2	22.4
良好	85	19.5	19.9	20.6	21.0
	80	17.7	18.2	19.0	19.5
及格	78	16.3	16.8	17.7	18.2
	76	14.9	15.4	16.4	16.9
	74	13.5	14.0	15.1	15.6
	72	12.1	12.6	13.8	14.3
	70	10.7	11.2	12.5	13.0
	68	9.3	9.8	11.2	11.7
	66	7.9	8.4	9.9	10.4
	64	6.5	7.0	8.6	9.1
	62	5.1	5.6	7.3	7.8
	60	3.7	4.2	6.0	6.5
不及格	50	2.7	3.2	5.2	5.7
	40	1.7	2.2	4.4	4.9
	30	0.7	1.2	3.6	4.1
	20	-0.3	0.2	2.8	3.3
	10	-1.3	-0.8	2.0	2.5

注：表中数据来源于2018年《国家学生体质健康标准》(节选大学部分)。

(三)立定跳远

立定跳远是评价人体爆发力的测试项目。目的在于测试高职学生下肢爆发力及身体协调能力的发展水平，评价标准见下表。

立定跳远单项评分表　　厘米

等级	单项得分	男		女	
		大一、大二	大三、大四	大一、大二	大三、大四
优秀	100	273	275	207	208
	95	268	270	201	202
	90	263	265	195	196
良好	85	256	258	188	189
	80	248	250	181	182
及格	78	244	246	178	179
	76	240	242	175	176
	74	236	238	172	173
	72	232	234	169	170
	70	228	230	166	167
	68	224	226	163	164
	66	220	222	160	161
	64	216	218	157	158
	62	212	214	154	155
	60	208	210	151	152
不及格	50	203	205	146	147
	40	198	200	141	142
	30	193	195	136	137
	20	188	190	131	132
	10	183	185	126	127

注：表中数据来源于2018年《国家学生体质健康标准》(节选大学部分)。

(四)引体向上(男)/1分钟仰卧起坐(女)

(1)引体向上(男)。引体向上目的在于测试高职男生的上肢肌肉力量的发展水平。

(2)仰卧起坐(女)。仰卧起坐目的在于测试高职女生的腹肌耐力,评价标准见下表。

男生 1 分钟引体向上/女生 1 分钟仰卧起坐单项评分表

次

等级	单项得分	男		女	
		大一大二	大三大四	大一大二	大三大四
优秀	100	19	20	56	57
	95	18	19	54	55
	90	17	18	52	53
良好	85	16	17	49	50
	80	15	16	46	47
及格	78			44	45
	76	14	15	42	43
	74			40	41
	72	13	14	38	39
	70			36	37
	68	12	13	34	35
	66			32	33
	64	11	12	30	31
	62			28	29
	60	10	11	26	27
不及格	50	9	10	24	25
	40	8	9	22	23
	30	7	8	20	21
	20	6	7	18	19
	10	5	6	16	17

注：表中数据来源于 2018 年《国家学生体质健康标准》(节选大学部分)。

(五)1 000 米跑(男)/800 米跑(女)

1 000 米跑(男)、800 米跑(女)用以测定高职学生的心血管、呼吸系统的机能及肌肉耐力，评价标准见下表。

男生 1 000 米/女生 800 米跑单项评分表　　分·秒

等级	单项得分	男		女	
		大一、大二	大三、大四	大一、大二	大三、大四
优秀	100	3′17″	3′15″	3′18″	3′16″
	95	3′22″	3′20″	3′24″	3′22″
	90	3′27″	3′25″	3′30″	3′28″
良好	85	3′34″	3′32″	3′37″	3′35″
	80	3′42″	3′40″	3′44″	3′42″
及格	78	3′47″	3′45″	3′49″	3′47″
	76	3′52″	3′50″	3′54″	3′52″
	74	3′57″	3′55″	3′59″	3′57″
	72	4′02″	4′00″	4′04″	4′02″
	70	4′07″	4′05″	4′09″	4′07″
	68	4′12″	4′10″	4′14″	4′12″
	66	4′17″	4′15″	4′19″	4′17″
	64	4′22″	4′20″	4′24″	4′22″
	62	4′27″	4′25″	4′29″	4′27″
	60	4′32″	4′30″	4′34″	4′32″
不及格	50	4′52″	4′50″	4′44″	4′42″
	40	5′12″	5′10″	4′54″	4′52″
	30	5′32″	5′30″	5′04″	5′02″
	20	5′52″	5′50″	5′14″	5′12″
	10	6′12″	6′10″	5′24″	5′22″

注：表中数据来源于 2018 年《国家学生体质健康标准》（节选大学部分）。

附表

《国家学生体质健康标准》登记卡（大学样表）

学校____________

姓名		性别		学号	
院（系）		民族		出生日期	

单项指标	大一			大二			大三			大四			毕业成绩	
	成绩	得分	等级	成绩	得分	等级	成绩	得分	等级	成绩	得分	等级	得分	等级
体重指数（BMI）（千克/米^2）														
肺活量（毫升）														
50 米跑（秒）														
坐位体前屈（厘米）														
立定跳远（厘米）														
引体向上（男）/ 1 分钟仰卧起坐（女）（次）														
1 000 米跑（男）/ 800 米跑（女）（分·秒）														
标准分														
加分指标	成绩	附加分		成绩	附加分		成绩	附加分		成绩	附加分			
引体向上（男）/ 1 分钟仰卧起坐（女）（次）														
1 000 米跑（男）/ 800 米跑（女）（分·秒）														
学年总分														
等级评定														
体育教师签														
辅导员签字														

注：高等职业学校、高等专科学校参照本样表执行。

附录二 高职学生心理健康评测

症状自评量表(SCL-90)

以下表格中列出了有些人可能有的症状或问题,请仔细阅读每一条,然后根据该句话与您自己的实际情况相符合的程度(最近一周或过去),选择一个适当的数字填写在后面的答案框中:

1—从无、2—很轻、3—中等、4—偏重、5—严重

序号	问题	评分
1	头痛	
2	神经过敏,心中不踏实	
3	头脑中有不必要的想法或字句盘旋	
4	头晕或晕倒	
5	对异性的兴趣减退	
6	对旁人责备求全	
7	感到别人能控制您的思想	
8	责怪别人制造麻烦	
9	忘性大	
10	担心自己的衣饰整齐及仪态的端正	
11	容易烦恼和激动	
12	胸痛	
13	害怕空旷的场所或街道	
14	感到自己的精力下降,活动减慢	
15	想结束自己的生命	
16	听到旁人听不到的声音	
17	发抖	
18	感到大多数人都不可信任	
19	胃口不好	
20	容易哭泣	
21	同异性相处时感到害羞不自在	

续表

序号	问题	评分
22	感到受骗,中了圈套或有人想抓住您	
23	无缘无故地突然感到害怕	
24	自己不能控制地大发脾气	
25	怕单独出门	
26	经常责怪自己	
27	腰痛	
28	感到难以完成任务	
29	感到孤独	
30	感到苦闷	
31	过分担忧	
32	对事物不感兴趣	
33	感到害怕	
34	您的感情容易受到伤害	
35	旁人能知道您的私下想法	
36	感到别人不理解您、不同情您	
37	感到人们对您不友好,不喜欢您	
38	做事必须做得很慢以保证做得正确	
39	心跳得很厉害	
40	恶心或胃部不舒服	
41	感到比不上他人	
42	肌肉酸痛	
43	感到有人在监视您、谈论您	
44	难以入睡	
45	做事必须反复检查	
46	难以做出决定	
47	怕乘电车、公共汽车、地铁或火车	
48	呼吸有困难	
49	一阵阵发冷或发热	
50	因为感到害怕而避开某些东西、场合或活动	
51	脑子变空了	
52	身体发麻或刺痛	
53	喉咙有梗塞感	
54	感到前途没有希望	

续表

序号	问题	评分
55	不能集中注意力	
56	感到身体的某一部分软弱无力	
57	感到紧张或容易紧张	
58	感到手或脚发重	
59	想到死亡的事	
60	吃得太多	
61	当别人看着您或谈论您时感到不自在	
62	有一些不属于您自己的想法	
63	有想打人或伤害他人的冲动	
64	醒得太早	
65	必须反复洗手、点数	
66	睡得不稳不深	
67	有想摔坏或破坏东西的想法	
68	有一些别人没有的想法	
69	感到对别人神经过敏	
70	在商店或电影院等人多的地方感到不自在	
71	感到任何事情都很困难	
72	一阵阵恐惧或惊恐	
73	感到公共场合吃东西很不舒服	
74	经常与人争论	
75	单独一人时神经很紧张	
76	别人对您的成绩没有做出恰当的评价	
77	即使和别人在一起也感到孤单	
78	感到坐立不安心神不定	
79	感到自己没有什么价值	
80	感到熟悉的东西变成陌生或不像是真的	
81	大叫或摔东西	
82	害怕会在公共场合晕倒	
83	感到别人想占您的便宜	
84	为一些有关性的想法而很苦恼	
85	您认为应该因为自己的过错而受到惩罚	
86	感到要很快把事情做完	
87	感到自己的身体有严重问题	

续表

序号	问题	评分
88	从未感到和其他人很亲近	
89	感到自己有罪	
90	感到自己的脑子有毛病	

计分标准

一、项目和评定标准

本量表共有90个项目，包含有较广泛的精神症状学内容，从感觉、情感、意识、行为直至生活习惯、人际关系、饮食睡眠等，均有涉及，它的每一项取5级评分制，具体说明如下：

1. 从无：自觉无该项症状。

2. 很轻：自觉有该项症状，但对受检者并无实际影响，或影响轻微。

3. 中度：自觉有该项症状，对受检者有一定影响。

4. 偏重：自觉常有该项症状，对受检者有相当程度的影响。

5. 严重：自觉该症状的频度和强度都十分严重，对受检者的影响严重。

这里所指的"影响"，包括症状所致的痛苦和烦恼，也包括症状造成的心理社会能损害。"轻""中""重"的具体定义，则应由自评者自己去体会，不必作硬性规定。

二、统计指标

SCL-90的统计指标主要为两项，即总分和因子分。

(1)总分：90个项目单项分相加之和，能反映其症状严重程度。

总均分：总分/90，表示从总体情况看，该受检者的自我感觉位于1～5级间的哪个分值程度上。

阳性项目数：单项分≥2的项目数，表示受检者在多少项目上呈现有"症状"。

阴性项目数：单项分=1的项目数，表示受检者"无症状"的项目有多少。

阳性症状均分：(总分－阴性项目数)/阳性项目数，表示受检者在"有症状"项目中的平均得分，反映该受检者自我感觉不佳的项目，其严重程度究竟介于哪个范围。

(2)因子分：共包括10个因子，即所有90个项目分为十大类。

各因子名称、所包含项目及简要解释如下：

①躯体化：包括1、4、12、27、40、42、48、49、52、53、56和58，共12项。该因子主要反映主观的躯体不适感，包括心血管、胃肠道、呼吸等系统的主诉不适，以及头疼、背痛、肌肉酸痛和焦虑的其他躯体表现。

②强迫症状：包括3、9、10、28、38、45、46、51、55和65，共10项。它与临床强迫症表现的症状、定义基本相同，主要指那种明知没有必要，但又无法摆脱的无意义的思想、冲动、行为等表现，还有一些比较一般的感知障碍，如脑子"变空"了，"记忆力不好"等，也在这一因子中反映出来。

③人际关系敏感：包括6、21、34、36、37、41、61、69和73，共9项。它主要指某些个人不自在感和自卑感，尤其是在与他人相比较时更突出。自卑、心神不宁，以及在人际关系中明显相处不好的人，往往是这一因子获高分的对象。

④抑郁:包括 5、14、15、20、22、26、29、30、31、32、54、71 和 79,共 13 项。它反映的是与临床上抑郁症状群相联系的广泛的概念。抑郁苦闷的感情和心境是代表性症状,还以对生活的兴趣减退、缺乏活动愿望、丧失活动力等为特征,并包括失望、悲观、与抑郁相联系的其他感知及躯体方面的问题。该因子中有几个项目包括了死亡、自杀等概念。

⑤焦虑:包括 2、17、23、33、39、57、72、78、80 和 86,共 10 个项目。它包括一些通常在临床上明显与焦虑症状相联系的精神症状及体验,一般指那些无法静息、神经过敏、紧张以及由此而产生的躯体征象,那种游离不定的焦虑及惊恐发作是该因子的主要内容,该因子还包括一个反映"解体"的项目。

⑥敌对:包括 11、24、63、67、74 和 81,共 6 项。主要从思维、情感及行为三方面来反映受检者的敌对表现。其项目包括从厌烦、争论、摔物,直至争斗和不可抑制的冲动爆发等各个方面。

⑦恐怖:包括 13、25、47、50、70、75 和 82,共 7 项。它与传统的恐怖状态或广场恐怖所反映的内容基本一致,引起恐怖的因素包括出门旅行、空旷场地、人群、公共场合及交通工具等。此外,该因子还有反映社交恐怖的项目。

⑧偏执:包括 8、18、48、68、76 和 83,共 6 项。偏执是一个十分复杂的概念。该因子只是包括了一些基本内容,主要指思维方面,如投射性思维、敌对、猜疑、关系妄想、被动体验与夸大等。

⑨精神病:包括 7、16、35、62、77、84、85.87、88 和 90,共 10 项。其中有幻听、思维播散、被控制感、思维被插入等反映精神分裂样症状的项目。

⑩其他:包括 19、44、59、60、64、66 及 89 共 7 个项目,主要反映睡眠及饮食情况。

参考文献

[1] 王振鹏,曹志国.中职学生健康教育导论[M].北京:中国农业大学出版社,2020.
[2] 王陇德.健康管理师基础知识[M].2版.北京:人民卫生出版社,2019.
[3] 李春玉,王克芳.健康教育[M].北京:北京大学医学出版社,2015.
[4] 马毅,等.大学生生理健康教育[M].北京:清华大学出版社,2018.
[5] 王卫平,等.儿科学[M].9版.北京:人民卫生出版社,2018.
[6] 李林,武丽杰.人体发育学[M].3版.北京:人民卫生出版社,2018.
[7] 王庭槐.生理学[M].9版.北京:人民卫生出版社,2018.
[8] 姚鑫.大学生健康教育[M].北京:北京师范大学出版社,2008.
[9] 中国营养学会.中国居民膳食指南[M].北京:人民卫生出版社,2022.
[10] 中国营养学会.中国居民膳食营养素参考摄入量速查手册(2013版)[M].北京:中国标准出版社,2014.
[11] 李殿鑫.饮食营养与健康[M].武汉:华中科技大学出版社,2011.
[12] 韦莉萍.公共营养师培训教材[M].广州:广东经济出版社,2008.
[13] 王健,马军,王翔.健康教育学[M].北京:高等教育出版社,2012.
[14] 宋卉,刘华.健康管理概览[M].北京:中国轻工业出版社,2020.
[15] 英光,马志英,杨冬梅.现代健康管理基础与实践[M].北京:科学技术文献出版社,2017.
[16] 王玲,李平斌.大学生体能实训指导与运动伤病防护[M].武汉:武汉大学出版社,2019.
[17] 李曙刚.中国青少年体质问题分析与提高路径研究[M].北京:中国水利水电出版社,2018.
[18] 李洪.职业健康与安全[M].北京:人民出版社,2010.
[19] 赵金垣.临床职业病学[M].北京:北京大学医学出版社,2017.
[20] 李洪.职业健康与安全[M].北京:人民邮电出版社,2017.
[21] 中国教育科学研究院,全国职业高等院校校长联席会议.2021中国职业教育质量年度报告[M].北京:高等教育出版社,2021.
[22] 陶芳标,李十月.公共卫生学概论[M].北京:科学出版社,2017.
[23] 蒋红,鲍美娟.传染病护理[M].上海:复旦大学出版社,2016.
[24] 王为民,来和平.急救护理技术[M].北京:人民卫生出版社,2020.
[25] 胡爱招,王明弘.急危重症护理学[M]. 北京:人民卫生出版社,2018.
[26] 张波,桂莉.急危重症护理学[M]. 北京:人民卫生出版社,2014.